通往善治之路

现代国家的治理技术及其运作逻辑

韩志明 著

天津出版传媒集团

天津人民出版社

图书在版编目（CIP）数据

通往善治之路：现代国家的治理技术及其运作逻辑 /
韩志明著. -- 天津 ：天津人民出版社，2023.1
ISBN 978-7-201-18852-2

Ⅰ．①通… Ⅱ．①韩… Ⅲ．①国家－行政管理－研究
－中国 Ⅳ．①D630.1

中国版本图书馆 CIP 数据核字（2022）第 200236 号

通往善治之路：现代国家的治理技术及其运作逻辑
TONGWANG SHANZHI ZHI LU；XIANDAI GUOJIA DE ZHILI JISHU JIQI YUNZUO LUOJI

出　　版	天津人民出版社
出 版 人	刘　庆
地　　址	天津市和平区西康路 35 号康岳大厦
邮政编码	300051
邮购电话	（022）23332469
电子信箱	reader@tjrmcbs.com
责任编辑	郑　玥　王　玎
装帧设计	汤　磊
印　　刷	天津新华印务有限公司
经　　销	新华书店
开　　本	710 毫米×1000 毫米　1/16
印　　张	25
插　　页	2
字　　数	300 千字
版次印次	2023 年 1 月第 1 版　2023 年 1 月第 1 次印刷
定　　价	92.00 元

前　言

21 世纪是治理的世纪。多一些治理,少一些统治,是 21 世纪全球治理变革的基本主张,也是当代世界各国治理转型的重要特征。相应的,有关如何治理的问题也顺势成为理论研究的热潮,其中对治理技术的研究成为治理变革和创新研究的焦点问题,引发了政治学和社会学等不同学科研究者的兴趣和热情,形成了蔚为壮观的研究热潮,也构成了考察和理解国家治理体系和治理能力现代化的重要向度。

技术从来都是非常重要的,也是十分复杂的。国家治理的技术不简单等同于科学技术,其中既有"硬的"物质性技术,也有"软的"管理性技术,比如网格化管理和城市大脑等。虽然治理技术多种多样,形制各异,但对于究竟什么是治理技术,理论研究者往往又莫衷一是,充满分歧。不过,也正是治理技术的多样性、多维性及不确定性,启发了关于国家治理的全方位思考,特别是推动了有关国家治理究竟应该如何贯彻、执行和落实等环节的研究。

作为国家治理的工具,治理技术有着不同的类型,包含了不同的结构和要素,塑造了不同的治理形态,也会产生不同的治理效应,还形成了不同的生成、演进和发展逻辑。治理技术的本质是国家权力进入社会的途径和中介,国家通过搜集和整理社会事实的信息,以对社会进行监测、管控、干预、支配以及服务,从而建构和塑造期许的秩序。各种治理技术交错丛生、盘根错节,既交互补充,又相互抵消,形成了高度复杂的治理景观。

进一步说,任何治理技术都是权力、利益和信息的综合体,其中权力是治理技术的内核,界定了谁有资格参与治理,决定了行动者之间的权力分布,尤其是用什么方法来行使权力;利益是治理技术的主线,内含于治理技术的各个环节中,影响着社会行动者的策略选择及其相互关系;信息是治理技术的神经系统,展现了治理技术的运作原理,表明了治理技术是如何作用于特定的人或事的。具体的治理技术根据权力、利益和信息等不同的组合而呈现出不同的技术禀赋及独特效能。

在现代国家治理体系中,法律制度往往是相对基础性的手段,不容易发生变更,至少变更的过程比较复杂,成本比较高,而治理技术则是相对灵活的东西,牵连的利益和引发的震荡都比较少,更容易进行修正和调整,因此也往往成为国家治理体系变革的对象。实际上,治理技术变革是国家应对和处理现实挑战的重要选择,也极大地影响了国家治理的效能。因此,治理技术是有竞争性的,选择和应用不同的治理技术,构成了国家治理变革过程的重要组成部分,也直接显现了国家治理的价值、结构及面貌等。

全书共分为十五章,旨在讨论推进国家治理体系和治理能力现代化进程所蕴含的治理技术及其运作逻辑。首先,界定和厘清了治理技术的概念及类型,确立了治理技术分析的基本框架;其次,从信息维度剖析治理技术的运行,探讨了治理技术是如何发挥作用的;再次,探讨了协商民主、网格化管理等治理技术应用的特殊逻辑,特别是在城市的场景下探讨了治理技术的应用问题;最后,对具有中国特色的领导批示和典型政治进行了探讨,展现了本土情境下的治理技术及其运作逻辑。

治理技术的研究方兴未艾,值得期待。在当前信息化、网络化和智能化的时代,各种治理技术也在进行持续而深刻的转型升级,形成了截然不同的治理场景,带来更加复杂的治理景观。这些都需要进一步的跟踪研究。本书是对于治理技术问题的初步探索和思考,期望这能够为推进国家治理现代化研究贡献一点力量。不足和不妥之处,也期待广大学术同人批评指正!

韩志明

2021 年 5 月于上海交通大学

目　录

第一章 治理技术的概念及其基本属性

在当今这个治理概念满天飞的时代,治理似乎有着天然的正当性。在科学技术革新日新月异的社会中,技术仿佛带着无往而不胜的神圣感。曾几何时,"治理技术"的概念横空出世,以一种高度中性的形象出现在人们的面前,成为政治学、行政学及社会学研究中的时髦概念,产出了大量的研究成果,也带来了改进和优化治理的想象力。直接就这个词来说,它包含了"治理"和"技术"两个词,其中"治理"区别于"统治",避免"统治"概念所固有的暴力性面孔和强制性色彩,而显得更加温和,也更加容易被人接受;"技术"也不像常用的"手段"和"方法"那样,似乎总是饱含着别有用心的阴谋论含义,而具有更多的科学性和中立性。因而这两个概念组合在一起,就显得更加中立和温和,也就更加能够获得不同立场学者的认可,而变成今天不同学科研究者常用的概念工具。

第一节　现代国家的兴起及其与社会的关系

治理技术是国家治理的衍生物。理解和分析治理技术,我们需要从对国家的认识开始。汉语很早就有了"国"和"家"两个字。秦汉以前,"国"是指诸侯的封地,"家"是指大夫的封地,具有不同的含义。秦朝统一后,"国"和"家"开始合用,与"天下"通用。① "国家"一词有三种不同的含义,一是领土意义上的国家,相当于英语的 country;一是民族意义上的国家,相当于英语的 nation;一是政权意义上的国家,相当于英语的 State。政治学理论研究中经常使用的是政权意义上的国家,即 State,即一定领土范围内的最高政治权威。

国家是古老的历史现象,也是现代社会的重要实体。根据海伍德的观点,"国家被用来指一系列令人困惑混淆的事物:一套机构、一个领土单位、一种哲学理念和一种强制和压迫的工具等等"②。国家是思想家尤其是政治学家研究的重要对象。"国家是政治学的核心范畴,是一切政治现象中最为根本的话题,也是我们理解政治现象的基点和切入口。"③在浩瀚的人类历史中,国家的历史悠久,种类多样,各具特殊的性能。对国家的不同定义,代表了不同的政治立场和学术观点,也体现了国家的多样性、差异性和复杂性。

一、国家学说及其基本内涵

自古至今,有关国家的学说很多,不同的学说包含了不同的国家定义及

---

① 王浦劬. 政治学基础[M]. 北京:北京大学出版社,1995:235.

② 安德鲁·海伍德. 政治学[M]. 张立鹏译,北京:中国人民大学出版社,2013:84.

③ 孙关宏,胡雨春. 政治学[M]. 上海:复旦大学出版社,2002:30.

对国家现象的解释,有学者曾搜集了多达 145 个不同的国家定义,比较典型的如国家神权说,代表人物有董仲舒和阿奎那等;社会共同体说,代表人物有亚里士多德和格老秀斯等;国家契约说,代表人物有霍布斯、洛克、孟德斯鸠和卢梭等;国家统治说,代表人物有巴枯宁、布丹和狄骥等;国家要素说,代表人物有韦伯和迦纳等。这些学者对国家的理解各有侧重,但大多都只是涉及了国家的表面现象或直观要素,还没有真正揭示国家的本质。①

马克思主义的国家学说,科学地揭示了国家的本质。恩格斯在《家庭、私有制和国家起源》中提出了关于国家的著名论断,"国家是承认:这个社会陷入了不可解决的自我矛盾,分裂为不可调和的对立面而又无力摆脱这些对立面。而为了使这些对立面,这些经济利益互相冲突的阶级,不至于在无谓的斗争中把自己和社会消灭,就需要有一种表面上凌驾于社会之上的力量,这种力量应当缓和冲突,把冲突保持在'秩序'的范围以内;这种从社会中产生但又自居于社会之上并且日益同社会相异化的力量,就是国家"②。马克思主义一针见血地认为:"国家无非是一个阶级镇压另一个阶级的机器。"③

相对于野蛮蒙昧的原始社会,国家是人类文明的新开端,国家的出现开启了人类文明的新进程。④"国家并不是从来就有的。曾经有过不需要国家,而且根本不知道国家和国家权力为何物的社会"⑤,而是人类社会发展到一定历史阶段的产物。"国家的产生经历了一个历史过程。"⑥国家的存在形态林林总总、五花八门,可以根据不同的标准来进行划分。早在古希腊时

---

① 杨光斌.政治学原理[M].北京:中国人民大学出版社,1998:147 - 151.

② 马克思恩格斯选集(第四卷)[M].北京:人民出版社,1996:170.

③ 马克思恩格斯选集(第二卷)[M].北京:人民出版社,1996:336.

④ 孙关宏,胡雨春.政治学[M].上海:复旦大学出版社,2002:43.

⑤ 马克思恩格斯选集(第一卷)[M].北京:人民出版社,1996:174.

⑥ 王惠岩.政治学原理[M].长春:吉林人民出版社,2001:25.

代,亚里士多德就根据集权或分权的标准,将城邦国家分为君主制、贵族制和共和政体等。根据马克思主义国家学说的阶级分类方法,国家是阶级统治的工具,人类历史上的国家可以划分为奴隶制国家、封建制国家、资产阶级国家和社会主义国家。不同性质的国家不仅有着不同的权力结构,也应用了大量不同的治理技术。

在西方政治思想史的流变中,国家观念经历了从整体论向工具论的演进历程。前者是具有伦理道德色彩的国家观,后者是具有理性主义色彩的国家观。意大利思想家马基雅维利在《君主论》中多次使用了国家的概念。由此开始,西方国家观念开始逐渐摆脱宗教或伦理的束缚,从神权化、理想化走向世俗化,注入理性的基因和血液,逐步向现代国家转型。区别于马基雅维利提出了各种统治术,法国政治思想家让·布丹提出了主权是国家的根本属性,具有至高无上性、绝对性、永恒性及不可分割性,开创了近代国家主权学说,奠定了具有现代意义的国家概念的基础。到 16 世纪末,现代国家概念的基本成分在欧洲各地逐渐形成,也推动了现代国家的成长。

从发展的角度来看,国家的形态可以简单划分为传统国家和现代国家。传统国家起源于原始社会的氏族公社,主要可分为城邦国家、权威国家、封建国家和专制国家等不同的类型。现代民族国家的兴起是国家历史形态的分水岭。从 14 世纪开始,在经历过宗教改革后,统一的欧洲罗马教会不复存在,封建主义体系逐步解体,各国的政治制度都实现了世俗化,欧洲各主要国家都朝着建立内部统一外部独立的主权国家发展。1648 年,欧洲各国达成《威斯特伐利亚条约》,承认各自拥有对外、对内的最终主权,标志着现代民族国家的最终成型,现代国家的形态开始不断得以发展,包括了资本主义国家形态和社会主义国家形态等。①

---

① 孙关宏,胡雨春. 政治学[M]. 上海:复旦大学出版社,2002;45 – 54.

正如米格诺所指出的:"'现代国家'这个词可以涵盖许多不同的政治形态。"①从概念上说,现代国家也是通常所说的近代民族国家,是以特定的民族认同为基础的主权国家,其中既有单一民族国家,也有多民族国家。作为一种特殊的共同体形态,现代国家是在一定领土范围内由一定的人口所组成的、稳定的政治共同体,它的基本特性就是以社会资源正义分配、国内秩序保障及外部安全保证为核心要义、任务的国家治理。② 区别于传统国家,包括历史上那些庞大帝国,现代国家具有多个方面的显著特质,如确定了清晰的边界、以同质化和平等的民族想象为基础,依靠理性的官僚体系进行统治、依赖民主来建构合法性。③

国家是庞大的实体,也是复杂的概念。从国家治理的角度来说,现代国家的主要特点包括:首先,国家凌驾于社会之上,成为合法性暴力及其工具的垄断者,包括物质性暴力和象征性暴力,这甚至成为国家的定义性特征;其次,国家权力高度集中,建立了中央集权的官僚体制,根据理性、层级、专业、分工和规则来进行管理;然后,国家的职权范围持续扩张,管理的事务越来越多,国家干预和支配社会的范围和深度都有了巨大的发展;再次,国家掌握的资源更加多样化,运用和配置资源的能力也有了巨大的提高,比如运用意识形态工具的能力得到了显著的提高;最后,作为"新词汇"的权利④成为国家治理的能动性元素,既需要国家提供保护和支持,也对国家运行构成了有形的或无形的约束。这些特性从不同的方面设定了国家治理的情境,也是理解国家治理的基础。

海伍德认为,人们经常从三个不同的角度来理解国家——唯心主义视

---

① ④　肯尼斯·米诺格.当代学术入门:政治学[M].龚人译,沈阳:辽宁教育出版社,1988:33.

② 　叶麒麟.国家治理现代化与中国现代国家的成长[J].教学与研究,2016(05):34-39.

③ 　王匡夫,殷冬水.何为现代国家——基于与传统国家对比的规范政治分析[J].江汉论坛,2018(05):39-44.

角、功能主义视角和组织视角:唯心主义视角从道德角度来定义国家,功能主义视角集中于国家机构的作用或目的(比如维护社会秩序)方面,组织视角将国家界定为是政府机器,国家由各种政府机构组成,对社会负有责任,得到公共财政的支持。根据组织取向的视角,国家主要有五个关键特征,即国家的至高无上性、国家机构被认为是"公共的"、国家活动暗含合法性、国家是统治的工具、国家是一个领土单位。[①] 其中国家的至高无上性也意味着国家的唯一性和凌驾于社会其他要素之上的"超脱性"。

根据马克思主义的国家理论,国家是经济上占统治地位的阶级实施阶级统治的工具,具有阶级性和工具性等基本特征,体现了统治阶级高度的自主性。吉登斯也坚持认为,国家是超越所有社会成员的自主性组织,"对社会的管理、监控和统治是国家的基本特点",军事暴力是国家存在的依托。根据政府官僚机构对社会的监控能力和国家对军事暴力的垄断能力,吉登斯把人类历史上的国家划分为三大类型,即传统国家、绝对主义国家和民族国家。而理解国家及其转变的核心线索,就是政府监控能力的提升和军事暴力垄断程度的升级,以及由此而体现的国家权力的提升。[②] 国家行政力量的强大所带来的内部绥靖、军事进步所带来的国家对暴力更加强有力的垄断,使得国家对社会形成反思性的监控,这也是促成民族国家形成的根本因素。[③]

二、国家与社会的二元辩证关系

国家依赖于社会,离不开社会提供的各种资源,但国家又凌驾于社会之

---

① 安德鲁·海伍德.政治学[M].张立鹏译,北京:中国人民大学出版社,2013:84 - 85.
② 郭忠华.资源、权力与国家:解读吉登斯的后马克思主义国家观[J].中山大学学报(社会科学版),2008(04):154 - 161.
③ 叶麒麟.国家治理现代化与中国现代国家的成长[J].教学与研究,2016(05):34 - 39.

上,对社会进行支配、控制、干预和操纵。在前现代社会,国家缺乏程式化地建构人们日常生活的能力,国家对社会的支配和控制的深度是非常有限的,比如中国自秦始皇开始就建立了高度中央集权的大一统国家,但国家权力也还是不能有效地渗透到广袤的乡村社会,所以才有了"政权不下县,县下皆自治"的传统。根据吉登斯的国家理论,权力是揭示国家乃至整个人类历史最重要的因素。权力以资源的生产能力和储存能力为前提。"资源是行动者为完成其所作的一切事务而在其活动过程中予以运动的,它们内嵌于社会体系的再生产过程之中。"[1]"资源是权力得以实施的媒介,是社会再生产通过具体行为得以实现的常规要素。"[2]

"同所有人类共同体一样,国家产生于社会并存在于社会"[3]。"State"意义上的国家主要是一个政治概念,强调了国家与社会的分化或分离,是指"与统治者和被统治者相分离的公共权力形式,它构成了某一有限领土内的最高政治权威"[4]。国家统治说的重要学者狄骥就认为:"国家只是被统治者和统治者(即掌握政治权力的人)分化的一种社会。"[5]列宁也指出:"国家就是从人类社会中分化出来的管理机关。"[6]国家是从社会中产生的,又是凌驾于社会之上的。国家与社会的分离是国家能成为国家的先决条件,否则也就无所谓国家,也论证和体现国家的本质及其角色,即国家虽然来自于社会,但又与社会有所不同,因而才就有了国家与社会的关系问题。

国家的存在证明阶级矛盾不可调和,但为了调和社会矛盾、维护统治秩序、实现统治阶级的利益,又需要国家"作为表面上的调停人"出现。"国家

① 安东尼·吉登斯.民族—国家与暴力[M].胡宗泽等译,北京:生活·读书·新知三联书店,1998:7.
② 安东尼·吉登斯.社会的构成[M].李康等译,北京:生活·读书·新知三联书店,1998:80.
③ 莱斯利·利普森.政治学的重大问题[M].刘晓等译,北京:华夏出版社,2001:42.
④ 吴惕安,俞可平主编.当代西方国家理论评析[M].西安:陕西人民出版社,1991:71.
⑤ 马起华.政治理论[M].台北:台湾商务印书馆,1984:197.
⑥ 列宁选集(第四卷)[M].北京:人民出版社,1972:45.

不仅是分离(于社会)的,而且是居高临下的。"①历史上,国家追求的是共同的善,是神圣秩序的体现,国家俯瞰着微小的芸芸众生,致力于实现公共利益。依照某种根深蒂固的二元分化思维,国家代表公共利益,社会代表私人利益,国家与社会的不同是虚构的,也是真实的。正如米格代尔所指出的,国家的实践也包括了国家与其他社会组成的社会分界。国家的各种实践活动,包括加冕礼、就职仪式及确定国家代理机构的办公场所等,都呈现和突出了"国家作为一个特殊的,甚至高高在上的社会体的形象"②。

国家是日益同社会相脱离的力量,表现为超然于社会之上的独立力量,但又以凌驾于社会之上的力量来发挥作用。国家在实行政治统治的过程中,必须要履行特定的社会管理职能。"一切政治权力起先总是以某种经济的、社会的职能为基础的。"③"政治统治到处都是以执行某种社会职能为基础,而且政治统治只有在它执行了它的这种社会职能时才能持续下去。"④国家作为人类为了满足社会需要而组织起来的机构,必须要满足普遍性的社会需要。⑤"任何国家既是阶级压迫的机关,也是社会发展到一定阶段对社会管理机构的客观要求,是控制社会冲突,使社会有序发展的客观力量。"⑥社会性与阶级性是对立统一的,阶级统治与社会管理的二重性,是国家定义的重要组成部分。

人类社会的历史就是国家与社会之间反复博弈的历史。接下来的问题就是,国家与社会是不一样的,又是紧密联系一起的,那么国家与社会的关

---

① 乔尔·S.米格代尔.社会中的国家——国家与社会如何改变与相互构成[M].李杨等译,南京:江苏人民出版社,2013:18.

② 乔尔·S.米格代尔.社会中的国家——国家与社会如何改变与相互构成[M].李杨等译,南京:江苏人民出版社,2013:18 - 19.

③ 马克思恩格斯全集(第20卷)[M].北京:人民出版社,1972:198 - 199.

④ 马克思恩格斯全集(第20卷)[M].北京:人民出版社,1972:194 - 195.

⑤ 莱斯利·利普森.政治学的重大问题[M].刘晓等译,北京:华夏出版社,2001:42.

⑥ 朱光磊,于丹.论对政治行为的"社会化处理"[J].天津社会科学,2015(01):92 - 98.

系是什么样的,具有什么政治和社会意义? 国家与社会的关系是政治的基础性问题,也是政治学的经典问题。"国家的本质是通过国家与社会的关系所揭示出来的"①,那么国家的运行首先也需要进入到国家与社会管理的脉络与纹理中去。只有在国家与社会的关系中,我们才能发现治理技术的土壤和空间。时至今日,"国家与社会关系"的理论已经发展成为经典的社会科学研究范式。

在古希腊城邦时期,国家与社会是重合的,流行的主要是"一元论"的思想。经过古罗马时期国家与社会的逐渐分离,中世纪时期国家与社会进一步分离,形成了国家与社会"二元论"的思想。② 对国家与社会关系进行系统的论述是从社会契约论开始的,霍布斯和洛克等思想家都为国家与社会关系范式的发展奠定了基础。对于"国家与社会关系"理论范式影响最为深远的是黑格尔和马克思。长期以来,国家与社会关系作为西方政治哲学的核心议题之一,"关注的焦点在于国家与社会何者为先、孰轻孰重",相应形成了二元对立思维的"社会中心论"和"国家中心说"。其中,"国家中心论"的代表人物主要有马基雅维利和霍布斯等,"社会中心论"的代表人物主要有洛克和孟德斯鸠等。

然而国家与社会的二元对立也限制了理论的想象空间,尤其是二者的对立思维往往使人认为国家与社会是截然二分的世界。国家与社会之间既有对立性,也有同一性。人类学者就质疑国家与社会的二分法,认为国家与社会的边界是不存在的,国家与非国家实际上相互交织在一起的。"国家与社会之间的界限,不是确定的、清晰的,而是变动、模糊的","正是在这个

---

① 孙关宏,胡雨春.政治学[M].上海:复旦大学出版社,2002:35.
② 王建生.西方国家与社会关系理论流变[J].河南大学学报(社会科学版),2010,(06):69-75.

过程中,确定了国家是什么、国家应该做什么"。① 更为重要的是,国家与社会是如何相互建构的,又是如何相互改变的。实际的思考,既要从国家的立场来认识社会,也要从社会的立场来考察国家。正如米格代尔所指出的,国家与社会之间是持续存在的相互作用的过程,"国家不是固定不变的实体,社会也不是。他们共同的相互作用的过程改变各自的结构、目标、规则以及社会控制,它们是持续相互影响的"②。

对于国家与社会的关系,莱斯利·里普森根据权力范围是不是有边界、国家活动是不是受到限制,将两者的关系分为两种模式:一元主义模式,即绝对主义的国家,如古希腊城邦国家,国家是最重要的社会机构,其职能范围没有界限,政治活动与社会行为纠缠不清;有限国家模式,即"守夜人国家",如中世纪的教会统治,界定政治的领域,划定国家权力无权干预的领域。有的学者将国家与社会的关系分为一元结构、二元结构和多元结构三种模式,还有的学者将其具体分为社会制衡国家、社会对抗国家、社会与国家共强共生、社会参与国家、社会与国家合作互补五种模式。③ 在不同的模式下,国家与社会之间的边界不一样,相互作用的方式也有所不同。

根据两者强弱力量的对比,国家与社会关系有着多种模式,比如国家强－社会弱、国家弱－社会弱、国家强－社会强,以及国家弱－社会强,这样的矩阵模型可以对应于特定的国家和社会,从而分析强弱力量的变化对于国家与社会所带来的影响,尤其是用来分析不同模式的国家与社会将会有什么样的特质、向什么方向演变。但不管谁强、谁弱,不管谁是中心、谁是边缘,也不管是国家中心论还是社会中心论,实际上都没有否定一个基本的事

---

① 刘拥华.从国家中心论到国家人类学——对国家与社会关系的一个历史考察[J].江海学刊,2018(06):95-104.

② 乔尔·S.米格代尔.社会中的国家——国家与社会如何改变与相互构成[M].李杨等译,南京:江苏人民出版社,2013:58.

③ 何增科.公民社会与第三部门[M].北京:社会科学文献出版社,2000:导论6-8.

实,即国家与社会之间存在着不同程度的互动。强与弱是一个暂时性的问题,是否有互动,则是另外一个问题,实际的情况是国家塑造着社会,社会也影响着国家。

更进一步说,国家治理就是制度实践和治理技术的组合形态,具体的制度实践与特定的治理技术之间,处于持续的互动及相互建构和塑造之中。即便认识到国家与社会是不同的,两者之间具有紧密的关联,存在着持续而紧密的互动,但仍然需要去追问,两者是如何互动的,是通过什么来互动的,如何才能改进和优化这种互动,从而更好地理解国家治理及其实现机制。

第二节　治理技术出场的社会逻辑

社会从来不是完美无缺的伊甸园。人类社会存在着大量需要解决的问题,其中有个人的问题,也有超越具体个人的公共问题,这些问题影响到不确定的多数人,而且又不是通过个人努力所能够解决的。特别是,各种社会矛盾纠纷层出不穷,很难自行得到解决。作为超越于社会之上的力量,国家是解决社会问题的重要工具,尤其是具有解决重大公共问题的显著优势,但这也需要积极谋划设计,精心组织落实,甚至是付出巨大的成本和代价。事实上,由于国家权力具有内在的扩张性,要想让国家什么也不去做,本身就是不可能的。结果就是,不管人们是否愿意或支持,不管社会是否真的需要,国家总是要通过各种途径来表明自己的存在,也不断地按照自己的方式来规定、安排和支配社会生活。

一、治理技术的诞生与演变

与人类社会的其他组织一样,国家也需要利用各种方法和手段去做事。自古至今,东方的孔子提出了"德政"和"礼治"的思想,老子提出了"无为而治"的政治主张,韩非提出了"法术势"的统治思想;西方的柏拉图提出了统治者的"政治技艺",马基雅维利提出了权术思想,韦伯关于官僚制技术支配合法性及其效率的研究,福柯关于"治理术"或"统治技术"的思考,曼对于"延展性技术"(extensive technology)的探讨,斯科特对于现代国家的清晰化和简单化的技术的分析。历史上的保甲制、人口统计、登闻鼓制度等,也都是典型的治理技术。

让我们追溯福柯"治理术"的概念。福柯指出,从绝对主义国家到民族国家,国家从传统的所谓家政转变为政治管理的"经济",最终通过"治安"(police),实现了治理技术的发展。"治安"的发展是治理技术的重要环节。这里的治安几乎涵盖了对社会生活所有领域的"管制",而不只是今天我们所看到的与警察联系在一起的社会秩序方面的问题。18世纪下半叶以来,资产阶级在社会治理中发明了一种不同于规训权力的权力新技术,也就是直接干预生存的生命权力。与更多地作用于人的肉体的规训权力不同,生命权力技术运用的对象是人的总体性生物学活体存在,也就是作为生命权力的关联物和认知对象的人口(pupulation)。

正是在对人口的治理中,诞生了当代资本主义社会统治下全新的治理术——治安。这些治理术的本质是"作用于复杂情境中的微观生命权力支配"。表面看来,这些干预和控制是为了提高生命的意义和价值,实际上则是让生命在更深的存在构境层中生不如死。统治不再是权贵们居高临下的发号施令,而是悄然转化为遍布日常生活中的隐性支配。① "治理术"是由制度、程序、分析及复杂权力形式得以实施的计算和手法组成的集合体,它能够实现对社会个体的驯服、规劝、控制和支配,保障治理对象的自动服从和配合。②

　　近代国家的形成过程与国家治理技术的发展是紧密相关的。就欧洲国家发展的历史来看,在现代国家形成的过程中,国家与社会之间形成了相互纠缠的复杂关系,国家必须不断地与各种社会力量(城市资本家)之间进行讨价还价,其结果就是国家努力发展基础性权力,推进更为理性和文明的治理。其中城市并非国家形成过程中的被动性的力量,"城市在与国家的讨价还价过程中,促进了各种不同形态的治理技术的发育",而且城市也以新的方式建构了市民社会。根据曼的观点,国家需要在其基础权力(infrastructural power)与专制权力(despotic power)之间建立有效的平衡,其中的关键环节正是治理技术的发展。③

　　治理技术的发展是现代国家建设的关键。随着社会复杂化的发展,治理技术也不断进步,直接体现在各种程序技术上的运用。比如渠敬东等人看到,中国实行改革开放带来了经济社会的巨大发展,为了解决各个领域出现的社会问题,政府将经营性的政府行为转变为以公共服务为本的治理体系,政府职能的发挥不仅依赖其已获授权的权威,而且也依赖于其不断改进的程序和技术,将法治化、规范化、技术化和标准化作为行政建设和监督的核心议题,其表现就是"压力型体制"的行政体制并没有发生根本的变化,但其技术机制已经出现了重要的变化,包括强化指标管理手段、加强行政问

---

　　①　张一兵.生命政治学与现代权力治理术——福柯的法兰西学院演讲评述[J].天津社会科学,2015(01):4-13.

　　②　米歇尔·福柯.规训与惩罚[M].刘北成等译,上海:上海三联书店,2017:91.

　　③　李猛.论抽象社会[J].社会学研究,1999(01):3-30.

责及实行一票否决制等。技术治理依靠行政体制改革来推进,也推动了行政体系的科层化倾向。①

历史学家黄仁宇从技术角度解读中国大历史,反复强调中国历史没有采用"数目字管理"(mathematically management),"中国传统的官僚组织不能用数目字管理"②,缺乏中层的技术操作环节,导致国家规模与实际能力之间产生了巨大的鸿沟。虽然黄仁宇对于数目字缺乏精确的定义,但其核心含义是指"将整个社会资源整合进一个数字化的记录系统,或者说是社会资源自由流动和交换在统计上的反应"。这种"数目字管理"并非仅限于数字的统计和量化管理,而且包括管理与制度安排,尤其是涉及产权的界定与保护,以及财政制度等。③ 良好的"数目字管理"把不可计量的变成可以计量的,把模糊的变成清晰的,把质的问题变成量的问题,不仅可以降低交易成本、促进资源的优化配置,而且也丰富了国家治理的技术手段,提高了国家有效治理的精准性和有效性。

近年来,自党中央提出国家治理体系和治理能力的概念开始,随着国家治理成为社会科学研究讨论的热点,各种理论不断地提出以国家为中心的诸多治理策略和技术。中国政府大力发展"数目字管理"的技术,比如完善税收体制、量化考核指标、推进数字政府等,以提高治理的有效性。"数目字管理"有助于减缓治理规模的压力,但不可能根本解决问题,而且一定条件下还有可能加剧这个困境。因为技术手段是由人控制的,信息具有模糊性,治理过程具有不确定性,各种条条框框太多,技术手段不能自行解决治理中

---

① 渠敬东,周飞舟,应星.从总体支配到技术治理——基于中国30年改革经验的社会学分析[J].中国社会科学,2009(06):104 – 127.

② 黄仁宇.中国大历史[M].北京:生活·读书·新知三联书店,1997:55.

③ 卢现祥.中国为什么缺乏数目字管理?——基于制度分析的视角[J].江汉论坛,2015(07):5 – 10.

的问题,反而容易导致繁文缛节、组织僵化,降低治理的灵活性和有效性。①

二、治理技术在社会中的应用

一些着眼于国家治理的研究指出,国家治理的现代化是在维持国家政体基本制度框架不变的前提下,将现代政治和行政的一些技术、程序和机制,引入国家治理的实际过程,特别是立法和决策过程,以提高国家治理的质量,同时实现国家治理主体的现代化。国家治理体系与治理能力现代化的实质是治理技术的现代化,将民主和法治的技术、程序和机制引入国家治理过程,将古今中外国家治理的成功经验和做法或优良实践引入国家治理过程,从而实现民主治理和有效治理。② 技术、程序和机制,都是国家治理的方式和手段,因此国家治理现代化的过程也是治理技术现代化的过程。

作为我国最早大力引介、传播和阐释治理理论的重要学者,俞可平认为,治理的概念不同于统治的概念,从统治走向治理,是人类政治发展的普遍趋势。"多一些治理,少一些统治",是 21 世纪世界主要国家政治变革的重要特征。有效的国家治理涉及三个基本问题,谁治理、如何治理和治理得怎么样,其中"如何治理"的问题对应于"治理机制"的问题,其中具体包含了各种形式的治理技术,比如听证制度、一站式服务、问责制度和新闻发言人制度、参与式治理等。这些"都是直接或间接地从西方发达国家引入的",是向西方政治文明先进经验学习的结果。③ 这里的治理机制实际上就已经是治理技术的同义词了。

根据欧树军的观点,国家与社会相互渗透,国家的治理必须要在人、物

---

① 周雪光. 国家治理与组织机制变迁[J]. 吉林大学社会科学学报,2013(01):5-8.
② 何增科. 国家治理及其现代化探微[J]. 国家行政学院学报,2014(04):11-14.
③ 俞可平. 推进国家治理体系和治理能力现代化[J]. 前线,2014(01):5-8,13.

与数据之间建立一一对应的关系,系统掌握社会中人财物事行等信息,相应的做法就是系统化的"国家认证"。国家认证是国家行动的基础性环节,国家认证能力是国家基础能力的基础。社会事实越是复杂多样,国家就越是需要建构有效的认证体系,建立有关社会事实的统一规范和信息。① 唐皇凤也认为,现代国家的核心问题是通过制度化的途径渗透社会,各种现代信息技术得以迅速地运用到国家治理之中。国家为了行政目标,利用现代技术对信息进行有序化的收集、储存和控制,为国家对个体和社会的直接监管提供了信息基础。新技术的运用提高了国家治理能力,拓展了国家治理空间。② 这些观点已经指出治理技术的属性及其功能。

根据吉登斯的权力概念,权力的产生、大小与资源密切相关,权力就是行动者"能够对一系列事件进行干预以改变事态进程"的能力,表现为两个方面,分别是"转换能力"(transformative capability)和"支配能力"(domination)。转换能力就是行动者所具有的改变事物进程,也就是能够以"换一种方式行事"的能力。支配则表明了行动者之间的依赖关系。社会生活的每一个行动者都受到各种各样的支配。支配能力的大小取决于行动者所能动员的资源的多寡。由于支配资源的分布都是不均匀的,因此行动者具有不同的转化能力,也形成了不同的支配能力。③ 而并非不重要的是,支配的能力是由支配的技术建构起来的,如何支配的手段和方法决定着能不能进行有效支配的能力。

关于"治理的艺术"的著作在16世纪中期到18世纪末逐渐盛行起来,从那时起,治理便成为一个普遍的问题流行开来。治理这一概念被应用于

---

① 欧树军. 基础的基础:认证与国家基本制度建设[J]. 开放时代,2011(11):80 – 101.

② 唐皇凤. 中国特色现代国家治理体系的建构[N]. 中国社会科学报,2013 – 12 – 06(B04).

③ 郭忠华. 资源、权力与国家:解读吉登斯的后马克思主义国家观[J]. 中山大学学报(社会科学版),2008(04):154 – 161.

城市公共事务管理始于 20 世纪 80 年代。在马克思主义国家学说的语境中，国家治理中的"治理"可以理解为"统治"加"管理"，现代社会发展则赋予"管理"以"多元共治"的内涵。① 如果单纯从技术角度出发，治理体现出一种工具性价值，主要指管理社会公共事务的能力，包括社会经济发展、社会福利事业、公共交通与城市发展、公共卫生与食品安全、治理污染与环境保护等领域。治理，表现为经验层面的结构与行动，同时也具有内在的目标导向与精神内核，这两个层面是相互体现、相互建构的。②

现代社会是"抽象社会"，其核心特征在于，社会成员必须要与许多其不认识的其他人发生关系。为了协调和处理这些复杂的社会关系，工具理性持续扩张和渗透，发展和形成了具有普遍性的程序化机制，促使社会生活的各个方面都趋向于技术化。"现代国家中治理技术的兴起，是面对所谓'17世纪的总危机'逐渐采取的理性化步骤。"以理性主义为中心的现代性，放弃了怀疑主义色彩的人文主义精神，开始追求普遍性的"确定性政治"，其实质是以更加理性的方式来管理国家。③ 治理技术的技术性定位，就是要寻找不受专断性意志或差异性情境干扰或支配的确定性，也是要寻找解决治理问题的理性化手段和方法。

我们知道，传统社会生产力比较低下，主要是自给自足的小农经济，社会要素（包括人和物资等）的流动性较弱，甚至是不必要的，公共事务比较少，利益关系也比较简单，许多纠纷和矛盾都通过宗族范围内的熟人社会得到解决。除去征收赋税、徭役之外，国家治理的任务比较简单，需要的手段和方法也就比较少，比如人口和土地调查及保甲制度等。各种"统治术"都

① 孙肖远.国家治理现代化的中国逻辑[J].江海学刊,2019(04):149–155.

② 崔月琴,王嘉渊.以治理为名:福柯治理理论的社会转向及当代启示[J].南开学报(哲学社会科学版),2016(02):58–67.

③ 李猛.论抽象社会[J].社会学研究,1999(01):3–30.

以君主及其权力为中心,致力于增进或强化王权的有效统治,其中虽然也包含着诸如维持社会秩序的一般性治理技术,但这些都是依附于王权的,是对王权的扩充或者伸展,其价值基础、权力结构和运作逻辑等都与现代平等、多元参与框架下的治理技术大异其趣。

在现代民族国家建立后,工业化推动了经济和社会的快速发展,国家的人口规模逐渐庞大,社会的流动性日益增加。社会问题层出不穷、相互套嵌,利益关系盘根错节、错综复杂。借助于新的权力技术,国家权力逐步拓展并渗透到社会生活的各个层面,治理的任务越来越繁难多样,治理的复杂性和不确定性也日益提升。现代国家治理的主要特征是:理性化成为国家治理的基本理念,民主化和法治化成为国家治理的核心规范,一致性和规范性成为国家治理的基本要求,治理过程中多元主体的互动成为国家治理的常态。相应的,治理技术不断进步,各种程序化的和标准化的治理技术得到了广泛的运用,顺应多元社会主体平等参与的治理技术也蓬勃发展。

米格代尔认为,真实的国家是由观念和实践共同塑造出来的。这构成了理解国家的双重视角,其中观念(集体想象与国家认同)往往导致集中和趋同,而实践则经常趋向异质与多样。"国家是一个与自身相矛盾的实体。"国家观念强调其整体性,它界定清晰、高度统一,能够被单一的措辞所言说,"就如同国家是一个单独的、积极的演员再以高度集中的方式展示其在明确疆域上的统治术",但国家同时也是一系列松散联合的实践碎片,是对整体观念国家的解构,强调实践性,它异质模糊,丰富多样,通过多元的和矛盾的实践以及各个不同部分之间的联合互动与比较才能得到认识。[①] 只有认识到这种"矛盾的两面性",才能更好地理解和认识国家。

---

① 乔尔·S.米格代尔.社会中的国家——国家与社会如何改变与相互构成[M].李杨等译,南京:江苏人民出版社,2013:23.

在当前中国社会转型的过程中,各种新现象、新情况、新问题对治理体系提出了挑战,也考验着国家治理的能力。经过数十年的市场化和民主化改革,国家治理正从过去单一的总体性格局走向分散的技术化治理,如何治理的问题变得现实而紧迫。但相对于复杂的社会问题及其利益关系,国家主导的治理技术存在着严重的单一化的问题,治理失灵也就在所难免。与此同时,新的价值规范不仅对传统的治理技术构成了挑战,也不断衍生和建构出新的治理技术。虽然基础性制度、权力结构和资源禀赋,以及个人偏好影响着技术的选择和应用,但解决社会问题的现实倒逼着治理技术的转型,民主和法治的规范则提供了新技术的合法性,各种技术根据其治理绩效而相互竞争,开辟了治理的广阔前景。

第三节 治理技术的内涵和主要类型

自世界银行 1989 年提出"治理"的概念以来,治理话语风生水起,成为社会科学领域中时髦而重要的议题。治理概念的核心含义意味着,包括国家机构、社会组织和公民等在内的多元社会行动者共同承担公共事务的治理责任,在多边、平等的沟通互动中解决影响彼此的公共问题。治理打破了国家及其权力机构单边治理的神话,也突破了国家与社会或政府与市场的二分传统,将更多的社会行动者纳入到解决社会问题的行动体系中来,通过互动来解决问题。

根据治理理论的权威学者格里·斯托克(Gerry Stoker)的观点,治理意味着政府之外的社会机构和行动者也参与到治理中来,其中国家将过去由它独自承担的责任转移给公民社会,国家与社会的各个行动者之间不仅存在着权力依赖,相互之间的界限和责任也日益变得模糊不清。特别是治理意味着把事情办好不仅需要政府的发号施令或运用权威,还需要应用其他的管理方法和技术,通过这些方法和技术来更好地对公共事务进行控制和引导。① 斯托克这里所提到的方法和技术,正是我们所理解的治理技术层面的东西。

区别于统治和管理,治理具有特定的内涵和指向。现代社会具有发达的经济和科技水平,现代人也拥有了参与政治的能力和机会。国家权力持续地向社会生活的各个领域渗透,深刻地影响了社会生活和个人境遇,因此也催生和强化了人民参与的动机。要想追求良善的治理,必须要发展、选择和应用适宜的治理技术,提高治理的有效性。良好的治理技术一方面应当能够改善权力运用的过程,提高公共治理的品质,不断提高善治的水平;另一方面也要能够满足公民的需要,为公民提供表达、参与和监督的途径和方法,促进国家与个人之间的良性互动。②

时至今日,来自法学、政治学、社会学、公共管理学等多门学科的学者围绕治理、善治、治理结构、治理工具和治理能力等议题展开了广泛的研究,掀起了全球治理研究的热潮,相关的文献也极其丰富。其中有关治理工具的研究主要是探讨了治理的途径、手段和方法,以及影响行动者及其关系的制度和机制等问题。这些问题说到底是操作层面上"如何治理""用什么办法治理",以及"治理应该怎么做"等问题。这个也正是中国政治传统的重要症结,即往往是有目标没路径、有想法没办法、有热情没设计,理想很高远,但现实很骨感,想得到想得好很重要,如何贯彻和落实也很重要。现代国家治理需要有与之相匹配的技术维度的知识,也需要有能够实现国家意志和目

---

① 格里·斯托克. 作为理论的治理:五个论点[A]//俞可平. 治理与善治[M]. 北京:社会科学文献出版社,2000:34-35.

② 张小劲,苏鹏飞. 提升治理水平要有治理技术支撑[N]. 学习时报,2013-12-02(006).

标的治理技术。①

　　有关国家治理的研究,主要集中在国家治理的"应然性"问题上,阐述了治理应该坚持什么样的价值观、建立什么样的权力结构和形成什么样的制度安排,也探讨了什么是善治的问题。比如俞可平认为,善治的基本要素包括合法性、透明性、责任性、法治、回应和有效等多个维度,②而对于究竟应该怎么去做、使用什么手段和方式来做,以及如何才能做好等操作性问题,则还没有提上研究日程。虽然部分研究者已经注意到治理技术的重要性,也使用了治理技术的概念,但却还没有开展直接针对治理技术的理论研究,也没有形成明确的概念范畴、理论定位和分析维度等。

一、治理技术概念的多维度界定

　　治理技术是各种治理工具、治理手段和治理方法的统称,是组织、开展和实施治理活动的操作性行动及其规则系统,是关于国家治理如何做的答案。相对于文化传统、行为惯习和制度安排等,治理技术所包含和承载的更多是具有"硬知识"特性的操作性知识。这些知识既有普遍的和一般性的知识,比如"运动式治理"和政府绩效评估技术等,其中主要是间接的和抽象性的知识,可以被大量复制,具有很强的传播和扩散能力;也包含了大量特殊的和具体的地方性知识,这些主要是直接的经验知识,更多依赖于特定情境下行动者的经验和技能,比如领导干部与群众沟通的技能。

　　治理技术的技术,是相对于价值观念而言的。其中,价值观念是应然性的期许和要求,是期待的、想象的和未来的问题,那么技术则是实然性的,是

---

　　① 张小劲,于晓虹. 推进国家治理体系和治理能力现代化六讲[M]. 北京:人民出版社,2014:3.

　　② 俞可平. 治理与善治[M]. 北京:社会科学文献出版社,2000:导言 8 - 11.

实际上可以用得起来的,是怎么才能做得到的问题。比如对于善治来说,我们可以很轻易地提出很多美好的价值概念,比如民主、责任、法治、透明和效率等,但这些价值并不会自动自觉地实现,甚至正是因为这些价值过于美好,才往往是非常不容易实现的。因此,如何开发、选择和应用合理的治理技术,落实和实现那些令人向往的美好价值,构成了现代国家治理需要大力解决的问题。

技术通常被认为是人们改造自然和组织社会的中介,[①]是实现特定的社会目标的媒介物。正如埃吕尔所言,技术就是"在一切人类活动领域中通过理性得到的、具有绝对有效性的各种方法的整体"[②]。技术既是合理的和有效的活动的总和,也是秩序、模式和机制的总和,包含了多样而复杂的元素。区别于物质技术,由于治理内在地包含着多元参与的含义,因此治理技术的典型特征是其参与性和互动性,核心内涵是规范和调节包含国家在内的多元行动者之间的关系,具体表现为一系列可体察的制度、规范、程序、规则、方法、工具、手段等。[③] 同时,作为一种技术,治理技术突出的特点是追求效率或有效性,包含一组可以量化、能评估验证和可复制推广的确定性知识和技能。

技术也是一个容易混淆的概念。技术与制度之间也存在复杂的关系,两者之间既有联系,又有区别。广义的制度作为一套确定的规范或规则,尤其表现为法律制度和政策规范等,是规范和约束社会活动的系列约束、禁令与要求,以及惩戒性规则。具体的制度安排也包含了治理技术,是对治理技术的规则化、理性化以及显性化。反过来说,治理技术也包含了有关行动者

---

① 刘小年.技术的互动性与社会治理[J].科学经济社会,2010,28(01):98-101.

② Jacques Ellul. *The Technological Society*[M]. New York:Alfred A. knopf,1964:xxv,19.

③ 姚茂华,舒晓虎.技术理性与治理逻辑:社区治理技术运用反思及其跨越[J].吉首大学学报(社会科学版),2019(06):108-116.

及其行为边界等方面的规则,从而才能够实现其功能。因此,成熟的治理技术也应该通过制度给定型下来。但很多新兴的治理技术并不一定很快就能发展到制度化层面,而且治理技术所内含的原理和机理也很难通过制度表达出来。

当然,必须要指出的是,治理技术意义上的技术并不是指声光化电意义上的科学技术,也不是具体的科学技术成果,比如电话、传真机和互联网等,因为国家治理活动不可能单纯依靠先进的机器来进行,而是指国家治理过程中规范和处理公共事务的一整套成熟的实践活动。具体的科学技术(如摄像头、计算机、人脸识别技术、大数据、物联网以及云计算等)只有被用于国家治理的实践,才能构成治理技术的物质性部分,比如互联网只有被纳入电子政务,信息公开或智慧城市的建设、管理和运行框架中来,才能成为治理技术的有机组成部分。

治理技术就是操作层面的问题,是解决怎么做的问题的手段和方法。区别于科学技术意义上的技术主要处理的是物与物之间的关系,治理技术主要处理人与物之间的关系,乃至人与人之间的关系,是一整套涉及价值、制度、知识和机制,以及文化的系统。作为一个充满矛盾性的概念,我们这里的治理技术是基于国家视角而提出来的概念,是国家治理概念的衍生物。根据马克思主义的国家理论,国家治理是由政治统治与社会管理有机组成的,其中既有统治之"治",也有管理之"理",是以国家权力为中心的"治"和"理"的高度混合。相应的,治理技术就是落实或实现国家治理目标和任务的工具的组合。

国家治理现代化开拓并启发了对于公共治理活动的思考,国家治理现代化超越了追求稳定或制度等单维度的改革,而是强调全面、系统和配套的改革策略。国家治理现代化范畴中的治理技术,是对国家治理所使用的具有特定价值关怀的工具、方法和行动方案的统称。① 在高度信息化的现代社会，国家与社会的关系发生了翻天覆地的变化，国家与社会的互动也呈现出新的特点，提出了新的要求。各种新的治理技术不断被创制出来，也处于持续的调整或优化之中。任何追求治理效能显著提升的努力，都无法回避治理技术之审视。②

作为概念化和抽象化的产物，治理技术是指应用于解决特定治理问题的人、制度、资源和策略性行动的特定组合方式，是依据特定的规则建构起来的实践活动。根据治理概念的定义，治理是面向社会的，甚至是以公民参与为导向的。那么实际上，治理技术就是国家进入社会的中介，是国家影响社会的手段，是国家服务社会的方法。总而言之，是国家与社会交相互动过程中所要应用的"东西"，具体包括了国家控制、支配、组织、管理和服务社会要素的手段和方法。这个概念是以国家为中心的，但又是面向社会的，是国家与社会互动的介质。那么我们就从这三个维度来解读治理技术。

一是国家中心：国家治理首先关注的是多元行动者，包括政府、市场和企业、公民和社会组织的合作管理，它既要维护公共秩序，又要实现公共利益的最大化。③ 治理技术是国家治理的逻辑延伸。治理技术是实现国家意志的工具，是由国家来设计和应用的，包含了国家权力的运用，至少也是获得国家认可和支持的，否则就没有合法性，不可能得到应用，比如网格化管理等。那么治理技术的应用就是围绕国家的职能来展开的，最终是为了巩固和增强国家权力，提升国家治理的效率和效果，包括实现政治稳定的目标。就此而言，不管具体的目标和任务是什么，治理技术的核心是权力应用

---

① 张小劲,苏鹏飞.提升治理水平要有治理技术支撑[N].学习时报,2013-12-02(006).
② 张小劲,于晓虹.推进国家治理体系和治理能力现代化六讲[M].北京:人民出版社,2014:3.
③ 何增科.国家治理及其现代化探微[J].国家行政学院学报,2014(04):11-14.

的特殊途径和方式,其中的关键点是联结国家与社会、政府与公民的技术和方法。①

二是面向社会:治理技术区别于国家官僚体系内部的自我管理工具,是面向复杂而多样的社会事实而展开的,始终是着眼于社会中的人、财、物、事和行等来运用的,是以解决通常所说的社会问题为指向的。这具体包括了三个紧密联系的内容:首先,治理技术是国家为了渗透、监控、支配、管理和服务社会而采用的手段和方法;其次,社会也需要通过国家选择和应用的治理技术来解决社会内部的各种矛盾冲突;最后,国家与社会之间也需要合理的途径和方式来进行持续有效的交流和互动。就此而言,治理技术的场域特点意味着国家与社会之间的复杂博弈。治理技术要真正有效,也就必须要扎根于社会之中,不断地处理社会事实,应用于解决社会问题,也承受国家与社会两个方面的压力和要求。

三是互动媒介:作为特殊的工具,治理技术是在社会事实的交互过程中发挥作用的,是跨越国家与社会之间的界面的技术桥梁,也是联接国家与社会的中间媒介。其特殊性在于,它始终存在于国家与社会的或显或隐的互动网络中,不管这种互动是激烈的冲突,或是和平的合作,都有特定技术的影子。治理技术是多方面联系互动的媒介,其中包含了多个方面的含义:首先,国家与社会主体之间借助于治理技术而相互关联起来,比如行政诉讼以法律机制建构起国家与社会的互动;其次,国家与社会主体之间通过治理技术来交换信息等资源,比如税收等;最后,治理技术也构建了特殊的互动形态及效应,比如公民主动申请信息公开。此外,治理技术的特殊性在于它使国家与社会的互动成为看得见或可计算的过程,而不再是随意或模糊的地带。

---

① 张小劲,苏鹏飞.提升治理水平要有治理技术支撑[N].学习时报,2013 - 12 - 02(006).

治理的技术路径主要有两条——技术治理和治理技术,两者密切相关,都是容易引发混淆的概念。技术治理是一种概括性和归纳性的概念,是指各种技术兴起、应用与治理所形成的治理形态,是对于各种治理活动都日趋技术化的抽象的归纳和概括,而治理技术是治理过程中应用和发展起来的一整套的操作技术和方法,是具体的手段、技巧、技能和方法等。它侧重于运用计算机、物联网、信息通信技术、传感器、大数据等手段,以及由参数、编码、脚本等构成的技术标准体系来协调和重组多元治理主体的不同功能、资源与责任,实现具体问题与治理主体、解决方案的精准、智能匹配,达到高效治理的目的。[①]

二、治理技术的多类型划分

有国家,就有治理技术,两者相伴而生。国家治理技术涉及方方面面,应用到不同的社会领域。作为国家的代理人,政府及其职能部门也都有各自的治理技术。具体的治理技术针对特定的社会事实而展开,种类多样,形式繁多,很难根据统一的标准进行分类。这里主要以国家中心还是社会中心为标准来划分治理技术,进而从其技术机理和可参与性、平等性、标准化,以及效率性等维度分析治理技术的特性,从而推进对于治理技术概念的深入理解。

(一)以国家为中心的治理技术

国家权力及其意志(reason of state)表达、形成和实现的途径和方式,比如人口统计、土地测绘、资源调查和树立典型,以及面向社会各个领域的管理信息系统,包括个人征信系统和企业报税系统。这些治理技术是基础性

---

① 张丙宣.把握好技术治理的四个原则[N].学习时报,2018 – 01 – 01(006).

或常规性的治理技术,集中体现了国家的意志、需要和目标等,是为制定和执行国家重要的决策所需要的。诸如人口统计和土地调查等治理技术,在世界各地都有着非常悠久的历史,比如中国是世界上较早进行统计的国家之一,早在公元前 2000 多年前的夏禹时代就有过人口统计。① 人口统计和土地调查是国家治理的基本技术,对于国家掌握人口和土地等资源要素的情况至关重要,而且仅仅是掌握这些信息,也都具有特殊的治理含义,即意味着基于国家理由的关切和重视,从而影响着重大方针政策的制定和调整。

这种类型的治理技术是以国家为中心而建构起来的,更多体现为国家的意志和需要,也是国家自我驱动的治理技术,具有主动性、进攻性和渗透性。由于这些治理技术直接面向社会事实,意味着国家对社会的定义、分析、计算和评估等,因此包含了国家权力扩张的隐蔽意图,推动了国家权力的扩张和渗透,也是提高国家治理能力所需要的。但它们依然是指向社会事实的,是对社会事实的计量、测算、监控、干预、引导和控制等,通常标准化程度比较高,只是社会事实包括社会行动者更多是被动性的存在而已,因此社会参与性也比较低。这些治理技术在过去主要是通过人的工作来落实,现代国家则通过使用更为先进的科学技术来进行处理。

(二)以社会为中心的治理技术

构建社会多元治理主体关系的制度安排及其机制,比如人民调解、行政听证和协商民主等。这些治理技术是最为常见的国家治理技术,通常也被视同为社会治理技术。相关治理技术是以国家力量为后盾的,着眼于维护正常的社会秩序,通过适当的途径和方法来协调社会主体的利益关系。特别是随着社会的复杂化发展,利益关系及矛盾纠纷等都更加错综复杂,迫切需要发展和应用新的治理技术。相应的治理技术以解决社会矛盾纠纷为着

---

① 董友涛.中国古代人口统计发展史叙略[J].人口学刊,1989(05):30-36.

眼点,具有调整和重构社会主体之间关系的重要含义。但就其过程而言,这种治理技术往往意味着社会主体的持续互动,包含了巨大的时间成本,呈现为复杂的利益博弈过程。

相对于国家中心的治理技术,以解决矛盾纠纷为切入的治理技术,可以说是社会中心的、是公民参与的技术,也是能够为社会主体所利用的治理技术,是依靠或面向公民参与而建构起来的,很多是社会在解决矛盾冲突的过程中探索和发展起来的,比如当代中国的协商民主,在基层治理中得到广泛的应用,具有鲜明的多样性和可见性,但可标准化程度比较低,主要是程序性技术。公民在其中扮演着积极且能动的角色,利用相关规则来维护和争取各自的权益。国家俨然是隐而不彰的存在,但这些治理技术又是得到国家认可和允许的,甚至是由国家直接设计出来的,否则也就失去了合法性和正当性,也就不可能派上用场。相关治理技术承认公民个人正当的权益,也促进了公民权益观念的进步和发展。

(三)以互动为中心的治理技术

协调治理过程信息、资源和利益及责任等要素的手段和方法,尤其是处理国家与公民、政府与市场关系的技术,比如行政诉讼、投诉举报、公民问责、信息公开、来信来访、群众路线、新闻发言人(网络发言人)等。现代国家治理的重要特点就是以权利为辩护的、广泛而多元的社会参与,通过用权利来"武装"社会中的个人,权利也构成了国家治理的重要资源,随之而来的就是要建立处理双边甚至是多边关系的技术,以分配、约定和明确各自的角色、边界、权能和责任等,同时为了保障治理过程的顺利开展,需要保障多元参与者网络运行的机制,比如信息公开和过错问责等,或者是支持性的,或者是保障性的。对于具体的国家治理技术而言,国家的维度主要处理的是权力和责任的问题,社会主体的维度主要涉及的是权利和权益的问题。

可以看到,这种治理技术是以国家与社会的互动为中心的,互动的建构及其规范是治理技术的内核,参与性程度很高。由于涉及多元行动者,要处理不同的事实要素和价值规范,以互动为中心的治理技术也是治理技术中复杂性程度较高的治理技术。相对而言,在以社会为中心的治理技术中,社会主体之间的地位是平等的,各方面的权力和资源也有可能是对等的。而在以互动为中心的治理技术中,国家与社会的关系具有事实上的不平等性,国家及其官员拥有明显的权力和资源优势,比如通常拥有明显的信息优势,因此往往是更加主动和能动的方面,甚至是决定治理技术效用的关键变量。所以这种治理技术的运行状况正是检验国家治理的重要标尺。

(四)以问题为中心的治理技术

推动社会问题得到解决的经验知识、实践技能和行动策略,如一票否决、智慧城市、网格化治理、运动式治理和"一个窗口"办理服务等。这些治理技术主要是总结和积累关于有效治理的经验,形成解决社会问题的治理技术,其中包含了大量的规范性知识和操作性知识,也可以说是"打包封装"的技术集合,比如"一个窗口"办理服务的治理技术,就集成了诸如服务理念、效率机制、简政放权、信息整合、职能重构、边界调整等多个方面的知识和技能。这些知识和技能经过了实践的检验,最终得到了国家治理体系的确认,进而也得到了普遍的推广和应用,体现了国家在具体社会时期解决特定社会问题的策略和行动。

以问题为中心的治理技术,重点是实践技能的系统化、操作化及有效性问题,比如运动式治理在各个领域普遍存在,经常发生,得到普遍的应用。这与常规机制一样,也是国家治理的有机组成部分,[①]在具体的社会领域取得了无可替代的治理效能,而且也是探索和建立新的、更为有效的常规治理

---

① 周雪光.运动型治理机制:中国国家治理的制度逻辑再思考[J].开放时代,2012(09):105－125.

机制的重要的工具,是制度建设过程的重要组成部分。[①] 就此而言,这种意义上的治理技术实际上也是个别或局部经验持续积累的结果,是围绕解决特定领域的社会问题而展开的,目的是为了提高问题解决的合法性和效率性,包含了试错的含义,也具有阶段性的特点。此外,在科学技术尤其是信息技术快速发展的进程中,这种性质的治理技术通常站在新技术的前沿,大力吸纳和应用先进科学技术,以提高治理的效率和效能。

第四节　治理技术的运行及其内在逻辑

治理是重建国家与社会关系的政治主张,更多是基于社会立场的国家治理方案,为各种社会主体参与国家治理提供了合法性支持,也要求国家更好地调整其与社会的关系。在国家与社会互动的广袤场域内,治理技术就是连接国家和社会的媒介,国家通过应用特定的治理技术深入社会,掌握社会事实的情况,汲取社会资源,分配权力责任;社会通过具体的治理技术接触国家及其代理人,也从国家获取响应、支持和管治,特别是通过在国家治理过程中扮演适当的角色,从而更方便地实现自我利益,最终实现普遍的公共利益。

一、治理技术在国家治理中的应用

根据俞可平的观点,治理意味着国家权力向社会的回归,是国家还政于

---

① 任星欣,余嘉俊,施祖麟. 制度建设中的运动式治理——对运动式治理的再思考[J]. 公共管理评论,2015(02):75 - 85.

民的过程。善治的本质是政府与公民对公共生活的合作管理,是国家与社会之间的新颖关系,是政府与公民之间的良好合作。① 治理技术区别于管理技术,是指国家治理所运用的各种手段和方法,是以社会事实为指向的国家权力运用的过程。这就区别于政府组织内部的权力运行过程,比如官僚体系内部的人事管理、档案管理、沟通机制和工作方法等,虽然做好这些工作是为了更好地实现国家治理的目标,但他们是边界分明的组织内部行为,是为了管理好官僚体制自身,是纯粹的管理,而不是治理。否则将所有的组织管理活动也都算作治理,那治理就变得没有任何意义了。

治理技术与国家治理是相互适配的,是高度一致的。通常有什么样的治理技术,就有什么形态的国家治理,比如信息公开作为典型的治理工具,也塑造了国家治理的形态。反过来,同样的逻辑,有什么形态的国家治理,就会采用什么类型的治理技术,比如民意调查在很大程度上是现代民主治理的技术。不过,既然国家具有共同性,治理技术也具有一般性和普遍性,比如人口调查和土地调查都是现代国家基础性的治理技术。治理体系和治理能力的现代化离不开相应的治理技术,也是治理技术的现代化过程。缺乏行之有效的治理技术,国家治理就无从着手,国家治理的目标就会落空。

国家治理的失灵包含了各个方面的原因,其中也包含了治理技术的原因。现代社会的国家治理,治理主体是多元化的,不仅不同治理主体是不相同的,同一性质的治理主体内部也存在很大的差异性,治理过程也是复杂的,特别是治理问题也具有整体性和流动性,这些都从不同方面对国家治理提出了要求。特别是科层制的治理形态根据属地管辖、专业分工和部门负责的逻辑进行治理,普遍出现了"有组织的不负责任"的问题,国家治理缺乏灵活性、回应性和有效性。这就出现了普遍的治理技术单一化与治理问题

---

① 俞可平.治理与善治[M].北京:社会科学文献出版社,2000:导言 8 – 11.

复杂性之间的矛盾,影响了国家治理的效能。①

治理技术是清点、构造、整理和支配社会事物的框架,也是连接国家与社会的中介环节。通过治理技术的应用,比如世界通用的人口普查技术,国家权力的触角向社会的各个角落延伸,向社会中的个人延伸。治理技术不是中性的,而具有内在的导向性、目的性和功利性。每一种治理技术都具有自己的价值规范、知识体系和思维方式,尤其包含了特殊的清点、盘查和计算社会事实的技术逻辑。治理技术根据自己的逻辑建构现实,影响治理活动的过程和结果。但在具体条件下,治理技术的知识与价值规范及其实际效果之间可能是高度脱节甚至相互矛盾的。

从国家的视角而言,治理技术是"国家之眼",也是"国家之手",国家通过运用治理技术来触及社会元素,包括人口、财产和土地等资源要素,也包括行为、观念和交易等社会事实,使这些社会事实简单化、清晰化和标准化,对其进行命名、分类、修辞,也对其进行规划、管理和设计等,典型的如城市管理将管理要素分为事件和要件,给予特定的代码,纳入数字化或标准化的管理系统,最后都是将他们纳入国家的坐标体系中来,赋予其符号(代码)、形状(图表)、位置(中心或边缘)、权重(分值)和意义(合法或不合法),为国家治理和社会生活设定公式和函数,对他们进行加减乘数的计算,比如城市管理的积分入户政策。

长期以来,各种各样的治理技术五花八门、走马观花,令人眼花缭乱,既不断更新换代,推陈出新,也不断拆分重组,从量变到质变,从幼稚到成熟,又从建立到取消等。其中,既有革命性的巨大进步,比如行政听证和社会稳定风险评估,也有换汤不换药的因循沿袭,比如人口和土地统计。从历史上

---

① 杨雪冬.论国家治理现代化的全球背景与中国路径[J].国家行政学院学报,2014(04):15 -
21.

的保甲制度到现代的网格化管理,从古代登记土地的鱼鳞册到今天的土地卫星云图,从过去的电子政府到今天流行的城市大脑等,国家治理技术不可胜数,最后都万变不离其宗,那就是以国家权力进入社会,搜集和整理社会事实的信息,以国家想要的方式对其进行监测、管控、支配和服务。在这个意义上,治理技术始终是"国家治理的技术"。

具体的治理技术都依靠严格的知识、确定的程序和特殊的方法,对社会事实(包括其复杂关系)进行画像,描绘出权力眼睛中的社会图像。国家甚至变成一种特定的思考方式,用截然不同于个人或社会的视角、标准和公式,将社会变成可理解的图解。仅仅是对某些社会事实进行画像,就意味着这些东西值得引起重视,我们应该了解它,我们已经准备好了,我们可以对它做一点什么。[1] 通常,当这一切都完成的时候,社会事实似乎就像我们所了解的那样呈现在我们面前,我们不仅了解了它,而且也能影响它。而且这也立刻带来某种特殊的自信和冲动——既然我们都已经了解它们了,那就顺利成章也可以采取行动了。

虽然各有不同的定位、属性及维度,治理技术始终是国家治理的操作层面的问题,最终是体现和落脚在"怎样去做"的问题上。不管具体的机构和部门是什么,也不管实施或应用于什么领域,治理技术就是依照技术及程序对社会事实进行操作,将不可定义的变成可定义的,将不可数的变成可数的,将不可见的变成可见的,将混沌模糊的变成清晰明确的,将不能理解的变成可理解的,将不能计算的变成可计算的,将不可操作的变成可操作的。治理技术将自己的逻辑投射到复杂的社会之中,又将社会嵌入其逻辑框架中来,最后逐级完成了两者之间的融合汇流。

---

① 马丁·海德格尔.林中路(修订版)[M].孙周兴译,上海:上海译文出版社,2008:75-79.

质言之,治理技术是国家治理的工具,是国家面向社会的行动媒介,也是国家与社会互动的界面,是定义国家元素与社会事实及其关系的规则,是处理国家与社会关系问题的结构化形态。治理技术是国家中心主义的,是国家的思维及其产物,国家掌握着治理技术的主动权、自主性甚至是随意性。社会更多是被动的、对象化的存在,是治理技术的镜像拼凑而成的魔幻图影。但由于国家对社会无法割断的依赖性,国家实际上又不得不屈从和顺应这种无可逃避的依赖性,去积极考虑和响应社会的需要。而从社会的角度来看,国家就是一连串交错叠加的治理技术,国家治理活动无非是各种治理技术运作的过程。

国家治理是系统性、整体性和全局性的实践活动。治理技术就是国家治理从应然走向实然的桥梁。现代社会的国家治理具有独特的价值基础、问题指向、权力结构和行动规范等,比如主权至上、民主治理、法治规范、权利保障和公开约束等,但这些都必须通过可操作的技术来表达、体现或落实。比如城市政府利用网格化管理来细化社会管理单元,明确分工和责任,以实现精准有效的管理。就像没有运载火箭卫星就无法上天一样,没有适当的和可行的治理技术,国家治理就将无从着手,善治的目标也将是无本之木、无源之水。

社会的发展要求国家治理与时俱进。建构与现代治理体系相匹配的治理技术,是治理体系和治理能力现代化的应有之义。无论是什么样的国家治理,都有一个怎么去做的问题,都需要思考做得好不好的问题,都需要探索如何才能做得更好,这些围绕“做”所提出来的操作性问题就是治理技术所要指向的问题。社会的多元化、治理任务的艰巨性和治理主体的多元化,必然要求治理方式、方法或手段的变革。治理变革包括价值的更替、制度的转型和技术的升级等多个方面,这些方面相互之间既具有一定的独立性,更是相互关联和相互影响的,即或者是三者相互匹配,互相呼应,或者是相互疏离,各行其是,充满张力。

二、治理技术的价值导向逻辑

相对于价值和制度,治理技术更多具有价值中立的色彩,较少受到意识形态的制约和束缚。在既存的国家结构和制度体系中,通过治理技术的变革来解决治理危机,是各国政府最为常用的改革战略,比如公共服务的市场化或社会化,是世界各国政府推进治理变革常用的工具箱。而且治理技术的变革是看得见、摸得着的,其效果也比较直接和显著。相对于价值观念的改变往往要经历较长的时间,治理技术往往以价值中立的姿态昂首挺胸地进入治理场域,给人们带来的错觉就是,我们只是像家庭主妇决定使用一把新的菜刀一样,不会给我们的工作和生活带来更多的影响和冲击。

很显然,这是一种假象,不同的治理技术具有不同的价值基础、技术法则、运行逻辑和利益格局,这也构成了治理技术在应用过程中遭遇障碍或阻力的原因,比如信息公开不同于传统政治的"暗箱操作",其中内在地包含了承认公民具有知情权和表达权,公民有权利获得政府生产的公共信息资源,甚至是通过主动申请来获得政府信息;公司合作伙伴关系(PPP)就是承认了不可避免的政府失灵,政府可以提供公共服务,而不必须要直接生产公共服务,从而通过参与、合作和共赢机制,利用市场机制的效率优势,提高公共服务的品质。因此,治理技术的更新换代并不简单只是技术手段的变化,更是相应的价值观念和治理逻辑的变化。各自具有不同的价值基础、基本假设、治理逻辑以及治理效果。

技术具有普适性,治理技术可以服务于不同的政治制度,不同的政治制度也可以运用相同的技术,比如国家认证作为国家治理的基础性技术,是任何国家实施治理所不可或缺的工具。决策者的价值取向、社会的文化传统和技术偏好,以及资源状况等,[1]决定了治理技术的选择及其应用,比如对于群众路线或运动式治理的路径依赖。技术也不是独立自主的,特别是基础性的制度安排的差异会带来治理技术绩效的差异,同样的问责制度在不同的制度框架中,其执行力、有效性和权威性就可能完全不一样。这不仅是技术本身的问题,而且是支撑和运用这种技术的基础性制度的问题。将治理技术与基础性制度区分开来,可以更好地理解治理体系的运作及其问题,也能为渐进的改革提供可行性。

治理技术具有自主性、能动型和扩张性,新技术具有巨大的知识优势和实用效能,技术规则及其内在的价值禀赋也能深刻影响社会环境,良好的治理绩效会推动治理技术的扩散,比如协商民主技术的成功促使其得到更为广泛的应用,数字化治理的技术向不同地区的不同政府及不同政府部门扩散,并且从局部的应用向全局的应用发展。治理技术的运用也能冲击甚至改变基础性制度安排,带来系统性的变革效应,以互联网技术为内核的治理技术(电子政务和信息公开等)将不仅重塑国家治理的权力结构,而且也会深化和巩固民主和法治的价值,为更重大的变革做出准备。

现代国家的发展尤其表现为各种治理技术的发展。伴随着国家政权的发育,各种治理技术也顺势发展,结果就是以程序技术为基础的科层体制的扩张。国家提供了治理技术的正当性论证,而治理技术则拓展了国家的雄心壮志。国家治理技术的发展,不仅仅是国家权力的简单扩展,也是社会重新组织起来的过程,还是个人自我技术的调整。社会因为治理技术的应用

---

① 茹婧. 基层治理技术的选择——基于国家权力与资源的视角[J]. 西华师范大学学报(哲学社会科学版),2013(04):11-15.

而重新调整姿势,展现出不同的面孔。个人则被国家和社会所塑造,也反过来倒逼国家治理,比如个人收入所得税定义了公民的纳税人身份及其纳税义务,也塑造了现代的公民意识,进而也要求国家尊重个人的权利,履行其责任。

第二章 | 模糊的社会及其国家治理需求

党的十八届三中全会提出,全面深化改革的总目标是完善和发展中国特色社会主义制度,推进国家治理体系和治理能力现代化。国家治理体系和治理能力的现代化,也需要治理技术的现代化。治理技术的现代化不仅是指国家开发和使用一套新的技术来观察、监控和干预社会,而且也是指国家使用一套新的公式或算法来处理复杂的社会事实。那么社会事实是什么样的? 国家眼中的社会事实又是什么样的? 国家是凭借什么来描述、刻画和理解庞大的社会的?

国家治理就是以国家权力机构为中心的社会多元主体共同处理社会公共事务的过程。社会是国家治理的场域,也是国家治理的对象。国家治理在社会之中进行,面向社会而进行,也受到社会要素及其互动关系的影响。而且良好的国家治理离不开社会主体的广泛参与,是国家机构与其他社会主体良性互动的结果。那么随之而来的问题就是,作为国家治理场域和对象的社会究竟是什么样的? 如何认识和理解国家治理意义上的社会呢?

第一节　模糊的国家治理信息图景

信息是社会生活的本质,人类社会的生活无处不在都与信息息息相关。所有的社会主体、社会活动和社会关系都表现为特定形式的信息。随着信息社会的来临,人们已经意识到了信息在社会生活中的重要性。经济学、政治学、行政学和法学等学科的研究经常会指出,社会不同主体之间存在不同程度的信息不对称,即社会互动过程中的行动者拥有的信息不同,一些行动者拥有其他行动者无法拥有的信息。由于信息是无处不在的,信息分布具有分散性和不平衡性,信息不对称是普遍存在的。在具体的行动体系中,信息不对称决定着行动者的权力和能力,也影响着行动者互动的方法、策略及其信任关系等。

一、信息来源的广泛性

大多研究者经常会指出,在当今社会中,政府掌控着社会80%以上的信息资源,政府垄断性地掌控和利用这些信息,通常还不允许公众接触这些信息。因此,政府与社会民众之间存在着巨大的信息不对称,其中政府是信息不对称的优势一方,而民众是弱势一方,受到信息不足的困扰。同样的逻辑,其他研究者还指出,作为政治过程或管理过程的一部分,政府运行尤其是政策过程在很大程度上是一个巨大的"黑箱"。人们能看得到政府所提供的产品和服务,看到政府运行的结果,但却看不到政策过程是如何展开的。

政府与公民的关系是现代国家的基础性关系。在政府与具体的或个别的公民之间,存在着显而易见的信息不对称。政府掌控的信息资源非常丰富,远远超过公民个人所能掌握的信息,公民个人显然也难以掌握这些信息,甚至也没有必要去掌握这些信息。但这不可避免地带来了公民对于政府的信息依赖和政府策略性地利用信息对民众进行的支配。但承认这一点的同时,人们却忽略了另外的问题,即不管这里"80%"的判断是否精确,政府掌握着社会中绝大多数信息资源的事实是不容否认的。但必须要清醒地认识到,这里的信息资源只是指经过搜集、编码、加工、整理过的公共信息,而并不是社会的全部信息。

事实上,社会信息是非常多的,也是非常多样化的。与政府一样,其他社会组织——不管是私营企业还是非政府组织,也都掌握着大量的信息,具体包括市场信息、消费者信息、生产技术信息、人事和财务等组织运行的信息等,这些信息根据社会组织的需要而被搜集和整理出来,是社会组织生存和发展的重要基础。更为重要的是,个人和社会组织中还存在着许多没有被编码和加工的信息,这些信息被分散的个人所掌握,主要是关于特定时间、地点和特殊情况的信息。这种类型的信息无处不在,是社会主体选择和行动及其相互协调的基础,但却很难对他们进行加工和编码,形成标准化的或可储存的信息。对于社会运行来说,所有这些信息都是非常重要的,但不可能被政府完全掌握。

说到底,国家是社会信息的搜集者、加工者和储存者。实际上,只有国家才拥有这样的兴趣和需要,也只有国家才拥有这样做的能力。在日常的管理过程中,现代国家已经掌握了大量有价值的公共信息,成为社会中掌握最多信息的组织。国家依靠这些信息已经拥有了巨大的权力,也导致了信息不对称和信息不公开等弊病的出现。但相对于社会运行所需要或所产生的巨量信息来说,国家所掌握的信息只是其中可以被加工、编码和整理的部分,更多的社会信息散落在个人和其他社会组织之中,还没有被国家所掌握,也难以被掌握。考虑到社会信息的数量及内容,政府所掌握的信息资源可以说是非常关键和重要的,但也只能说是非常有限的。

信息是行动的前提,是决定行动成败的关键。个人只有掌握有关行动环境、客观事实、交往对象及行动工具等方面的信息,才能更好地安排个人的生活。企业必须要掌握生产要素、市场行情、消费者偏好及产品性能等方面的信息,才能恰当地做出决策,采取行动。同样,国家行动也离不开相应的信息基础,掌握关于社会要素、社会状况、社会运行及其变化和发展趋势等情况的信息,才能制定和实施良好的公共政策,有效地应对社会问题的挑战,实现国家的目标和任务等。否则,如果缺乏必要的信息,甚至没有准确而充分的信息,国家行动也会像无头苍蝇,处处碰壁,以致徒劳无功,误国误民,不知所终。

社会信息总量非常大,信息是非常重要的,是国家治理的基础,但信息也是稀缺的,是昂贵的。正如要对社会进行全面彻底的计划是不可能的一样,由个人所掌握的社会知识具有"分散性、多样性和易变性,决定了任何一个机构或头脑能够随时全部掌握他们"①。面对错综复杂的社会和社会运作所形成庞杂的信息,国家行动的信息实际上也是稀缺的。国家或者是没有获得所需要的信息,比如缺乏闲置空房的具体信息或不知道社会财富的总量等;或者是缺乏准确的信息,比如不了解贫困人口的真实状况和毒品走私网络的蔓延及其趋势等,以至于也不知道究竟应该怎么干。

二、模糊性社会的含义及其特征

不管是传统社会还是现代社会,也不论我们给予当今社会什么样的定义或标签,比如信息社会、风险社会或后现代社会,不容否认的是,社会很

---

① 冯克利.哈耶克的知识论与权力限制[J].天涯,2000(04):128-133.

大,也很复杂,社会是流动的,充满了不确定性,而国家机构不管多么强大,也是较为简单的、比较稳定的,还是可预期的。因此,无论是什么时候,国家治理永恒的问题都是,如何用简单的、有限的国家机构管控庞大而复杂的社会,如何在了解和掌握社会实际情况的基础上进行行之有效的治理。对于国家机构来说,社会复杂而庞大,有许多国家所未知的领域,有大量国家尚未掌握的信息。在信息的意义上,国家治理意义上的社会只能是而且必须是一个具有模糊性的社会。

在此,模糊社会是一个描述性概念,指国家治理意义上不确切的社会地图,是作为国家治理对象化存在的整体化意义上的社会,是指国家无法掌握社会及其运行的全部信息的情形,是对于国家与社会之间存在的信息不对称这一情况的概念化。模糊的社会意味着社会信息是高度分散的,任何人和任何机构,包括国家机构,都只能掌握有限的、可以归纳和整理的部分/局部信息,社会中还存在大量有关特定时间和地点的知识,以及关于社会成员之间错综复杂的交往关系等,都不是国家能全面和准确掌握的。

首先,模糊性是国家治理必须要面对的基本问题。由于社会要素的多样性、社会主体的多元化及其互动过程和结果的不确定性等,社会信息的加工和整理是非常困难的。国家只能掌握社会生活的部分事实,而不可能是全部事实。事实上,国家掌握全部事实既是不可能的,也是不必要的。对于国家治理来说,社会的模糊性是内生的,也是不可回避的。国家必须要获得足够的信息,才能进行有效的治理。社会的模糊性导致了作为国家治理基础的信息的匮乏,制约了国家治理的空间、能力及其效能,延缓了社会问题得以解决的时机。但社会的模糊性也构成了防止国家权力扩张的屏障,在一定程度上避免国家建构主义的雄心,有利于维系社会适当的自治性,调整国家与社会的边界。

其次,社会的模糊性不完全等同于国家治理的模糊性。有些社会情况可能缺乏系统和明确的信息,比如某地区特定类型的病患者数量或某种尚未形成规模和气候的不良社会现象等,但如果这些还没有成为国家干预的对象,社会事实的信息不足也就不是国家治理意义上的模糊性。比如传统社会的国家并没有(没有能力和义务去)承担提供国民教育和医疗等公共服务的责任,国家也就没有动力去搜集国民受教育和医疗状况的信息。因此,社会事实如果还没有成为国家治理的对象,也就无所谓模糊还是清晰。但随着国家干预范围的拓展,这种模糊性就有可能成为国家治理要处理的问题,获得清晰化的可能性。

最后,社会的模糊性是相对的。社会的模糊性是动态的,是相对于国家治理的需要和能力而言的。社会的模糊性与国家治理的能力成反比,两者之间很大程度上是此消彼长的关系。换言之,国家权力如果不能深入渗透到社会之中、不能建立关于社会情况的信息处理体系,社会模糊性程度就越高,反之,如果国家治理能力很高,能够有效地搜集和掌控社会情况的信息,社会的模糊性程度也就越低。因此,对于现代国家治理来说,模糊性也可以说是国家治理能力的函数。传统社会比较简单,但国家治理能力有限,会面临社会模糊性的问题。现代社会复杂程度提高,国家治理能力也不断提升,有些方面逐渐清晰化,但很多方面仍然是模糊的。

第二节　政策过程的模糊性及其普遍性

公共政策是国家治理的重要工具,政策活动是国家治理的基本活动。在此我们进一步从政策的角度来理解国家治理的模糊性,剖析模糊性的特性及其影响。

一、国家治理在政策层面的模糊性

理性是人类文明的标尺,是社会行为的基本要求,任何适当的社会行为都需要保持或依赖必要的理性。作为公共生活的权威性规则,公共政策是人类理性地干预社会活动的重要工具。长期以来,政策及其实行过程深受理性法则的支配,而政策分析也是以理性为基础的,大部分政策分析都属于理性主义模式。理性主义的观点认为,政策过程可以收集与问题有关的所有信息和备选方案,能够精确选择拟解决问题的最佳途径,政策规范能够在官僚体系中准确地传导,下级可以负责而忠实地执行政策,并且还能够运用科学的分析方法评估政策效果等。

在高度功利的现实世界中,完备的信息、科学的方案和专业的方法等具有强大的诱惑力,也建构了理性主义及其无往而不胜的神话。理性是非常重要的,政策活动需要理性规划和精心设计,也总是不断试图趋近于理性。但值得注意的是,理性只是人类有效行动的可能条件或有利条件之一,在通往理性的道路上时常有各种非理性因素困扰,理性追求和理性规划的最后可能是反理性的结果。事实上,绝对的或完美无缺的理性是不存在的,实现理性的条件是非常苛刻的,比如高质量的信息、行动者的良好能力和环境的稳定性等,否则理性就会大打折扣,甚至走向非理性或反理性的方向。

良好的政策实践必须遵循理性原则,实现政策的合理化、明确性和精准性,以提高政策绩效。问题是,理性也是稀缺资源,并不是唾手可得的。现代社会日趋碎片化、多元化和复杂化,挑战着理性主义政策的客观基础,也导致大量精心设计的政策方案遭遇严重失败。这凸显出理性不足的弊病和缺陷,也催生了对理性主义的批判和反思,比如哈耶克批判的“致命的自负”、西蒙提出的“有限理性”的主张、林德布洛姆主张的“渐进主义”、马奇等人提出的决策"垃圾桶模型"等,都从不同角度表明了政策理性的有限性,揭示了政策模糊性的成因,比如认知有限性、信息不完备、环境不稳定和结果不确定等。

中国社会具有悠久的政策治国传统。在传统农业社会和计划经济时代,由于社会的稳定程度比较高、复杂程度比较低,大多数政策的确定程度都是比较高的,政策过程及其效果是连续、稳定和可预期的。在当代中国社会转型的历史进程中,社会的急剧变化不断突破原有的规则体系,更迫切地需要建立新的规范体系,来调节错综复杂的社会矛盾冲突。经济和社会的变化发展不仅考验着政策的质量和效能,也对政策治国形成了广泛的制约和挑战,比如高昂的信息成本、政策主体的分化、政策对象的多元化、政策过程的博弈和政策结果的不确定性等。面对复杂的治理形势,政策的模糊性和相应的政策现象,已经引起了研究者的广泛关注。

政策分析与巫师占卜活动的重要区别在于,前者以决策事项的有关信息为依据,而后者则几乎不需要占卜对象的任何信息。作为理解政策现象的途径,模糊性是对政策过程信息状况的描述,是指政策过程中相关信息不充分或不明确的情形。只有掌握和应用更多更准确的信息,政策活动才能更加富有成效。但信息是有成本的,获取信息并不容易。对于国家治理来说,社会具有模糊性,国家与社会之间存在信息不对称,国家只能掌握部分社会事实的信息,更多的信息被其他社会主体所掌握,散布在社会的各个角落。获取这些信息既需要良好的技术,也意味着巨大的成本。实际的政策活动还面临严格的时间约束,政策行动者很难把大量时间耗费在获取信息上。

政策的模糊性也是语言性质所决定的。作为表述客观存在的符号体系,语言具有有限性和不精确等特点。人们试图用语言描述客观世界及其发展变化,但客观事物却总比词汇表达要丰富和复杂得多,"我们语言的丰富程度和精妙程度还不足以反映自然现象在种类上的无限性、自然要素的组合与变化,以及一个事物向另一个事物的逐渐演变过程"①,寻求政策语言与社会事实之间的严格对应是困难的。每个词都有相对稳定的"核心意思",也有模糊的"开放结构",具体的政策概念时常游走于"核心意思"和"开放结构"之间,很难区分"所指"和"能指"。同时,个人对概念的认知和理解也是因人而异,存在着显著的差异。

二、政策模糊性的具体表征

模糊性是客观的,也有主观的。因而就其形成途径来说,模糊性可区分为故意为之的策略性模糊和难以克服的技术性模糊。② 前者意味着"公共政策的模糊性有时是决策者故意造成的"③,政策行动者为了调动政策执行者的积极性或提高政策的适应性等主观目的而主动选择的模糊化处理;后者是指由于信息的不完全性、语言的不精确性和控制体系的漏洞等客观性因素导致的模糊。具体而言,政策模糊性主要体现在如下三个方面:

(一)政策规范的模糊性

政策在形式上体现为措施、方针、法律、规定、规划、准则、计划、方案、纲要、条例、细则等文本。具体的政策文本包含了大量的语言和内涵模糊。具体来说包括:

一是政策语言的"模糊性"。语言具有模糊性,政策规定中大量使用模棱两可或含混不清的概念,如"做出了重大贡献""经济平稳快速增长""没

---

① 博登海默.法理学、法律哲学与法律方法[M].邓正来译,北京:中国政法大学出版社,1999:486.

② 丁建峰.立法语言的模糊性问题——来自语言经济分析的视角[J].政法论坛,2016(02):19-28.

③ 米切尔·黑尧.现代国家的政策过程[M].赵成根译,北京:中国青年出版社,2004:170.

有出现明显通货膨胀""抑制部分城市房价的过快上涨"等表达,这里的"重大""平稳""明显""部分""过快"都是模糊性语言,缺乏明确的含义和指向,也没有硬性的和量化的标准。

二是话语内容的"歧义性"。同一文本表达中指涉两个或两个以上的含义,比如"公民受教育机会均等",既可指给予所有应受教育者公平而可行的入学可能性,也可能是指给予贫困地区应受教育者适当的经济补助等;"基本公共服务均等化",既可以是获得公共服务的机会的均等,也可以是享受公共服务的结果的均等,两者都同样重要,但用力点却大不相同。

三是规范要求的"原则性"。政策规范中有大量原则性的要求,比如各地政府出台的"十三五"规划都会开宗明义表明发展原则或指导思想等,其中诸如"忧患意识""尽力而为""量力而行""稳中求进"等概念,很难转化为可操作的指标。这些要求是方向性的,具有指导含义,却没有操作指标。

四是适用范围的"模糊性"。对于未能穷尽和列举的情形,政策通常附加"兜底条款",比如"其他应当适用的情形"等开放性表述,不去做明确规定,以应对未能考虑到的情况,根据实际情况的变化进行灵活调整。

(二)政策过程的模糊性

政策自始至终的动态过程也充满了模糊性,模糊性蕴含或体现在政策制定、政策执行和政策评估等政策环节之中。

政策制定面对多元而冲突的利益诉求。社会公众的利益诉求是多元的,许多利益诉求的内容及其边界是含混不清的,政策制定需要努力寻求不同利益诉求的"最大公约数",因而经常利用原则性的表述、笼统性的要求和模糊化的标准等来提供模糊的政策产品,以尽可能容纳不同的利益诉求。

政策执行因层级传导而出现不确定性。在将统一的政策规范和标准应用到充满差异性的社会事实的过程中,不同的执行层级(尤其是底层的行政执法人员)通常需要根据特定的时间、地点、内容、对象和情境等进行必要而适度的变通。这既可能带来积极的强化效应,也可能导致对政策的偏移和背离。

政策评估的复杂性滋生了模糊性。由于政策目标、政策规范和政策标准等存在模糊性,尤其是政策会导致差异性的分配效果,不同的评估者会对政策绩效有不同的判断,因此全面评估政策效果是非常困难的。此外,虽然政策评估的量化趋势日益显著,但简单的指标或数字很难表明真正的政策绩效。

(三)政策结果的不确定性

正所谓:"橘生淮南则为橘,生于淮北则为枳",政策演进不是线性的,其结果也不是想当然地简单可控,正如很多短命的政策(如熔断机制等)所反映出来的,政策应用往往会产生许多意想不到或意料之外的结果,甚至在不同时间和不同地点呈现出截然不同的效果。

政策结果的多重性。具体政策的效果及其影响是广泛的和模糊的,包括经济、政治、社会和观念等多个方面,政策实施可能产生预期结果,也可能产生非预期结果,并不以政策制定者的主观意愿为转移,比如旨在提高农民收入水平的农产品补贴计划同样能够导致被补贴产品的过量生产。[1]

政策结果的外溢性。在实际的政策过程中,政策要素与社会事实的因果关系是非常复杂的,政策溢出效应普遍存在,以至于精准识别政策的影响或结果是困难的,比如深化高等教育改革,加快高等教育的发展,不仅让大量普通人获得了更好的受教育机会,也促进了教育产业的迅猛发展。

政策结果的动态性。政策效果从来不是一成不变的,一些新政策在初始阶段可能取得良好治理成效,但政策效应也会随着大环境的变化而递减,比如家电下乡政策实现了良好的政策使命,但也导致了家电产业产能过剩

---

① 谢明,张书连.试论政策评估的焦点及其标准[J].北京行政学院学报,2015(03):75-80.

的问题,这就需要及时调整政策以应对新的情况,解决新出现的问题。

国家治理的历史经验告诉我们,法律制度也许看上去都非常明确、严谨、规范和富有权威性,但也无法百分百保证做到准确无误,甚至还存在着大量的偏差和漏洞等。同样,作为明文的制度或规范,所有政策也都会不同程度地存在模糊性问题,政策规范、政策过程和政策结果等都充满歧义、边界模糊、难以决策和结果的不确定等问题,进而提出了理论和实践上的诸多挑战。

第三节　模糊性的维度及其形成机理

对于有效的国家治理来说,全面了解所处社会的基本情况,获得准确的社会信息是极其重要的。古往今来,历朝历代建立初期,一项重要的任务都是整理户籍、清查人口、丈量土地,即掌握社会的基本信息,为国家赋税徭役等奠定基础。比如历史上记载:"沛公至咸阳,诸将皆争走金帛财物之府分之;何独先入收秦丞相御史律令图书藏之。……汉王所以具知天下隘塞,户口多少、强弱之处,民所疾苦者,以何具得秦图书也。"萧何将秦朝有关国家户籍、地形和法令等图书档案进行清查,分门别类,登记造册,加以珍藏,使得刘邦集团对天下的关塞险要、户口多寡、风土民情等了如指掌,为西汉政权的建立和巩固起到了极其重要的作用。

国家治理离不开必要的信息基础,但信息是昂贵的。历史上不管整顿户籍的措施多么严厉,也难以避免漏户、脱户或脱籍等情况的存在。为了满足徭役赋税的需要,国家主要是掌握人口和土地的信息,信息是非常粗糙的。特别是对于人多地广的国家来说,不管国家治理拥有什么样的雄心壮志,国家想要清晰地掌握社会的情况,几乎是不可能的,甚至也是不必要的。

首先,在传统社会的交通和信息条件下,信息处理主要依赖于手工操作,信息的成本非常高;其次,由于信息技术非常落后,信息的标准化、形式化和可操作化程度很低,信息的质量相对一般,信息的清晰化能力也很低;最后,传统国家的职能和任务非常简单,国家也只是寻求有限度的清晰化,而不是全面的清晰化。因此,虽然传统社会总体上是简单的和静态的社会,但由于国家清晰化的成本和技术限制,尤其是国家治理的功能非常简单,社会的模糊性程度是非常高的。

随着全球化、信息化和网络化时代的来临,人类社会正在变得越来越复杂,社会的风险程度和不确定性也越来越高。"复杂性已成为这个时代的根本特征。"[①]正如学者所指出的,20世纪80年代以来,人类社会进入了全球化、后工业化进程之中。与全球化、后工业化运动相伴随的,是社会的高度复杂性和高度不确定性。[②] 人们也逐渐认识到社会政治系统具有巨大的复杂性、动态性和多样性。[③] "现代治理体系是一个巨大的复杂系统工程。"这个复杂系统由相当数量的单元组成,根据信息来采取行动,具有智能性和自适应性。"它不是简单系统,也不是随机系统,不是简单线性系统,是一个复合的有许多子系统的复杂系统,相互作用、依赖、学习和共同进步。""复杂系统常常具有突现性、不稳性、非线性、不确定性、不可预测性等特征。"[④]对于国家治理来说,复杂社会不可避免地带来了高度模糊的治理图景。

---

① 李宜钊,孔德斌.公共治理的复杂性转向[J].南京农业大学学报(社会科学版),2015(03):110-115.

② 张康之.论高度复杂性条件下的社会治理变革[J].国家行政学院学报,2014(04):52-58.

③ 詹·库伊曼.治理和治理能力:利用复杂性、动态性和多样性[A]//俞可平.治理与善治[M].北京:社会科学文献出版社,2000:219.

④ 蓝志勇,魏明.现代国家治理体系:顶层设计、实践经验与复杂性[J].公共管理学报,2014(01):1-9.

一、社会事实是复杂多样的

社会事实是国家治理的客观对象。社会事实本身是无限多样的，国家治理的社会事实是经过选择的社会事实，是以国家需要为前提的。也就是说，不是所有的社会事实都是国家治理的社会事实，国家治理的社会事实是政治和技术双重作用的结果，比如盐铁税和人头税一直是古代国家重要的税种，但随着技术的发展，经济资源越来越多样化了，国家的征税技术越来越精巧和发达，国家的财政基础发生了变化，资源税的种类和重心也就发生了变化。

在新技术条件下，社会分工日益发达，新的社会要素不断涌现，"社会需要管理和控制的事项太多了，而且每日每时都爆炸性地涌现新的需要管理和控制的事项"①。这种社会要素的增加首先是物质生产领域社会要素的增加，比如越来越多样化的资源要素和社会产品；其次是社会生产关系的复杂化，为了组织特定的生产活动形成新型的社会关系；最后是新型的社会产品与新型的社会关系带来的社会事实，比如正是因为有了蓬勃发展的互联网技术产业，才有了新型的网络诈骗和信息安全问题，这些构成了国家治理的新任务。

必须要看到的是，权力具有能动性，能够决定做什么和不做什么，因此也能选择并定义社会事实，确定国家治理的任务和目标。国家治理的复杂性不仅仅是社会要素复杂性的直接反映。面对多样化的社会事实，只有当社会要素发展和积累到一定的程度，形成可见的社会（负面）结果，提出了国家治理的要求，国家才会重视和关注这种社会要素，并且才会试图去掌握社

---

① 张康之.论高度复杂性条件下的社会治理变革[J].国家行政学院学报,2014(04):52-58.

会要素的信息,对社会要素进行清晰化,从而为开展干预性行动提供基础。

二、社会过程是错综复杂的

社会是一个高度复杂的系统。复杂性是我们社会现象的基本方面,"复杂性是社会过程的基本特征之一"①。由于个体意识具有模糊性、多样性和封闭性等特征,"人与人之间的互动过程充满偶然性和复杂性。社会交往过程的复杂性随着参与交往的人员数目的增加而增加"。现代社会的结构及其变化"已经相当复杂,远远超过任何个人所能全面了解和掌握的程度",也不是国家机构所能完全了解的。对于具体的社会情况或社会问题,无论是某个领域,某个地区,还是整个国家,甚至是全世界,都具有错综复杂而且变化万端的特点,"可以从不同的角度、层面和立场给予不同,甚至大相径庭、彼此冲突的看待和解释"②。

社会是一个高度复杂的生态系统,各种社会要素相互作用和相互影响,充满了偶然性、随机性和不确定性。社会行动者是高度多元化、多样性和差异性的,也是具有自主性和能动性的,其选择和行动都不遵循任何简单的规律和定理,也无法根据任何模型来加以完全的说明和解释。社会运作及其机理要远远超过人们对他们的认知,决定如何运作的可能是某种客观的政治或经济因素,也可能是意想不到的文化或心理因素。因此很多看似精心设计的公共政策也会面临失败的结果,国家干预的手段并不总是能够达到预期的目标。比如,2003 年以来,中国社会的房价经过了十余年的迅猛发展。从"国五条"到"国八条"及"新老国十条"等,中央政府的调控措施不断

---

① 谢立中. 社会的复杂性:社会学家的视野[J]. 系统辩证学学报,2001(04):14 – 18.

② 唐映红. 没有充分博弈的公共政策都是要流氓[EB/OL]. http://dajia. qq. com/original/category/tyh20160411. html.

升级,但房价仍然一路飙升。①

　　正如许多雄心勃勃的国家项目不可避免地出现失败的结果一样,国家房价调控的政策失灵可以表明,虽然人们可以煞有介事地分析住房供求关系,建立各种各样的市场分析模型,也能够推出精心设计的金融货币政策,但房价上涨的社会机制是错综复杂的,是不以人的意志为转移的,房地产市场的运作也不是可以任意掌控和随意调节的。事实上,面对政策因素所提供的刺激和诱因,社会行动者的选择和行动并没有标准答案。在具体的资源、信息和知识等约束条件下,个人行动及其后果都必然具有混乱和复杂的特点。

三、社会结果具有不确定性

　　社会事物从本质上说是动态的,具有不确定性。在决策领域中,"按照理性的要求,行为主体应具备关于每种决策的后果的完备知识和预见。而事实上,对后果的了解总是零碎的"②。行动者信息搜寻的能力是有限的,预见结果的能力是有限的。而在具体的社会生活领域,结果从来不是线性的和单一性的,而是充满了各种风险和不确定性。社会运行的结果不是任何人能够预先设计的,而总是会充满意外和惊喜。

　　从农业社会到工业社会再到后工业社会,社会从"简单社会"发展到"低度复杂社会"再到"高度复杂的社会"。前现代社会是静态的,几十年数百年都是低水平循环反复,如果不是遇到严重的干扰和破坏,社会过程是持续

---

　　① 彭勃,张振洋.公共政策失败问题研究——基于利益平衡和政策支持度的分析[J].国家行政学院学报,2015(01):63-68.

　　② 赫伯特·西蒙.管理行为——管理组织决策过程的研究[M].杨砾等译,北京:北京经济学出版社,1991:79.

的,社会运行的结果是可以合理预期的。但进入到后工业社会,秩序、可预测性、稳定性和可靠性都不复存在,取而代之的是复杂性、不确定性和风险。① 社会运行的结果变得越来越富有不确定性。

技术的进步减少了不确定性,但技术同时也是不确定性产生的根源。技术革命给人类社会带来巨大便利性的同时,也衍生和激发出更多需要解决的问题。"伴随着技术的进步,需要解决的人类问题不是在减少,而是在增加。寻找越多的新问题、前所未闻的问题和先前不可想象的问题是技术的真正工作,这逐渐地、不断地成为了它的使命。未来似乎不会比现在更好,也不会平衡供给和需求;未被解决的问题和全面的不确定性也不会随着时间的推移而逐渐减少。"②在新技术发展和应用的过程中,也衍生出了新的问题,比如大数据技术的应用带来了数据安全和隐私保护等现实问题。

就国家治理来说,所有的改革都会有详细的调研,也会有认真严密的规划,还会进行广泛深入的动员,但许多改革不仅难以达到预期的结果,反而会遇到许多意料不到的问题。通常,改革想要解决的问题没有解决好,比如环境污染问题和交通拥堵问题等,许多新的问题反而不期而至,比如引发激烈的社会冲突等。正如罗兰所指出的,"结果的不确定性都是改革的关键特征"③。因此在过去的问题还没有彻底解决之前,国家又不得不去解决那些改革所带来的问题。新问题和老问题永远错综复杂地纠缠在一起,这也正是现代国家治理的常态。

总之,社会要素的多样性、社会过程的复杂性和社会结果的不确定性,共同建构了一个高度模糊的社会,而这又建构了国家治理的特殊逻辑。

① 张康之.时代特征中的复杂性和不确定性[J].学术界,2007(01):49-58.
② 齐格蒙特·鲍曼.被围困的社会[M].郇建立译,南京:江苏人民出版社,2006:130.
③ 热若比·罗兰.转型与经济学[M].张帆译,北京:北京大学出版社,2002:25.

第四节　从模糊迈向清晰:国家治理现代化

国家是社会治理的核心主体,处于社会治理体系的中心位置。如果国家能够掌握全部的信息,获得一切有关的知识,准确知道人们的偏好和选择,那么国家治理就是一个纯粹的逻辑或简单的计算问题。比如,若能在城市的每个角落都架设起 24 小时运转的高清摄像头,社会治安和公共安全也许就根本不是什么问题;如果能清楚监测每一个官员及其家庭的收入和财产状况,反腐败很大程度上就可以变得轻而易举;如果能准确掌握企业生产、销售和收支等方面的信息,偷税漏税恐怕就将变得难于上青天……解决这些问题,归根结底取决于信息问题。

一、社会占优的信息不对称

每一个社会都存在大量的治理问题,比如贫富分化、城乡差距、税负不公、官员腐败、公共安全,以及市场失灵和政策失灵等。这些问题背后显然有各种各样的体制性原因。能否将这些问题提上议事日程,什么时候及用什么方法去解决这些问题,取决于政治环境、社会形势、政治家的魄力和法律制度的变迁等复杂的因素。但就其怎么去做而言,最终都是要回到信息问题上来。阿基米德的名言是"给我一个支点,我可以撬动地球",而要想解决国家治理的问题,必须要提供准确而充分的信息。信息就是国家治理问题的支点。

问题是,信息是分散的,也是有成本的,不是任何国家机构所能完全掌控的。社会是复杂的,更是模糊的,国家只能掌握有限的社会信息,实现国家意志所需要的信息永远是短缺的。因此,模糊社会是国家治理视野中的社会图景,是一个从信息角度描述和诠释社会复杂性的概念。传统理论关注的国家与社会之间的信息不对称,其中国家是信息不对称的优势方,但这里的信息主要是指已经经过加工和编码的国家信息。事实上,社会信息中有大量尚未被国家掌握的信息。许多社会信息都分散在社会之中,被个人和组织所掌握,是国家还没了解和掌握的,也是国家所难以完全搞清楚的。

二、国家实现信息清晰化的手段

社会占优的信息不对称并不意味着国家不能治理。比如,连坐和保甲制度是传统社会控制体系的重要组成部分。为了限制和控制人口,国家建立起"首匿法""什伍连坐""保甲法"等制度。传统国家信息搜集和加工的能力很低,很难了解每一个臣民的情况,因此通过连带责任转嫁责任,让民众根据邻里的情况来相互监督。"决定连带责任的,正是信息、惩罚和行为的特性。由参与者的特性、信息能力、惩罚以及制裁技术和行为决定了连带责任在传统社会中的长期存在。"其目的都是要降低信息成本,打破信息不对称对于国家治理的制约,是"小政府在有限的信息约束下控制大国家的有效手段"①。

连带责任激励民众利用自己的信息,解决了信息不对称的制约,但却没有解决信息不对称问题本身,即国家对社会事实仍然不了解,信息仍然是在社会之中,而没有成为国家治理的可操作化信息。那么正如斯科特所指出

---

① 张维迎,邓峰.信息、激励与连带责任——对中国古代连坐、保甲制度的法和经济学解释[J].中国社会科学,2003(03):99–112.

的：“清晰性是国家机器的中心问题”，“现代国家机器的基本特征就是简单化”。① 国家治理需要高度简单化的国家机器，提高国家运作的效率。国家治理更需要清楚了解社会的情况，使社会事实更加清晰化。但问题是，国家在大多数情况下都必须要面对一个模糊的社会，不了解它的管控和治理对象，也没有后者的详细信息。

比如，中国自古以来就是一个人口大国，有大量的流民。“各个朝代的统治者——上至皇帝，下至地方官吏——为了维护自己的统治和利益，也总是非常关注流民现象的发生、发展情况，采取各种措施，实行各种政策安抚、赈济流民。”②流动人口直接带来的是变化、复杂和不确定性，给国家带来的是模糊化的社会图景。“历代王朝的治乱兴衰往往取决于对流民的控制程度。”③所以“国家看起来似乎总是‘那些四处流动人群’的敌人”④。流动人口及其管控问题始终是国家治理的敏感问题。“一个政府的有效运作取决于对信息流动的仔细掌控”⑤，否则社会的模糊性就会使国家治理变得不可能和无效率。

应当承认的是，信息是“个人行为受到监督的基础”⑥，是国家管控的基础。但正如哈耶克所指出的：“我们所必须利用的关于各种具体情况的知识，从未以集中的或完整的形式存在，而只是以不全面而且时常矛盾的形式为各自独立的个人所掌握。”⑦如果说社会的经济问题是“如何确保充分利用

---

①　詹姆斯·C.斯科特.国家的视角——那些试图改善人类状况的项目是如何失败的[M].王晓毅译,北京:社会科学文献出版社,2004:导言2.

②　陆德阳.流民史[M].上海:上海文艺出版社,1997:前言9.

③　池子华.流民问题与社会控制[M].南宁:广西人民出版社,2001:2-3.

④　詹姆斯·C.斯科特.国家的视角——那些试图改善人类状况的项目是如何失败的[M].王晓毅译,北京:社会科学文献出版社,2004:导言1.

⑤　孔飞力.叫魂:1768年中国妖术大恐慌[M].陈兼等译,上海:上海三联书店,2012:169

⑥　张维迎,邓峰.信息、激励与连带责任——对中国古代连坐、保甲制度的法和经济学解释[J].中国社会科学,2003(03):99-112.

⑦　哈耶克.个人主义与经济秩序[M].邓正来译,北京:对外经贸大学出版社,1989:74.

每个社会成员所知道的资源",那么国家治理的关键就是"如何获得和处理国家管控所需要的信息",为国家及其他社会行动者的选择和行动提供必要的信息。当然,这些信息从来不会自动生成,也不会主动送到决策者的面前,而是需要国家去搜集、加工、整理和分析,形成可操作和可利用的标准化信息。

事实上,为了实现有效的治理,国家很早就开始对人口、土地、资源等进行调查、统计、登记、确认、分类、鉴证、评估、监测、证明和认同等,以收集社会事实,具体包括人(自然人、法人)、财(财产)、物(自然、人造产品)、行(行为)、事(事务)五大类的信息。① "一部国家机器,如果不了解自己国土上的人口、财产、物产、行为和事务的数量多少、流动方向、真假和优劣,就无从区分利弊得失,进而无法恰当行动,无法实现征税、征兵、维护社会秩序、缔造国家凝聚力、建立福利体系、维持官僚机构廉洁高效和规管社会经济事务等国家目标。"②

当然,掌握信息是一个方面的问题,如何利用和处理这些信息,以及根据这些信息来做出什么样的决策,则是另一个方面的问题。信息本身不能告诉决策者怎样去做,而是决策者利用和处理信息的立场、思维和方法决定了最后的决策结果。比如,同样作为现代化的大都市,北京、广州和深圳都拥有大约四百万辆规模的电动自行车,其中大多数都没有上过牌照,不符合登记规定,电动车的优势和弊端也都大同小异、有目共睹,最终各个城市的管制政策却大为不同,深圳则因为全面禁摩而遇到巨大的舆论危机。可见,信息具有客观性,但由于处理和利用信息的方法不同,治理过程及其结果就会有很大的主观性。

---

① 欧树军.权利的另一个成本:国家认证及其西方经验[J].法学家,2012(04):1-13.
② 欧树军.国家认证的历史逻辑:以中国为例[J].政治与法律评论,2011(01):211-227.

为了使社会更加清晰化,国家应用和发展了大量的清晰化技术,这包括人口统计和户籍制度等技术,大量分权化和柔性化的制度安排,实际上也是适应信息分散的要求。在低度复杂的社会中,国家治理根据"科学性和技术化的要求"进行,"对治理体系及其治理方式的科学性要求又可以归结为确定性",这具体体现在对明确性、稳定性和持续性等方面的要求上。在高度复杂的社会中,"对治理体系及其治理方式的要求就不再突出确定性的问题,反而需要突出的是弹性、灵活性和灵敏性"①。但无论提出来的要求是什么,最终的目标也都是指向清晰化。因为没有必要的信息,确定性无从谈起,灵活性也会变成无本之木。

三、信息清晰化的现实限度

模糊社会是国家治理的背景、场所和语境,是考察国家治理过程及其运行逻辑的重要视角。社会的模糊性提出了国家治理的任务,也限定了国家治理的能动性,但国家从来不是被动的,也不是无所作为的。为了实现国家统治、管理和服务,国家运用了大量的工具和方法来掌控社会的信息,比如人口调查、财产统计、土地登记和资源管理等,从人、金钱和物资等各个方面使社会更加清晰化。在具体的职能领域,比如信息网络(如金桥工程)、市场交易(如不动产登记)和公共安全方面(比如天网工程),也通过信息化建设来实现社会的清晰化。

作为国家治理的能动性要素,国家也具有策略性行动的能力和机会。面对复杂而模糊的社会,国家权力能够积极作为,去实现技术条件允许的最

---

① 张康之.时代特征中的复杂性和不确定性[J].学术界,2007(01):49-58.

大清晰程度。正如"精准识别和精准认定是精准扶贫的前提"①,实施精准扶贫,必须要"准确识别出需要帮扶的对象","准确查找出贫困的'病根'",②这都从某种意义上表明,实现有效的国家治理,必须首先要去建立清晰化的社会图景,寻求社会事实的客观情况。这不仅包括社会事实的清晰化,而且也包括社会事实相互关系的清晰化。

不过,有效的国家治理也并不意味着需要掌握关于全部社会要素和事实的所有信息,实现某种"绝对的"或"彻底的"清晰化。这不仅是不可能的,也是不必要的。社会的清晰化是以国家职能为指挥棒的,也是以国家职能为边界的。比如,传统国家通过户籍制度将土地和人口捆绑在一起,为国家提供源源不断的赋税徭役。对于国家监控的目标来说,清晰化主要着眼土地和人口等基本信息就已经足够了。而对社会其他要素的信息进行更加深入的掌控,比如去掌控集市交易的状况,不仅是不必要的,也是传统国家的治理能力所难以胜任的。

值得注意的是,社会的模糊性是一把"双刃剑",具有两个方面的治理效应。一方面,社会的模糊性构成了国家治理的障碍,提高了国家治理的成本,增加了国家治理的不可能性;另一方面,社会的模糊性也可以成为保护社会免于国家权力干预的屏障,维持社会的自主性和自治性。比如三国魏文帝时期,不少郡县新依附了魏国,这些郡县老百姓的户籍残缺不全,逃户现象严重,魏文帝希望能对他们的户籍进行严格整理。大臣司马懿则上奏予以反对,其理由是,正是由于敌国采取了严密的户籍控制网络,才使得很多老百姓离心离德,归附了魏国;魏国不仅不应该严查户籍,反而应该宽容,

---

① 张春莉. 鲍义志委员:精准识别和竞争认定是精准扶贫的前提[EB/OL]. http://news. youth. cn/gn/201603/t20160303_7701743. htm.

② 精确扶贫的前提是识贫[EB/OL]. http://xuan. news. cn/cloudnews/shizheng/20150520/2364450_c. html.

允许政府和人民之间存在一定的模糊区域。这样一来,是否要使社会清晰化及实现多大程度的清晰化,就具有策略的意义。

　　总之,21 世纪是一个日趋复杂化的时代,社会的复杂性需要更加复杂的治理技术。人类社会的各个领域的复杂性都空前增加,不仅要求建立理解社会的复杂性范式,也要求国家治理与时俱进,全面推进国家治理的变革和创新,发展和应用与之相适配的治理技术。社会的模糊性是国家治理不可避免的情景,规定了国家权力的边界和范围及其运行方式,也规定了国家治理的运作过程和演进逻辑。推进国家治理体系和治理能力现代化,关键是要打造一个开放、透明和公平的社会机制,搜集和整理更多社会事实的信息,从各个方面使社会图景更加清晰化,从而实现高效、精确和透明。

第二章 在清晰与模糊之间的治理

国家治理是以国家机构及其正式权威为中心的实现国家意志和公共秩序的过程。国家与社会的关系是国家治理中的基本关系，国家在社会之中，也在社会之上，两者存在着紧密而持续的互动。社会是国家治理的对象化存在，也是国家治理所立足的场域，社会主体的参与也是国家治理过程的有机组成部分。信息是行动的基础和前提，国家必须要掌握有关社会事实的信息，才能进行决策、执行、控制和评估等活动。在当今信息化的时代，信息化尤其是大数据思维和技术方兴未艾，国家既承受着信息超载的负累，又深陷信息不足的泥潭之中。那么国家是否掌握有关社会事实的信息？掌握这些信息应该到什么程度？如何来理解国家掌握信息的程度和限度呢？

第一节 国家治理不可或缺的信息基础

自古至今，每个国家都会开展调查统计，掌握人口、土地和资源等方面的情况。美国宪法明确规定每10年开展一次人口普查，中国自1990年以来也基本确定每10年进行一次人口普查；2014年国务院公布《不动产登记暂行条例》，将分散的不动产系统整合成统一的登记平台；国务院发布《关于开展第二次全国地名普查的通知》，确定于 2014—2018 年开展第二次全国地名普查；①新一轮农村土地确权登记于 2015 年从试点省份开始，逐渐扩大，土地确权登记是农村改革的基础。②

一、国家治理获取信息的必然性

　　上述现象分属不同的职能领域，把它们罗列在一起似乎缺乏逻辑，表面上看似乎风马牛不相及，但它们显然都是以国家名义实施的权威性行动，其具体目的各有不同，但却共同聚焦到一个核心问题上，即努力获取社会事物的准确信息，建立起关于社会事物的认证体系。实际上，不仅国家治理活动是与各种形态信息活动紧密结合在一起的，而且获取和利用信息的活动本身就是国家治理活动的重要组成部分。归根结底，信息是国家行动的前提，"是国家管控的基础"③，也是国家行动的目标。如果说权力是国家治理活动的内核，那么信息就是贯穿其中的主线，是国家治理体系的神经系统。

　　詹姆斯·C.斯科特在《国家的视角——那些试图改善人类状况的项目是如何失败的》一书中写到，在研究国家定居化的努力中，意识到这是国家在试图使得社会更为清晰，提出"清晰性是国家机器的中心问题"的观点。他认为："前现代国家在许多关键方面几乎是盲人。它对它的统治对象所知甚少：他们的财富，他们所有的土地及产出，他们的居住地以及他们的身份。

---

　　①　地名是重要的公共地理信息，在日常生活、社会治理、经济发展、文化传承、国防建设和外交等方面都发挥重要作用。地名普查是掌握地名信息的根本途径，是一项基础性、公益性、战略性的国情调查。

　　②　土地确权"开闸"新一轮农村改革［EB/OL］. http://news. xinhuanet. com/food/2015－03/30/c_127635074. htm.

　　③　韩志明. 模糊的社会——国家治理的信息基础［J］.学海,2016(04):21－27.

它缺少任何类似详细地图一样的东西来记载它的疆域和人口。在很大程度上，它也缺少能够将它所知道的东西进行'翻译'的统一标准和度量单位，而这是概括总结的基础。结果，国家对社会的干预往往是粗劣的和自相矛盾的。"①很显然，如果国家不能清晰地掌握社会事实的信息，就不可能知道应该做什么及如何去做。

　　这就像人体的活动必须要做到意志、眼睛和手脚的协调一样，国家的活动也有一个意志、信息和行动的协调问题。其中眼睛获取信息，确立行动的任务和目标，然后手脚去落实意志的要求。国家基于国家理由选择达到目标（不管目标的价值优劣或性质善恶等）的手段，致力于掌握确立、维系和扩张国家权力的知识，而社会事实则成为"国家之眼"凝视、分析和规制的对象，成为被监控、被编码和被秩序化的目标。在最极端的情形下，仿佛一切事物都可以被"国家之眼"透视得一清二楚，都能够纳入"权力之手"的精确掌控之中，国家可以随心所欲地对其进行"加减乘除"，做出理性且科学的安排。

二、信息支撑国家治理的不可或缺性

　　众所周知，市场经济体制是一种分散决策的制度安排，其中信息是分散的、不完全的和不对称，更是有成本的，完备的信息是不现实的，甚至是不可能的。市场主体根据价格信号分散地和局部地做出反应，是合乎理性的，也是有效率的。但与市场过程相比，国家治理是具有权威性的社会活动，公共决策主要是由少数人来进行集中决策的制度安排，影响到很多不特定人群的切身利益，而且具有很强的外部性，也很难进行纠错。因此，国家治理对

---

　　① 詹姆斯·C.斯科特.国家的视角——那些试图改善人类状况的项目是如何失败的[M].王晓毅译,北京:社会科学文献出版社,2004:2.

信息的依赖性程度更高,也更受制于信息的实际状况。否则如果信息不充分、不全面、不准确,国家治理将无从着手,也不可能产生效果,还会导致严重的治理失灵,引发非预期的后果。

"清晰性是控制的前提",任何国家对社会的大规模干预,从进行征税、派发徭役到提供医疗和教育等服务,乃至到实现任何公共规划和政策目标,都需要"发明"可以清晰识别的基本单位。"不管这些个体单位被如何控制,他们都必须按照一定方式被组织起来,从而使它们可以被识别、观察、记录、计数、统计和监测。"国家行动的目标可能是满足国家税收和征兵的需求,也可能是为了给社会成员提供福利和待遇,比如抚恤和救济等。"国家对控制的需求越强,就需要越大的清晰性以实现更大的控制。"①而清晰性的大小从根本上说取决于是否获得了充分的信息,这不仅意味着信息的数量,也涉及信息的质量。

从操作上来说,国家治理的信息逻辑在于,国家想要做事情、想要有所作为,就必须掌握社会事实的信息,使社会事实清晰化。只有掌握充分而准确的信息,社会事实才能清晰化。国家认证是实现清晰化的工具,这主要是指政府代表国家收集、确认、识别和整理国家范围内社会事实(包括人财物事行等)的信息的活动。②通过行之有效的国家认证,形成社会事实的系统性信息和知识,国家治理才能付诸实施。反之,社会事实是高度模糊的,国家权力就无法进场,国家能力也无从谈起。国家不知道怎么去发挥作用,就谈不上去影响和干预社会事实。"掌握被服务对象真实可靠的信息,是提高服务质量和效率的基本保障,属于国家基础能力的基础。"③比如对于流动人

<hr/>

① 詹姆斯·C.斯科特.国家的视角——那些试图改善人类状况的项目是如何失败的[M].王晓毅译,北京:社会科学文献出版社,2004:229.

② 欧树军.基础的基础:认证与国家基本制度建设[J].开放时代,2011(11):80-101.

③ 曹锦清,刘炳辉.郡县国家:中国国家治理体系的传统及其当代挑战[J].东南学术,2016(06):1-16.

口来说，如果根本不知道他们有多少人、在什么地方，以及在做什么等，那么无论是要进行管理，还是要提供服务，都将是纸上谈兵。

有信息，才可以行动，国家行动的需要直接决定了对信息的需求，对信息的需求与国家行动的必要性是直接正相关的。国家行动要求更多的信息，更多的信息可以为国家行动开路，也能够实现更好的国家意志。国家权力与社会事实相互接近，不断生产出具有权威性的信息，不仅带来了社会事实的清晰化，也实现了权力与信息的"扩大再生产"，其中权力依靠信息的支持而获得更加强大的支配和干预能力，而信息则在权力的支持下获得了持续再生产的动力和资源，从而根据权力需要及其确定的标准格式来搜集、整理和利用信息。这样不仅影响了社会事实本身，也决定性地影响了对社会事实的认知。

总之，国家越是野心勃勃，干预市场和社会的程度越深，试图将社会牢牢控制在手中，推行事无巨细的国家干预政策，就必须要推进对相关社会事物的统计、调查和监控，掌握充分、全面而准确的信息。退一步说，如果国家治理的目标很小、很简单，那么国家就不必要深入了解社会。这就像国家如果不需要征税和征兵，不需要统筹规划社会的人力资源，了解国民个人的详细状况就变得多余。但如果国家想要制定规划、制定和执行政策并进行国家干预，就必须要充分掌握社会事实的信息。

第二节　社会事实难以避免的模糊性

社会和国家都是历史发展的产物，构成了人类生存、生产和生活的重要环境。社会事实丰富多彩，包含了无数的人、事、物及其错综复杂的关系，也渗透和承载着久远而厚重的历史要素，具有多样性、复杂性、变化性和不可复制性等特点。所有国家都是有限度的,比它所管理的社会更加年轻,所有的社会都有自己的运行逻辑,也要比管理它的国家机构更加庞大。

一、社会事实模糊的确定性及其内涵

对于国家尤其是作为其代表的政府及其职能部门来说,社会是不透明的,是模糊不清的。在与社会打交道的过程中,尤其是在解决社会事实的问题上,国家或者不掌握有关社会事实的信息,或者只有很少的相关信息。

社会事实处于国家治理体系的不同位置:一是有些不是国家所应该掌握的,比如个人的思想和意见不应该是国家管控的对象,因此国家不应该去控制民众的思想和意识——虽然国家总是企图这么去做;二是有些是国家还没有能够掌握的,比如吸毒人员、艾滋病人或极端主义者等特殊人群,分散在社会的各个角落,处于官僚体系的认证系统之外,迫切需要有效的国家介入;三是有些是国家可能暂时不愿意掌握的,比如像贫困人口、失独人群或少数族群等,国家有时候宁愿装作视而不见听而不闻,因为界定一种新的社会事实,就需要给予对应的权益或对待等;四是有些已经掌握到的可能是错误情况,比如经由官僚体系层层上报的统计数据,其中可能存在非常大的"水分",以至于会造成更大程度上的模糊和混乱。

通常国家的人口规模越大,疆域越辽阔,经济和社会变化的频率越快,社会的流动性和差异性程度越高,就越需要更高水平的国家认证,以建立社会事实与信息或数据之间的对应关系,健全和拓展国家治理的知识体系。需要注意的是,那些影响清晰化程度的社会因素,同样也是重要的社会事实。与需要清晰化的社会事实一样,它们也是国家认证的对象,并且也构成了国家认证的难题,比如人口规模大及其流动频率高,建立统一的和标准化的国家认证体系就要付出更大的信息搜索成本;经济和社会的快速变迁更需要及时更新相关信息,以防止信息受损而导致模糊性的出现;信息技术的变化要求不断改进信息的语言、格式及其传递方式,以提高信息准确性和应用绩效等。

那么究竟什么是模糊性呢? 模糊性是对于国家治理所需要的社会事实的信息不完备的描述。社会事实的多样性、社会过程的复杂性及社会结果的不确定性,构成了社会的模糊性。[①] 这包含了多重具体含义:一是信息缺损性,国家对特定时空条件下的社会事实等缺乏了解,没有获得充分的和准确的信息;二是不可见性,即社会事实无法转译成为标准化的可利用信息,国家无法了解社会事实的存在、变化及其发展状况;三是不可接近性,就是国家不知道应该用什么方式和方法来与它们打交道,也不能对相关人事物等进行监控和管理;四是危险性,模糊的社会事实存在着不能预见的分歧和冲突,可能成为不稳定因素或秩序破坏者;五是治理不足,模糊性还意味着国家的软弱无力,难以对社会事实施加干预和影响,以至于只能听任社会事实我行我素或自生自灭。

二、社会模糊性对于国家权力的意义

社会的模糊性构成了国家权力扩张的有力屏障,至少在国家获得准确而充分的信息之前,国家治理几乎很难取得良好的绩效。"身份证与犯罪记录、金融信息等信息绑定,这是国家治理的一个重大变化,国家机器要直接对接个人。"模糊性也有利于保护社会和公民的自治空间,提高社会主体与国家之间的讨价还价的能力,避免国家对社会的过度挤压,形成国家与社会之间的良性互动。当然,正像人们对于国家干预持有不同的立场一样,社会

---

① 韩志明.模糊的社会——国家治理的信息基础[J].学海,2016(04):21-27.

的模糊性对不同个人有着截然不同的现实含义。

社会的模糊性是限制国家权力的防火墙,但这也会捆绑住国家干预的手脚,制约着国家治理的能力。比如对高收入群体的政府监管缺位,征管手段跟不上,分不清哪些人是富人,更不知道他们究竟有多富,从而导致逃税和避税行为泛滥,就不仅损害了国家的税收收入,牺牲了社会的公平和正义,也给收入分配制度改革带来了陷阱;同样,由于社会组织实行的业务主管单位和登记管理机关的双重管理体制等问题,存在着大量"黑户"的社会组织,社会组织的数量大体在登记量的 5 ~ 10 倍之间,近九成民间组织处于非法状态。[①] 这导致了社会组织管理的混乱,也推动了社会组织登记制度改革。

三、国家治理催生出社会事实模糊性

正如当前大量"证明你爸是你爸"的问题所表明的,纯粹的社会事实可能是确信无疑的社会事实,但这在国家眼里却未必如此。基层政府动辄需要人们提供这样或那样的"证明","绝不是什么官僚作风和为难流动人口那么简单"[②],归根结底是因为信息不对称,不了解公民和社会组织的情况。由于社会事实的复杂性,就像盲人摸象的寓言所揭示的那样,国家认证的社会事实未必是真实的或准确的,因此(更多的)国家认证并不必然会带来(更加)清晰的社会图景。比如土地管理部门、矿产管理部门、农业管理部门、畜牧业管理部门等多部门分别采取不同的技术和标准开展自然资源调查,最

---

① 民间社团九成未登记,隐形社团转正难[EB/OL]. http://news. qq. com/a/20110811/000563. htm.

② 曹锦清,刘炳辉. 郡县国家:中国国家治理体系的传统及其当代挑战[J]. 东南学术,2016(06):1 – 16.

后的数据结果差异很大,甚至相互"打架"。① 而且即便是国家机构都建立起各种信息平台,但由于部门之间的壁垒导致"信息孤岛"的困境,结果仍然是无法使社会事实更加清晰。

需要注意的是,模糊性始终是针对国家治理而言的,是"国家之眼"所看到的社会图景。社会事实如果没有进入国家治理的视野,也就无所谓模糊与清晰可言。譬如一条还未开发过的河流,拥有悠长的历史,其中包含许多尚未经过国家认证的知识,具体包括水文特征、气候状况、矿产资源和人文景观,以及流域内的人口、经济和社会生活状况等,这些情况"藏在深山人未识",就构成了国家治理的模糊性。在国家干预还没有实施之前,这种模糊性使得社会事实维系着类似于原生态的性质,具有较大的自主性、自组织性和自生自发性等特点。相关的信息和知识虽然已经存在,但还没有成为国家掌握的可操作和能利用的标准化知识。

模糊也是一个相对的和中立的概念,只是对国家治理的信息基础的描述,并不对社会事实进行善恶是非的评价。所以社会的模糊性绝不意味着对国家的排斥和抵制,也绝不等同于社会的败坏和黑暗,仿佛社会俨然是一个针插不进、水泼不进的罪恶的渊薮。实际情况是,无论国家权力有没有进场,是否进行管控或干预,社会事实就在那里,只是或者是这些社会事实还没有成为国家认证的对象,国家还没有形成该社会事实的标准化信息和系统性知识,或者是那些已经存在的有关社会事实的信息和知识已经过时了,不能为国家行动提供恰当的指导,因此它们对于国家治理来说是"模糊的",因而也是无从着手治理的。

模糊性(反过来说是清晰度)的程度不仅取决于社会事实本身被测量和

---

① 黄小虎.把所有者和管理者分开——谈对推进自然资源管理改革的几点认识[J].红旗文稿,2014(05):20 – 23.

认知的状况,也是国家治理需要、经济社会发展和科学技术水平的函数。社会事实从什么时候接受国家的认证,成为国家干预的对象,在国家干预的过程中不断趋于清晰化,取决于多方面的因素。比如企业利润的信息源自于保障国家税收的需要,经济和社会发展水平决定了贫困人口的事实可能进入国家干预的目录,科学技术的进步决定了石油、天然气等矿产资源储量成为国家需要掌握的信息等。

第三节　国家治理孜孜不倦的清晰化

与通常所认为的相反,社会具有不可避免的模糊性,形成了认知和实践上的难题。模糊的社会是国家治理的基本挑战,甚至能使国家治理变得不可能。社会的模糊性决定了国家治理应该如何设计、实施和调整等,而其中最基础的就是要使社会变得更加清楚,提高社会的清晰度。

一、国家进场促成社会事实的清晰化

吉登斯认为,建立在信息基础上的(直接的和间接的)监控能力,是现代性兴起的制度性维度之一。① 面对模糊的社会,国家想方设法将社会清晰化,随时经由清晰化而伸展权力之手,强化对社会的干预、管理和服务。所有国家治理都不断地从模糊迈向清晰。随着近现代国家职权的扩张,国家(或主动或被动)不断地进入并突破社会的模糊地带,使社会逐步变得更加清晰,比如经过公安部门多年的集中清理,第六次全国人口普查(2010年)发

---

① 安东尼·吉登斯.现代性的后果[M].田禾译,上海:译林出版社,2000:51.

现的 1300 万"黑户"绝大部分都已经解决了户口问题。①

正如斯科特所说:"固定姓氏的创建,度量衡的标准化,土地调查和人口登记制度的建立,自由租佃制度的出现,语言和法律条文的标准化,城市规划以及运输系统的组织等看起来是完全不同的一些过程,其目的都在于清晰化和简单化。在所有这些过程中,官员都将极其复杂的、不清晰的和地方化的社会实践取消,如土地租佃习惯和命名习惯,而代之以他们制造出的标准格式,从而可以集中地从上到下加以记录和监测。"②不同的国家活动包含了各自不同的目标,但其中的关键都是,以公共权力为中介,对社会事实加以测算和再组织,使社会事实更为清晰和简单,从而有利于国家自上而下地进行控制和干预。

社会中模糊的地方就是"国家之眼"的盲区,是国家权力还没进入的地方。没有国家权力的进入和运用,清晰化是不可能的。所以清晰性不是社会自动呈现的,而是国家权力运用的结果,包括信息的搜集、加工和利用。因而清晰之处就是国家机构及其权力触角所到达的地方。清晰化的基本做法就是国家根据需要(如经济发展或社会治理等),按照特定的项目分类(如创意产业或农转非户口等),去监控或测量社会事实,这可以是科学的调查统计,也可能仅仅是从个别政府官员的接触和观察开始的。一些研究者或社会组织也可能会先行一步,界定并测量某些尚未引起注意的社会事实,比如灰色收入、留守儿童和失独家庭等。但这些最终要上升为国家的议事日程,则必须要经过正式的国家认证。

国家治理从来不是在白纸上创作,具体的社会事实是历史的存在,包含

---

① 卫计委:1300 万黑户问题绝大不分都以解决[EB/OL]. http://news. qq. com/a/20160111/028989. htm.

② 詹姆斯·C. 斯科特. 国家的视角——那些试图改善人类状况的项目是如何失败的[M]. 王晓毅译,北京:社会科学文献出版社,2004:2.

着过去、现在和未来。国家清晰化的对象不完全是自然自在的社会事务。随着国家干预的深入扩散,社会成员的目的和活动以及社会生活的过程,已经留下了国家干预的痕迹,连缀着不同社会和时代条件下的国家意志。社会事务的清晰化构成了国家可以控制的"国家空间",国家可以对相关事物进行操作、管理和支配。国家权力还难以渗透到的地方可以称之为是"非国家空间"。这些"非国家空间"通常保持着不服从甚至是挑战的姿态,通常被看作对国家权威性控制体系的挑战和威胁。

二、清晰化与国家治理的相互建构

清晰度与国家治理能力之间是正相关的,两者实际上是相互构建的。通常更高的社会清晰度能够为国家治理提供有利的条件,但清晰化的程度则取决于国家获取、搜集和整理社会信息的能力,以及国家认证的技术和方法。比如秦国早期编录户籍主要是对人口数量、性别、身高等外显信息的掌握,外显信息满足了战争筛选兵士的需要,但总体上还比较粗糙。其后秦朝登记男子作为人口内在信息的年龄信息,"国家对国民的控制从单纯依靠根据外在生理特征所做的初步认识,转入主要依据对内在生命历程的深入了解",进而可以对国民进行更高程度的利用。① 技术的改变提升了国家认证的能力,也提高了信息的质量。

社会事实包罗万象,无所不在。国家治理意义上的社会事实不仅包括客观的人财物事行——五种基本社会事实,②还包括具有强烈主观性的社会民众的偏好和意见。因此,国家治理的清晰化不仅包括了客观事物的清晰

---

① 尤陈俊.作为法制实施之基础的国家认证能力——来自秦汉时期的一个例证[J].中国图书评论,2013(11):28–31.

② 欧树军.基础的基础:认证与国家基本制度建设[J].开放时代,2011(11):80–101.

化,也包括社会意见的清晰度。对于人财物事行等社会事实,利用有效的认证技术,可以达到很高的清晰度。但对于社会意见的认证,则往往需要建立顺畅的民主机制,在民意表达、汇总和整理等的基础上,最后形成公共决策所需要的民意基础。但现实的民意是很难精确测量或统计的,也是处于持续的变动中的,因此清晰化获得的也许是"部分的"或"片面的"真理。

在传统社会中,由于政府的规模很小,庞大的社会往往让国家"不得其门而入",政府只能成为市场和社会的"看门人",严重损害了国家的自主性。不透明的国家不仅让国家机构之间缺乏协调和配合,造成权力之间的冲突和摩擦,削弱国家运行的效率,降低国家治理的效果,也让民众搞不懂政府在做什么、为什么这样做,以及做的怎么样等,影响公众对国家的认知和认同,还容易消解权力监督,产生大量的"黑箱操作",引发权力滥用和权力腐败。

国家权力全面介入社会事实,形成了似乎井然有序的社会秩序"地图"。但这更多只是表达了国家及其代理人所感兴趣和了解的社会事实,而并不代表社会事实本身,甚至有可能是是偏离了社会实际。国家大力推行标准化、制度化和数量化为特征的信息,将极大地压缩地方性知识的空间,破坏地方或局部长期形成的多样性。"公共决策的标准化使国家治理把需要复杂处理的事务过于简单化",以至于执政者习惯于在"地图"上治理国家,而忽略了社会的真正面孔。① 国家单方面地定义、规划和裁剪社会事实,甚至忽略真实的社会生活及其内在逻辑,致力于规划、改造和重建社会秩序,不仅可能对社会造成严重的曲解和误导,也会造成某种"乌托邦"风险。

作为清晰化的实施者和操作者,官僚体制是一个精巧的信息管理系统,

---

① 卓成霞,郭彩琴.国家治理中的极端现代主义:流弊与矫治[J].河南社会科学,2015(06):21 - 27.

更是一台搜集、处理和利用信息的高效机器。官僚体制崇尚理性、效率、控制和可计算,在各个职能领域推行专业化、标准化、单一化和数量化,绘制出官僚体制需要的或想象的"社会地图"。相应的,社会事实根据官僚体制定义的语言,被简化为可分析、可操作、可处理和可计算的对象,接受国家的管理、干预和支配等,也包括享受国家提供的公共服务。通过自上而下的统计调查和自下而上的汇报等,官僚体制不断发掘社会事实,将其转化为数据资料、文书档案、调研报告和统计数据,推动"社会地图"不断迈向清晰。就此而言,社会的清晰化与官僚体制的扩张是同步发展的。

最后,权力的触角四处延伸,嵌入到社会生活的各个角落,使国家和社会更加深度地纠缠在一起。清晰化为权力开辟了高歌猛进的康庄大道,提供了开展大规模社会工程的可能性,也为管制和服务的进入提供了通道。清晰化不是为了清晰而清晰,清晰化的目的是多方面的,究其实质则涉及国家的汲取和输出两种基本目标。与模糊性一样,清晰度是相对的,不是一蹴而就的,更不是永恒不变的,信息成本(主要是获取和开发信息的成本)、科学技术(主要是信息技术)和国家目的(比如公共安全),以及社会的抵制(比如隐瞒经营收入)都构成了清晰化的阻力和限度,制约着国家使社会清晰化的良苦用心和雄心壮志。

第四节　模糊性与清晰度之间的辩证法

作为对于国家治理信息状况的描述,模糊性与清晰度可以解释国家治理的边界、程度、可能性和有效性等问题。社会事实是不断变化的,比如企业利润、个人收入和资源储量等从来不是静止的,因此相关信息也需要不断变化和调整。同时,已经掌握的信息也会随着时间流逝而出现不同程度的

"折旧"和"损耗",以至于从清晰转而变得模糊。因此,信息的持续变化(或裂变或衰变)的性质,决定了具体的国家治理是在清晰与模糊的连续谱上不断滑动的。

表3-1　模糊性与清晰性的比较

	信息量	信息形态	知识优势	可见性	治理逻辑	治理难度
模糊性	少	混乱的信息	社会	差	社会自治	大
清晰性	多	标准化信息	国家	好	国家干预	小

一、模糊性与清晰度的辩证关系

清晰和模糊都是相对的,不可能是绝对的和彻底的,具体则是相对于有效或高效治理所需要的信息需求而言的。具体模糊或清晰到什么程度,也不完全取决于社会事实信息的真实性、全面性或充分性。由于信息的复杂性、广泛性和多样性,较高程度的清晰性即便不说是不可能的,也必然意味着巨大的信息成本。所以模糊性与清晰度并不直接决定国家治理需要或应该做什么以及会产生什么效果,国家大多数时候也只是掌握了有限的社会事实的信息而已。

模糊与清晰各有利弊,也各有限度。较高的清晰度是有利的,但并不意味着社会事实越清晰越好,模糊性通常意味着无知和风险,但也能为社会提供"防火墙"的作用。清晰性提供了国家治理的信息条件,因此清晰性只是意味着可治理性,但国家治理的效率或效果则不仅取决于信息的完备性,还取决于国家治理的时机、工具和策略等多种因素。同样的道理,模糊性也只是表明了国家治理的不可知程度和不可接近性,而并不能决定国家治理必然会有什么效果。

　　清晰化是理性的诱惑、权力的冲动和社会的需要。在追求清晰化的道路上，所有的国家都已经取得了大量的成就。国家通过各种手段掌握社会事实的信息，为国家的监测、调控和干预提供了基础。国家对社会的"进入"，导入了更加专业化和精细化的管理，也带来了国家权力的扩张，"极大地增强了国家的能力"①。社会清晰化提供了公共政策的基础信息，有利于公共决策者做出准确的判断，形成良好的决策。清晰化有利于定位政策的目标群体，方便人们"对号入座"，合理地分配权利和责任，尤其是可以提高公共服务的精准性，降低差别化公共服务的成本，促进社会的公平。

　　模糊性是国家治理的阻力和障碍，也意味着巨大的危机和弊病：首先，由于国家无法掌握社会事实的情况，不能形成国家干预的条件——即便国家还没有打算干预（如对于城中村或贫民窟），社会事实便逃逸在国家知识的范围之外；其次，由于国家的缺位，纵容某些消极后果的发展和蔓延，比如由于无法掌握毒品网络、黑社会组织和腐败行为等情况的信息，因而无法有效地打击犯罪行为；再次，信息不完全甚至信息偏差不仅会提高公共政策的成本，也容易导致国家治理的失败，如在对民意缺乏了解的情况下，公共决策很容易导致强烈的抵制，甚至导致决策的失败；最后，模糊的社会事实即便井然有序，也存在着不可控性和不稳定性，模糊性所具有的不可见性和难以进入性，限制着国家权力的边界，也构成社会秩序的潜在的挑战，容易导致局部的崩溃或失序。

二、国家治理内在要求的清晰性

　　我们这个时代的口号是"数据为王"，"信息就是生产力"。在当前大数

---

　　① 詹姆斯·C.斯科特.国家的视角——那些试图改善人类状况的项目是如何失败的[M].王晓毅译,北京:社会科学文献出版社,2004:3.

据技术方兴未艾的时代,一种简单的数据决定论思维已然若隐若现,获得信息已经成为最为紧要的需要,似乎只要是掌握了足够的信息,就能够做到无往而不胜,可以任意伸展权力之手,就可以避免政府失灵和政策失败。面对复杂的治理形势,官僚体制获取信息的冲动也越来越强烈,越来越多的信息通过各种途径汇入各级官僚机构手中,社会和民众也越来越依赖这些信息。信息俨然成为简单而有效的治理工具,应用到国家治理的各个环节中去。国家通过对信息的策略性利用,比如产业信息、民意偏好和政策绩效信息等,以达到影响社会事实的目的,其中包括影响人们的注意力、判断力,以及偏好和选择。

信息对于国家治理的意义不言而喻,否定和忽视信息的价值都是不明智的。所有国家都会投入大量资源,通过调查、监控(公开的或隐蔽的)和服务等方式,努力获取社会事实的信息,提升社会的清晰度,诸如经济发展、政治稳定和公共服务等都为清晰化提供了辩护,不必要的清晰化不仅消耗大量的公共资源,还会压缩社会和个人的自主空间,比如对个人信息的过度搜集等。但更加重要的是,信息是复杂的和有成本的,国家更多时候只能是满足于适可而止的清晰,而无法完全摆脱信息问题的困扰,比如对于房产的准确数量、失业人口的真正规模、艾滋病群体的数量以及对具体政策的民意反馈等,通常只有模糊不清的信息。

西蒙很早就指出,"情报活动"是决策制定的准备阶段。[1] 由于注意力、信息和时间的限制,决策者通常只有"有限理性",实际的决策大多只能追求"满意或'足够好即可'",而不可能做到最优决策。[2] 这个原理同样也适用于国家行动,即由于彻底和完全的清晰是不可能的,社会事实的模糊性是不

---

① 赫伯特·A. 西蒙. 管理决策新科学[M]. 李柱流等译, 北京:中国社会科学出版社, 1982:34.
② 赫伯特·A. 西蒙. 管理决策新科学[M]. 李柱流等译, 北京:机械工业出版社, 2004:108-109.

能完全规避的,实际的国家行动(尤其是公共危机条件下)只能依赖必要而适量的信息,而不可能获得全面而充分的信息,否则国家行动是不可能的,还会出现严重的无效率。因此,在信息成本、时间限制和技术可行性等条件下,国家只能在主要事实清楚的基础上采取行动,只能满足于适可而止的清晰化。

从近代工业社会到现代信息社会中,国家将大量原本我行我素的社会事实不断纳入国家认证的框架中,实现对社会事实的监控和支配。社会中模糊地带的范围在缩小,清晰的领域在扩大。如果说传统社会的清晰化主要是服务于国家对社会成员的监控和支配,那么现代社会的清晰化则包含了较多福利或服务的内容,比如向公民提供福利保障等。相应的,为了防止国家权力的腐败和滥用,满足公民知情权的要求,国家及其运行也不断提高清晰度,即国家机构及其职责更加明确,政府过程更加公开和透明,政府运行更加标准化和规范化,国家权力的使用更加可预期和可监控等。

第五节　理解政策的清晰性和模糊性

公共政策包含了庞杂的规则体系、规章制度和规范性文件。政策的清晰性意味着政策目标、政策要求、规则体系、政策标准和政策工具等都较为具体、明确、精准、可见和可控等,相应的政策过程具有稳定、流畅、持续、连贯和一致等特点。而政策的模糊性更多表现为政策体系、政策要素、政策过程和政策结果等具有模棱两可、含糊性、不确定性、不可预期性和不可控性等特性。当然,这里的清晰或模糊都是相对的,现实中不存在绝对清晰或绝对模糊的政策,国家治理必须要适应政治和社会情况的需要,在清晰与模糊之间保持适度的张力。

一、政策清晰性的治理效应

"没有规矩,无以成方圆",如同城市街道上的交通信号一样,政策也可以说是社会的公共信息,为社会活动提供基本的规范和准绳。就此而言,任何政策都应该包含某些基本的规范和标准,具有最低程度的清晰性,否则如果不能对社会活动发出明确的信号等,政策就只能沦为空洞无物的宣言或告示,任由人们束之高阁,不可能发挥调节社会关系的功能和作用。

政策清晰性的价值及优势是多方面的。首先,清晰的政策可以更好地传达国家的意志和主张。作为国家意志的正式表达,政策是社会民众的行为指南,必须要具有一定的清晰性。清晰的政策使国家的意志和主张规则化和可操作化,将特定名目或类型的社会事实明确纳入权力干预的范围中来,比如网络谣言、贫困人口及生态环境等问题,具有重要的规范和导向作用。清晰化的政策不仅可以表明国家干预的决心和态度,还能形成明确而清晰的信息系统,方便政策规范的公开传播,提升治理效果,比如在危险驾驶行为入刑之后,曾经触目惊心的酒驾或醉驾问题得到了整治,逐渐形成了"喝酒不开车、开车不喝酒"的良好社会氛围。

其次,清晰性提供了社会行动的明确标准。实际的政策过程很容易被各种利益、情感和偏见等"俘虏",偏离理性、规则和公正的轨道,陷入任性、专横和偏私的泥潭。无论是在什么领域中,有效的政策必须要建立起明确的规范和标准,为社会行动提供公开透明的"游戏规则",为社会民众提供切实的和有实际意义的行动信息,促进社会的公平和正义。换言之,政策要能够得到顺利实施,形成预期的政策效应,必须要保证规则是明晰的,规范是公开的,标准是统一的,让人们明确知道什么是应该做的,什么是可以做的,什么是不能做的,并且知道各种行为的后果是什么,防止机会主义和任意行为,降低社会的交易成本,更好地协调错综复杂的社会关系。

最后,清晰的政策有利于形成恰当而稳定的社会预期。清晰的政策意味着建立一套可分析和可操作的知识体系,这些知识渗透在具体的规则或标准中,保证政策规范的连贯性和持续性,也有利于明确界定社会主体的位置和边界,防止任意和专横的行为。各社会主体根据清晰的政策来建立"行为－后果"关联预期,这不仅是指对自身行为及其后果的明确认识,也是对其他社会主体行动及其后果的合理预期。相反,政策知识的混乱不仅带来行为预期的混乱,也容易出现朝令夕改的恶果。这样不仅会严重打乱社会生活的节奏,令人无所适从,而且也会浪费人力、财力、物力,影响政府的稳定性和公信力。

正如对法律规范的要求一样,"欲保持法律规范的稳定性,必须首先确保法律规范的明确性",因为"明确性是法律的稳定性之母"。① 清晰性是发挥政策功能的前提,稳定性是清晰性得以实现的保障。清晰化的政策可以提供更明确的公共信号系统,也可以为社会活动提供明确的知识,为社会事实建立起规范化的关系框架。但获取充分的信息意味着高昂的成本,形成清晰的政策规范需要良好的能力,遵循明确的指令面临复杂多样的限制,因而实现清晰化并不容易。

二、政策模糊性的治理效应

同清晰性一样,模糊性也是政策不可避免的特性。由于客观环境和主观能力的约束,实际的政策处于清晰与模糊之间,在某些方面具有良好的清

---

① 博登海默.法理学、法律哲学与法律方法[M].邓正来译,北京:中国政法大学出版社,1999:349.

晰度,在某些方面又存在很大的模糊性,而且相对于有限的清晰化可能性,模糊性更是政策体系的内在特性。但无论是策略性的模糊,还是技术性的模糊,都可以形成不同的治理效应。

首先,政策的模糊性体现了政策的包容性。由于社会事物的模糊性及其冲突性,许多政策只能选择模糊的政策规范,以高度笼统、含义丰富甚至含混不清、相互矛盾的语言来表达政策含义,比如国家提出绿色发展和"绿色 GDP"的理念,超越了简单的经济标准的国内生产总值,就是要调和经济发展和环境保护的冲突。通过内涵丰富且包容性强的政策话语来表达国家意志,可以兼容不同的社会情感和利益诉求,让不同社会群体和个人都可以从中找到利益契合点,提高政策的认可度和支持度。就此而言,诸如"让一部分人先富起来""可持续发展"和"和谐社会"等政策理念及其相应的政策实践,都具有兼容不同社会群体利益诉求的包容性,因而很好地发挥了促进社会整合和引领社会发展的作用。

其次,模糊性的政策能提高政策的适应性。政策的生命在于落实,实现国家干预的目的。模糊性的规则及对规则的不确定执行等,给政策的适用留下了广泛的空间。面临高度复杂性和不确定性的政策情境,国家干预要想有所作为,就必须要在各个方面留有灵活和机动的余地,包括为新情况或新事物的发展预留空间,允许政策行动者拥有必要的自由裁量权,给予社会主体更多自主选择的范围,从而更好地实现政策目标。模糊性政策具有的弹性,能够软化或钝化社会的抵制,广泛动员社会公众的支持,因地因人制宜地推进政府干预,实现国家治理的目标。相反,清晰的政策虽然看上去具有简洁之美,但实际上却不得不经常变化来适应复杂的社会事物,更禁不起社会事实瞬息万变的挑战,反而损害了政策的权威性。

最后,模糊政策可以维系和增强社会的自主性。政策是国家权力进入社会的途径,政策清晰化意味着国家对社会事物强加规范和标准,将社会事物纳入到权力框架中予以协调和处理。清晰化方便国家权力的进入,也会带来大量的负面结果,包括强化对社会的监控、挤压非正式制度的空间,以及弱化社会主体的自主功能等。国家权力的介入减少甚至取消社会主体之间的相互协调,也使社会主体之间的相互协调看上去缺乏效率,导致社会对国家权力的依赖。反过来说,模糊的政策则表明国家意志含糊不清、国家权力捉摸不定,以及国家缺少影响社会事实的手段和方法。所以模糊性政策可以更多保留社会的"自留地",发挥社会主体的自主性和能动性,维系和增强社会的自主性。

需要注意的是,清晰度和模糊性不是对于政策内容的价值评价,也不简单意味着政策好或者坏,而只是对于政策及其运行过程的确定性程度的信息进行描述。现实的政策过程既有某种程度的清晰性,也有某种程度的模糊性。具体的政策是国家意志的表达,有确定的实施主体、必要的政策资源、确定的政策对象和基本的政策标准等,但政策过程的各个环节又会存在不同程度的模糊性,政策规范、政策对象和政策标准以及政策结果都具有不准确的特性。作为"硬币的两面",清晰性与模糊性是紧密联系的:在限度上,社会是复杂的,政策过程也是复杂的,模糊性是绝对的,而清晰性是相对的;就效果来说,通常政策过程越清楚,政策效果会更好,但模糊策略也能带来良好的治理效果;从发展上看,清晰与模糊是相互转化的,随着政策情境的变化,二者会相互转化。

长期以来,哲学家们总是奢侈地把社会设想成完全由规则或者随意处置来支配的,政策过程往往也被看成是可以明确操作和精确实施的连贯性过程。然而实际的政策过程确实充满了模糊性。在高度复杂性和不确定性的社会中,问题并不是模糊性与清晰性是有还是没有的问题,而是多一点和少一点的问题。更多的时候,则需要根据不同的政策情境来做出反应,或者是选择多一点的清晰,或者选择多一点的模糊,以顺利实现政策意图。

最后,国家和社会的关系是国家治理的首要问题。一切从实际出发,社会是什么样的,社会应该是什么样的,是国家治理不能回避的问题,这些都需要用特定的信息语言来描述。国家治理对社会事实的影响与社会事实对国家的影响一样重要,决定着社会发展的品质及前景。作为对国家治理所掌握的信息状况的量,清晰化和模糊性的概念从信息的角度探讨国家治理的可能性、可行性和有效性,提供了一个阐释和理解国家治理的新窗口,也有助于更加深刻地认识到信息对于国家治理,尤其是治理能力所具有的关键性作用。

当今社会已经进入大数据时代,大数据的本质是信息。大数据思维归根结底是信息思维,其理想目标就是建立健全基于充足或完备信息的国家治理体系。但获取和处理信息并不容易,而且信息不是万能的,也绝不是越多越好。社会事实也并不是越清晰越好,国家治理只能满足于适可而止的清晰。就此而言,认真盘点国家治理的信息基础,有助于廓清国家治理的信息条件,努力实现社会事实的清晰化,提高国家治理的效能,也有助于厘清信息对国家治理的约束和限制,从而适度而积极地发挥国家的作用,维持国家与社会的平衡。

需要指出的是,清晰度与模糊性是一回事,开放性和透明性是另外一回事。清晰与模糊所表明的是所拥有的信息多少的状况,而开放性和透明度则是聚焦于信息可共享的程度。当然,在外交事务或者公共安全领域,国家可以清楚地掌握某些社会事实的详细信息,但却并不需要完全公开这些信息。因此,国家可能拥有非常全面而准确的信息,也可能对社会事实一知半解,但这些信息是不是可以公开化,让民众可以方便地获得这些信息,并且知道政府是如何获取、存储和利用这些信息的,则是另外一个问题了。

第四章 | 国家治理的清晰性、清晰化与清晰度

自从国家产生以来，就出现了统治的问题，其中"谁统治谁"的问题是根本的政治问题，而"如何统治"的问题则是技术性的问题，对应的是国家权力如何应用和行使，以及运用到什么程度的问题。在国家政治稳定的时期，"谁统治谁"的问题或者是退隐到幕后，或者是已经得到解决，似乎不成其为问题，而"如何统治"的问题才是困扰国家治理的日常性问题。国家想要维持正常运转，进行卓有成效的治理，权力的结构、配置，以及管理和服务的流程等，无疑都是非常重要的，但却无不面临着如何才能操作和实施的问题。这也就意味着国家必须要运用适当的方法和手段，全面而深入地掌握社会事实的信息，不断提高社会事实的清晰度，从而能够对社会事实进行更为确切的测算、操作和干预等。

古往今来，无论中外，从人口普查、土地调查、财产统计到金桥工程、天网工程、社团登记、个人诚信记录，以及网络和金融实名制等，这些看似不相关的国家活动都包含了一个共同的内核，那就是加工和处理相关的信息，从而使社会图景更加清晰可见、能测算和可操作。社会事实的清晰与否，是文明化程度高低的重要标志，也是国家治理实践的基础。其中，清晰性是从信息的角度解读国家治理操作化的路径，指向的是国家治理如何才能可为和

有为的问题；清晰化就是对社会事实的信息化，是编码和整理有关社会事实的信息的过程；清晰度是有关社会事实状况的信息量度，是社会事实被识别、被监测和被认知的程度。下面分别从清晰性、清晰化和清晰度三个维度来理解国家治理的信息逻辑。

第一节　清晰性：寻找国家治理的信息维度

世界是信息的。信息是行动的前提，也是行动的表征和记录。"无知无以行"，就像个人行动需要信息一样，国家治理活动也离不开信息。虽然组织处理信息和应用信息的方式，以及处理信息的能力等都区别于个人，但国家机构及其权力都是由人来进行管理和操作的，掌握和行使权力的人是根据信息来做出选择和判断的。无论是什么国家、无论是什么时代，任何国家都承担着维持自身运转和维护社会秩序（包括提供公共物品）的多重责任，行使权力的过程必然是能量转换的过程，也是加工和处理信息的过程。国家要想维持正常的运转，实现国家的意志和目标，都需要掌握有关社会要素、社会结构和社会过程的信息，形成国家治理所需要的信息，才能够有效地干预社会和管理个人等。

与能量一样，信息无所不在，是社会事实的特殊表征，也是理解和认识世界的基本途径。认识世界与改造世界从来都是密不可分的，是你中有我我中有你的化合关系。信息是一种符号表征，是一种行动资源，也是一种战略工具，还是一种思维方式。具体的信息是关于社会事实属性及其运动方式的描述，是社会行动的前提和基础。信息是国家治理的前提，国家治理的过程就是信息处理的过程，国家权力的运用时刻都是与信息密切关联在一起的：一方面，国家权力的运用需要获取有关社会事实的信息，根据这些信息来做出决策和行动;另一方面,国家权力的运用也是搜集、整理和分析社会事实信息的过程,是信息的生产和再生产的过程,比如从古代的方志典籍到现代的信息数据库等。

一、信息化过程构成人类历史

人类的历史是信息变革的历史。从文字的出现、印刷术的发明到电磁波技术的发展再到互联网的应用,信息技术的革命直接带来了文明形态的飞跃。从通过物理位移来传递消息(比如信鸽或灯塔)到利用烽火台和电磁波来传递消息,以及通过互联网来进行沟通,人类处理和利用信息的能力已经有了革命性的变化。在传统社会中,生产力水平比较低,人类活动的领域比较有限,因而也只能处理有限的社会事实,对信息的需求是很有限的。但随着人类活动领域日益扩大,人类不仅面对更加多样化的社会事实,而且也形成了大量复杂的社会活动,这些都需要更加充分而准确的信息化,以保证理性和有效的行动。面对复杂多变甚至是不可知的物理世界,人们必须要将各种社会事实给予信息化,比如曹冲称象,通过对信息的计算来解决物理世界的问题。古代的烽火狼烟和当今的天网工程等,本质上都是信息化的方法,是解决社会问题的信息化方案。

人类的进步是不断祛魅的过程,社会的发展与计算是密不可分的。人类远古时代的结绳刻契,即原始人在树木上刻下痕迹,计算家畜或其他财产等,就有了计算的含义。自国家出现以来,就不断出现诸如户口、税收、赈灾和外交等方面的计算问题。从古代的"登人"和"料民"到现代的人口调查和民意调查等各种统计活动,国家无时无刻不面临着计算的任务和要求。世界各国都有其官方统计部门,负责对人口、资源、环境和社会经济活动等各种社会事实进行计数。早期统计学的国势学派,主要就是记录国家发展的重要事件,即对于国家组织、人口、军队、领土、居民职业和资源财产等,通过文字叙述等方式记录下来,而没有量的描述与分析。其后英国学者采用数量分析的方法,对国情国力等进行数量的计算和比较,才有了所谓的政治算术学派。

在国家的所作所为中,信息具有技术上的优先性。"一部国家机器,如果不了解自己国土上的人口、财产、物产、行为和事务的数量多少、流动方向、真假和优劣,就无从区分利弊得失,进而无法恰当行动,无法实现征税、征兵、维护社会秩序、缔造国家凝聚力、建立福利体系、维持官僚机构廉洁高效和管理社会经济事务等国家目标。"[1]国家用普遍性的方式监控和反思社会生活,获取社会事实的信息,大量进行各种形式的计算。政府公布的人口、婚姻与理论、犯罪与青少年越轨行为等官方统计数据,提供了精确了解社会生活的手段。获得这些统计数据所代表的硬性资料,就可以对社会进行比缺乏这类数据时更为准确的分析。"收集和汇总官方统计数据本身,就是一种反思性活动"[2],这些不仅具有认识社会事实的意义,也会反馈和投射到由他们投射的领域,为干预社会事实提供了知识。

很显然,区别于动物,人类具有创造并运用符号的能力。人类依赖于符号来认识环境、适应环境和改造环境,运用符号来接触、理解和介入社会事实。在相对简单的社会空间中,人们通过身体活动(比如声音、表情和肢体动作等)来进行面对面的互动,但随着社会活动日益向纵深拓展,人们必须依赖于各种符号来安排个人行动,协调社会活动,处理社会关系。符号(信息)是将社会事实进行主观化处理的结果。各种社会事实,不管是汽车、绿地还是市场交易、公民权利等,经过符号化的处理过程,都可以对应于特定的

---

① 欧树军.国家认证的历史逻辑:以中国为例[J].政治与法律评论,2011(01):211-227.

② 安东尼·吉登斯.现代性的后果[M].田禾译,上海:译林出版社,2000:36.

符号,按照特定的方式来进行计算。正是经由符号的互动,社会事实被创造、被测量、被认识、被改变、被处理等。人类通过符号来进行自我控制及干预他人和社会,社会过程也经由个体与组织之间的符号互动过程而建构起来。

二、治理清晰化见证和体现国家权力

英国社会学家吉登斯认为,前现代国家都没有"民族国家中发展出来的在行政管理上的协调性控制水平",高度的"行政集中化"依赖于"大大超越于传统文明特征的监督能力的发展"。"自有统计之日起,核对官方数据本身就成了国家权力和许多其他社会组织模式的构成因素。现代政府的协调性行政控制,与对这些'官方数据'的理性的监测,是密不可分的,所有的当代国家都成天忙于这种监测。"建立在信息基础上的(直接的和间接的)监控能力,是现代性兴起的制度性维度之一。① 现代国家通过持续地监控社会,获取社会事实的相关信息,而不断地伸展权力之手,实现了国家权力的持续扩张,也导致了国家对社会各个层面和各个角落的进入甚至是压制。国家集中化的程度越高,对社会的干预越严重,所需要的监控也就越多,对信息的要求也越高。

国家需要通过掌握信息来维系其自主权力。迈克尔·曼认为,国家权力包括专制权力和基础权力,其中基础性权力指的是"国家能实际穿透市民社会并依靠后勤支持在其统治的疆域内实施其政治决策的能力"。国家通过各种手段有效地穿透过社会,掌控有关公民的巨量信息,比如"国家能够从源头上评估我们的收入和财富并向我们征收赋税","它存储并且能马上调取关于我们所有人的大量的信息",将国家的意志推行到疆域内的各个角

---

① 安东尼·吉登斯. 现代性的后果[M]. 田禾译,上海:译林出版社,2000:51.

落。曼对国家权力的区分深化了对国家权力和能力及其运作方式的理解，其中基础性权力概念所对应的是，国家利用各种基础设施和后勤技术，穿透（渗透）市民社会来贯彻国家的意志，实现国家的目标。这里国家权力对社会的穿透很大程度上就是通过处理信息来进行的，而权力渗透的"后勤学技巧"主要都是处理信息的方法和手段。①

　　斯科特敏锐地指出，国家往往把游牧民、流浪汉、无家可归者等"看作是眼中钉"，因为这些流动性要素逃逸在国家的掌控之外，成为国家权力鞭长莫及的化外之地。国家重新安排人口，定义和标记社会事实，使社会更为清晰，从而更加容易征收赋税、征兵和防止暴乱等，因此"清晰性是国家机器的中心问题"。"固定姓氏的创建，度量衡的标准化，土地调查和人口登记制度的建立，自由租佃制度的出现，语言和法律条文的标准化，城市规划以及运输系统的组织等看来完全不同的一些过程，其目的都在于清晰化和简单化。"通过精心设计的流程以及标准化的格式，政府将复杂多样的和不清晰的社会事实进行界定，从而可以自上到下地集中加以记录和监测，最终形成"高度简略的地图"。随着社会事实更加清晰，国家不仅可以更好地识别和评判社会事实，也可以有针对性地介入不同的社会事务，给予差别化的管理和服务，增强国家治理的能力。

　　社会活动的形态是由行动者的特性及其信息储备所建构的。由于技术和能力的限制，古代国家很难获得透明的和确定的社会地图，而更多只能是满足于模糊的治理。但中国历史上很早就出现了姓氏，从夏朝开始就开展了人口统计，历朝历代也都进行过全国性的人口和土地调查登记，形成了编户齐民、鱼鳞册和皇册等制度化成果，因此，与黄仁宇所批评的古代中国不

---

① 迈克尔·曼.国家自治权：其始源、机制与结果[A]//汪民安、陈永国、张云鹏.现代性基本读本[M].开封：河南大学出版社，2005：590-593.

能实行"数目字管理"相反,中国早已经实行了比西方国家水平高得多的"数目字管理"①。

　　国家治理覆盖社会各个领域,具有不同的内容和形式,但其共通的内核都是运用权力来关照和测度社会事实,按照标准化的格式进行赋值和计算,对社会事实进行理性化的再组织,从而使社会图景更为简单和清晰,也更加方便地施加控制和干预。其中,国家认证是实现清晰化和简单化的工具,这主要是指政府代表国家收集、确认、识别和整理国家范围内社会事实(包括人财物事行等)的信息的活动,从而"在数据与人或物之间建立相互对应的关系"②。相应的,各种社会事实成为"国家之眼"凝视、分析和规制的对象,被简化为可分析、可操作、可处理和可计算的对象,成为被监控、被编码(也被解码)和被秩序化的目标。

三、从清晰化角度阐述国家治理

　　国家治理不是国家机构及其成员的自娱自乐,也不是在真空中的自动化作业,而是与社会事实持续互动的过程,以各种社会事实为对象,作用于社会事实之上,进而又反作用于国家机构本身。与模糊性问题一样,清晰性也是从信息角度来考察和理解国家治理,所对应的是国家治理从哪里开始以及如何才能操作的问题。那么清晰性究竟是一个什么问题呢?

　　首先是可见性问题。社会事实丰富多彩,社会问题层出不穷,但国家并不能完全了解所有的社会情况,也不是每一个问题都能得到国家的认真对待。就像是人类制作地图,是为了呈现山川地貌及其他地理情况,表现人们

---

①　王绍光. 身份"认证"与国家基础能力[EB/OL]. http://www.aisixiang.com/data/65681.html.

②　欧树军. 基础的基础:认证与国家基本制度建设[J]. 开放时代,2011(11):80-101.

所看到和所理解的世界。因此清晰性首先对应的是,社会事实是不是已经通过某些表征或符号显现出来,是不是能被观测和认识得到,比如黑社会犯罪、走私网络和留守儿童的问题,是不是形成了可定义的治理问题,是否引起了国家的关注或重视,以及是否需要国家给予必要的干预行动。这种可见性并不简单是指可以近距离或远距离观察到的,而是指相关社会事实形成了较为可见的或可分析的显著信号(如矛盾冲突),引发了适度的社会关注,从而有可能被纳入政策议程,成为国家干预的对象。

其次是可知性问题。对于国家治理来说,清晰性不仅是获得有关社会事实的信息,而且是要利用相关信息来形成科学化和系统性的知识。也就是说,清晰化不仅意味着要知道是什么,更需要搞清楚为什么,即通过进行理性的计算,包括解读、分析和评估,以及形成反思性结论等,深入把握社会事实生成与演变的机理或规律等。因此,国家治理的重要任务就是提供知识,即通过适当的途径接近社会事实,获取或加工相关的信息,引导和干预社会事实,形成有关社会事实的理解和认知,包括社会事实的状况、程度、利弊及其因果机制的知识等,比如通过必要的观察、测算和监控,不难发现谁是贫困的,也很容易了解他们贫困到什么程度,但如果要搞清楚为什么贫困,以及如何才能脱离贫困,就需要深入分析相关事实,寻找正确的方案和方法。

再次是理性化的问题。传统社会缺乏清晰化的社会地图,国家治理更多依赖于个人的经验和智慧,做什么或者不做什么以及怎么做等,都无法坐等形成或获得确定性的信息和知识,甚至因此而沦为恣意的专断和无知的盲动。理性化是现代化的集中要求,主要包括人的理性化和物的理性化,其中人的理性化主要是指具备理性思维、专业技能和效率意识等,物的理性化则意味着对事物进行客观的测量,通过量化的方式来进行预测、决策和评估等。理性化以对社会事实的数量化或数字化为基础,追求国家治理的合理性和正当性,这些都需要以相关的信息和知识来进行辩护,其中最关键的在于,决策和行动是否建立在完备的信息之上,将社会计算的知识写入到制度中去,融入到行动中去。

最后是操作性的问题。获取更多的信息,描画清晰的社会地图,最终是为了更好地采取行动,提高国家干预的效率,获得更好的治理绩效。制作清晰的地图目的并不在于占有土地,而是要通过"一系列的深入干预达到特定的治理目的",如保障粮食安全或最大化土地出让利润。[①] 清晰化的过程,本身就是一个精心设计的工具性行动,是为了设置国家干预的行动方案及更好地落实这些方案,即通过获取和分析相关的信息,深入把握社会事实尤其是社会问题的情况,从而实施精准有效的干预措施,包括打击犯罪和提供福利等。正如吉登斯所指出的:"官方统计数据不只具有分析社会活动特征的意义,它们也会基本上回馈到原来收集它们或由它们算计的社会领域。"[②]清晰性不仅具有描述社会事实的意义,而且会反过来界定和约束社会事实,比如反贫困的社会话语及其政策待遇,可能导致贫困人口的自我再生产。

社会事实具有难以避免的模糊性,相应的,国家治理有着内在的模糊性。对于很多社会事实,国家治理就像是盲人摸象。清晰性是国家治理的基本条件,是实现良好治理的有利条件,但清晰性只是意味着治理的可能性,却无法表明治理的好坏和优劣。很高的清晰度并不必然意味着国家必然会采取行动,比如国家可能已经充分掌握了居民房产的全部信息,但可能并不着急实施征收房产税;较高的模糊性意味着难于行动,但也可能必须要有所作为,比如在危机的情境中,虽然问题的清晰度很低,甚至不了解危机的真实状况,但政府却必须要做出反应或应对;有些问题即便有很高的清晰度,但也未必会得到有效的干预,比如社会中大量的失独人口等仍然还缺乏

---

① 杜月.制图术:国家治理研究的一个新视角[J].社会学研究,2017,32(05):192-217.
② 安东尼·吉登斯.现代性的后果[M].田禾译,上海:译林出版社,2000:37.

足够的政策关怀。

社会事实的清晰性不仅具有理性的感召力,也具有现实的治理优势。在具体的政策领域,清晰性提供了公共政策的确定性信息和知识,从而有利于做出准确的判断,形成更高质量的决策,提高政策的准确性和有效性。但实际的决策既可以建立在充分而准确的信息基础之上,做到科学决策、民主决策,也可能会枉顾民意的需求,搞拍脑袋决策,造成严重的决策失误。在政策实施的过程中,清晰的社会事实有利于准确定位政策的目标群体,合理地分配权利和责任,尤其是可以对社会事实进行计算,提高公共服务的精准性和适宜度。

因此,有关清晰性的理解实质上是对于国家权力边界及其运行方式的思考。其中的逻辑在于,权力与信息是共生的,权力生成了信息,获得和加工了信息,信息不仅是行使权力的基础,也维护和巩固着权力,甚至是生产出新的权力。国家权力伸展到什么地方,就会相应地获取相关的信息,也就有了清晰性的问题,即是不是掌握有关社会事实的信息,因此清晰性与国家权力的扩张是相匹配的,国家权力进入社会事实越多,国家干预越多,了解的社会事实越多,就越是可能获得更加丰富而全面的信息。信息则是国家权力运用的结果。比如将城市社会的情况分为数百上千种部件或事件,给每一种/个社会事实匹配特定的代码,最终形成高度系统化的信息体系,塑造了城市管理的清晰地图。

第二节　清晰化:国家治理的测算方法及其策略

国家治理是从信息开始的,行动者的选择及其行动和偏好也都取决于(新的)信息。个人的偏好也经常受到信息的影响而发生改变,理性选择的过程是不同信息及其组合的函数,具有权宜性和情境性。只有掌握充分而准确的信息,进行合理的社会计算,社会事实才能被清晰化,进入国家治理体系中,成为权力注视、支配和服务的对象。其中一方面是,有没有获得充分而准确的信息,这是清晰化的基础性工作;另一方面是,能不能进行必要的社会计算,为国家治理提供确切的知识,这是清晰化的高级阶段。只有把获取信息和对信息的计算结合起来,才能建立清晰的治理图景,服务于国家治理的需要。

国家治理需要的信息从哪里来呢? 这就需要通过广泛的和行之有效的国家认证,形成社会事实的系统性信息和知识。"认证"指在数据与人或物之间建立一一对应的关系。[①] 国家认证的能力是国家基础权力的重要组成部分。通过对社会事实进行更好的计算,就能够更好地"监测社会运作、洞察社会规律、预测社会趋势、规划社会生活"[②]。

一、国家计算的方式及其技术选择

了解社会事实的常用方法就是对其进行描述,要想形成有关社会事实的知识,就必须要使社会事实清晰化。清晰化,关键是一个"化"字,"化"的过程就是持续地获取、汇总、加工和处理信息的过程。对社会事实的清晰化,意味着一整套的测算技术。这种测算技术是指识别、区分和描述社会事实的标准、尺度及相关的语言,具体表现为统计、测量和描述社会事实的标准化工具。这不仅是指应用于各种社会事实测量的度量衡,比如各种计量单位(如货币单位等)及判断行为性质的各种外显性指标等,还包括各种统

---

① 王绍光.国家治理与基础性国家能力[J].华中科技大学学报(社会科学版),2014(03):8-10.

② 冯仕政,陆美贺.社会计算如何可能?[J].贵州师范大学学报(社会科学版),2016(06):27-30.

计指标,比如性别、年龄、身高、学历、出生地、居住地、婚否,以及其他身体特征等,构成了描述和揭示个人和社会状况的工具。通过这些信息可以清晰地掌握个人和社会的情况,比如个人的财产状况或经济不平等的程度等。

随着网络时代的来临,新的计算体系正在广泛应用到国家治理中。根据网格化治理的逻辑,城市管理将相关社会事实分为部件和事件两种类别,部件和事件又详细划分为若干类物或者事,比如井盖可细分为污水井盖、雨水井盖等十余类,污染事件包括固体废物污染、生产性噪音污染等多种类型。计算方式则是指认定社会事实的规范或标准及其流程,比如部件管理的标准是,"无破损、无缺失、无沉降、无弹跳、无倾斜";事件的"定义"比如,"暴露垃圾"是指"公共场所未倒入垃圾容器的生活垃圾";管理的量化标准是指,"只有绿化面积占整个用地面积的50%以上"的"多草地和人工景点的住宅区"可以用"花园或花苑"作通名……根据这些概念或类型及"计算方式",社会事实就可以得到系统化和标准化的描述。具体的社会事实根据精心设定的标签、代码或符号,比如给予出租屋特定的编码,就形成了高度标准化的数据库。

很显然,要测量一个东西,首先要明确这个东西是什么,对其定义,对社会事实进行赋值,其中包括具体的社会事实类型,比如贫困人口、流动人口和失业人口等概念,赋值既是指量化的赋值,比如个人收入多少或企业利润多少以及贫困人口的标准等,也包括对社会事实的分类,比如根据生产安全事故造成的人员伤亡或者经济损失,事故可以分为特别重大事故、重大事故、较大事故和一般事故四个等级。定义、赋值和事实的匹配关系是科学测量的前提。不同的概念对应于不同的社会事实,分类越细致,种类越多样,赋值越准确,说明测算的方式越科学,测量的结果越精确,相应也就可以形成更为确切可靠的知识,比如,不同级别的事故逐级上报到不同层级的政府部门,相应的处理主体、处理流程和处罚后果也不一样,这就建立起一整套处理问题的系统性知识。

社会计算的核心是计算什么、如何赋值、怎么计算。这些问题决定了社会事实是如何被计算的。比如各地城市政府推行积分落户政策，有选择性地设定积分指标及其赋值，以筛选城市想要的人群，如将高学历、高技能、购买住房、纳税多、社保缴纳时间长、没有刑事犯罪等作为优选指标。给予某些指标很高的赋值，就等于是给予某些人群以政策优待，而不符合条件的人就会被排斥在外。但指标及其赋值也会随着政策大环境的变化而变化。

"界定一个政策问题的常用方法就是对其加以测度。大多数政策讨论都是始于引证一些数字，以表明某个政策问题已经严重或者正变得严重，或者呈现着两者。"[1]任何社会事实都有多种可能的测算方式。无论是调查对象的类型划分或调查种类，还是登记表或调查表等，都可以说是社会计算的标准公式，由此相关的社会事实被纳入社会计算的过程中来。"人类生活构成的社会系统，无论在数据上，还是算法上，都是无限复杂的，由于成本和时间等条件的约束，无论计算能力如何强大，都不可能计算一切，而必须有所选择。这样，就有一个如何设置社会计算的目标和任务的问题，也就是所谓'议程设置'的问题。"因此，究竟把什么社会事实纳入社会计算的议程，应该优先测算哪些方面的社会事实，"不可能是一个纯粹的技术问题，而是具有显著的政治性"[2]。

社会事实具有复杂性，包含了多维度的面向，隐藏着不同的含义，不同的人运用不同的方法来进行测算，可能会得出完全不同的测算结果来，比如根据不同的贫困线标准，贫困人口的数量及其结构就会不同，扶贫的任务及

---

[1] 德博拉·斯通. 政策悖论——政治决策中的艺术[M]. 顾建光译，北京：中国人民大学出版社，2006：173.

[2] 冯仕政，陆美贺. 社会计算如何可能？[J]. 贵州师范大学学报（社会科学版），2016（06）：27–30.

方法也会大不一样。"对于任何现象都有许多种可能的测度方式,而对于这些方式的选择有赖于测度的目的。"①实际上,把什么作为测算的对象、在什么时候去测算,以及用什么方法进行测算等,都是由国家的意志和需要决定的。古代国家登记个人的年龄是为了征收赋税杂役等,但不会理会人们是不是受到了良好的教育等。一个社会的走私或贩毒问题可能很严重,但国家很可能没有能力去搞清楚这些问题,也没有能力去解决这些难题,因而就只能是无所作为、放任自流。

但测算的技术也有可能影响甚至决定了测算的功能及结果。世界上大多数国家均采用按家庭计征个人收入所得税,以实现调节社会公平的目的,但中国的个人所得税却是真正的个人所得税,而不是以家庭收入为基础的。因为只要监控到个人的收入,就可以个人为单位征收个人所得税,但如果要以家庭为单位征收个人所得税,就必须要综合权衡家庭人口的数量、要抚养或赡养人口的情况、家庭的实际支出等复杂的问题,这就意味着更加复杂的计算,也是很难操作的。当然,按照个人计征个人所得税也需要分不同情况给予减免,也是很复杂的。

二、清晰化治理的操作策略

由于社会事实具有多样性、差异性和变动性,因此清晰化是动态的和持续的过程,而不是一蹴而就或一成不变的结果。在高度信息化的时代,从自然现象、物产资源、社会活动到人的行为及心理等,都是可以测度和计算的。只要能获得相关的信息,建立起适当的规则或算法,就可以进行定义、分类、

---

① 德博拉·斯通.政策悖论——政治决策中的艺术[M].顾建光译,北京:中国人民大学出版社,2006:174.

对比、判断以及预测等,从而可以采取必要和可行的干预行动。但更多的时候,由于技术和能力以及客观环境等方面的约束,国家只能因地因时采取恰当的操作策略。从国家的角度来说,清晰化主要包括三种策略。

(一)主动获取信息

国家为了特定的目的去获取和加工有关社会事实的信息,就构成了主动的清晰化策略。比如南北朝时期,国家动荡,户籍不清,隐漏户口和诈老诈小等现象极为严重,直接影响到国家财政收入和对劳动力的控制。隋朝统一全国后,为查实人口以及赋税徭役情况,隋文帝杨坚585年下令各州县推行"大索貌阅"。"大索"就是清点户口,并登记姓名、出生年月和相貌,目的在于搜刮隐匿人口;"貌阅"则是将百姓与户籍上描述的外貌一一核对,责令官员亲自当面检查年貌形状等。这次大索貌阅新增户口164万多,大大增加了隋朝的财政收入。同样的逻辑,现代国家的全国人口或土地普查,也是这种主动的清晰化策略的重要体现。比如,地名是基础地理信息,地名普查是公益性基础性的国情调查,对于经济社会发展、政府管理以及人民生活都具有重要意义。国务院从2009年到2012年开展第二次全国地名普查试点,2014年至2018年开展第二次全国地名普查,都体现了国家主动去梳理和整理信息的努力。主动的清晰化大多是以问题为导向的,涉及的都是基础性的信息领域,信息数据很庞大,相关的成本比较高,通常具有"运动式治理"的特点。

(二)常规监控管理

对于土地、人口和住房等社会事实,相关的信息具有平面化和静态化特点,可以通过一次性或集中性的统计调查予以认证或确认,建立起比较完备的信息系统。而许多社会事实是高度分散的,是间断性出现的,是持续变化的,呈现为动态而发展的信息流,比如企业产品批次的信息和人口流动的信息等,是不能通过集中性测算来获得准确的信息,因此需要通过官僚体制日常的常规监控来获取和积累有关信息,比如对于流动人口的管理,就需要做好出租屋的普查登记工作,将可能的出租屋进行编号,建立吸引甚至迫使出租承租双方配合管理和登记信息的有效机制。但这其中主要还是国家来为清晰化"买单",否则公民就不会给自己增加负担,包括为出租者和承租者提供信息等中介服务,对主动登记的出租者给予奖励,如减少抽查次数、给予审批便利和减免相关费用等,而对不主动登记的出租户予以制裁,列为重点检查对象,甚至取消其出租资格等;地方政府推行积分入学政策,通过给予流动人口在城市入学的福利,诱使流动人口进行全面的个人信息登记,包括合法购房租房和正常缴纳社保等,进而达到掌握社会流动人口情况的目的。

(三)被动吸纳信息

最后一种清晰化策略是"守株待兔"式的被动吸纳策略。比如,秦始皇二十一年,下令"使黔首自实",即命令占有土地的地主和自耕农,按照实际占有土地的数额,向政府呈报数字。政府依此确认私有土地的合法性,依此征收田租赋税。由于国家没有能力去主动掌握相关的信息,因此只能通过这种被动的方法来获取信息。在现代社会,政府也经常采取个人自行登记的办法来确认信息。同样,在流动人口的管理中,由于政府不可能对分散的出租房进行全面监控,因此也需要出租者和承租者主动进行登记。这就需要建立吸引出租者和承租者主动配合政府和社区进行登记的有效机制,以便相关当事人有提供信息的激励(包括强有力的惩戒)。

操作策略的选择是多种因素共同决定的,关键在于是不是具有清晰化的动力和可能。这一方面取决于国家治理的问题选择,即国家决定要去解决什么问题,因而才有了清晰化的需要,才需要积极去获取相关的信息。然后就是看特定问题是否具有紧迫性,如果是非常紧迫的问题,比如面对突如其来的传染病等,就需要主动和快速的清晰化,以应对相应问题的挑战,否则就可以实施渐进而缓慢的被动的清晰化;另一方面则取决于社会事实的信息特性,比如对于客观性较强和具有静态性的人或物的信息,例如个人的年龄、学历、房产以及自然资源储量等性质的信息,就可以主动实施全覆盖的清晰化,否则就依赖于日常的监控和管理来进行动态的测算。

古代国家"对税役的需求,是国家认证的主要推动力。稳定的财政来源、劳役供给和兵源补充,离不开针对人、财物的真实、准确的认证,离不开对人的身体特征、社会特征和经济体征的细致关注。在这一点上,不存在古今中西之别。区别只是在于:国家多大程度上掌握人的特征、属性及其演变,因为这与国家认证能力的强弱有直接关系"①。传统社会国家很少向社会民众提供公共服务,因此国家对社会的清晰化主要是为了实现国家对社会的监控和支配,实现赋役征兵等功利性目标,现代国家的清晰化在两个方面呈现出较大的不同:其一是为了更好地进行社会计算,从而更好地实施理性化和系统性的政策干预;其二是为了摸清底数,向社会民众提供福利或服务的内容,比如提供教育、医疗和伤残抚恤等服务等。

需要注意的是,早在传统农业社会中,国家已经开始对人口、户籍、税收和舆情等进行社会计算,其中人口与土地等是社会计算的主要内容,这些信息大多是保密的,社会计算的过程是封闭的,也很少得到传播和利用。现代社会是信息社会,国家和社会的透明度都越来越高,社会已经进入"计算的社会化"时代,每一个人都可以根据其所获得的信息来参与社会计算,也就顺理成章地成为社会计算的主体。个人不仅是清晰化的对象,也是清晰化的主体,人成为最为灵敏的社会传感器,可实时提供大量的时间数据、空间数据和行为数据。个人也可以随时随地获取交互信息,独立或集体地(或松散或紧密地)开展社会计算,国家逐渐失去其绝对的话语权,从而也是权力朝向社会民众转移的过程。

---

① 欧树军.国家认证的历史逻辑:以中国为例[J].政治与法律评论,2011(01):211-227.

必须要指出的是,在社会事实清晰化的过程中,国家权力不断触及和介入社会事实,给社会事实打上了国家标签,形成了社会事实的简单图景。清晰化的程度与国家干预的程度是直接对应的,国家干预的有效性与社会事实的清晰化也是高度一致的。但这些更多只是表达了国家意志及其执行者所感兴趣和了解的社会事实,而并不完全代表社会事实本身,甚至有可能偏离了社会事实。社会事实的清晰化图景为国家权力提供了大显身手的舞台,提供了大规模开展社会工程的可能性。

第三节　清晰度:国家权力渗透的程度与限度

如果信息是完全的,认知能力是无限的,一切都能心中有数,信息就变得不重要了。反过来说,信息是国家治理的神经,是直接塑造偏好、制度和能力等的关键变量。各种社会事实处于国家治理体系的不同位置,社会事实是不是需要清晰化,国家准备对什么情况展开计算,最终能得到什么样的答案,能获得什么样的清晰度,既取决于国家的意志和需要,也与国家的技术能力密切相关。在"国家之眼"的持续注视下,有些社会事实已经高度清晰化了,相关社会事实被整合进高度标准化的信息系统中,实现了基于精确计算的监视和管理;有些社会事实还依然是国家之眼的盲点,逃逸在权力之手的掌控范围之外;很多社会事实还是雾里看花,看上去既模糊而又凌乱,因而就谈不上进行有效的治理。

在清晰化的过程中,国家将复杂的社会事实全部简化为具有可读性(legibility)的符号或代码,使整个社会都变成可感知、可阅读和可分析的对象。一切具体的社会事实,从个人、土地、财产、物件到各种组织机构、社会活动,以及个人行为等,不管个体或单元具有多少特殊性,也不管相互之间存在何种差异性,都被正式赋予具有唯一性的标识和代码,被抽象成为标准化或虚拟性的数字或符号,根据国家和社会的需要进行"加减乘除",进而予以管理、控制、支配和处置。特别是随着信息技术广泛和深度的应用,国家治理各个领域的信息化、数字化和智能化程度都越来越高,日益通过代码和符号建构出透明、清晰而可视的社会图景,也构建出清晰的国家治理的行动框架和运行流程。

首先,有些社会事实是国家必须要掌握的,比如人口、土地、矿产资源,以及国民财富等基础性信息,缺乏这些情况的充分信息,国家治理就只能是盲人摸象。这些情况越清晰,社会可治理性的程度就越高,国家治理就越是有效。清晰化的技术主要是调查和登记等,无论是在手写笔画的传统社会,还是在当今高度发达的信息社会,清楚掌握这些信息的重要性是如何强调都不过分的,比如 2010 年全球共有六十多个国家进行全国人口普查,各个国家都投入动辄数十上百亿的巨大经费来掌握人口和财产等方面的信息。

其次,有些是社会事实是国家应该掌握的,主要是变动性较强的社会事实,比如进出口商品的种类及其数量、产业发展的动态信息、贫困人口的状况以及吸毒人口的数量等,掌握相关的信息有利于监控国家和社会的运行,提高国家治理的广度和深度,但却由于各方面的原因,国家可能并没有掌握这些应该需要掌握的信息,常见的情况是,对于诸如贪腐官员的资金外逃、国有资产的流失和地下水污染等情况等,往往是一笔糊涂账。通常而言,那些尚未显现的社会问题的信息是难以被掌握的,因而也是不可能被解决的。

最后,有些已经掌握的信息可能是片面的或不完全的,是有争议的,甚至是错误的,因为政府大多依赖于自下而上的汇报来获取信息,但受到官僚体制"报喜不报忧"行动逻辑的影响,部分信息的质量是大有问题的,比如政府公布的 GDP 数据,往往有着微妙的加工和修正,以服务于政治形势的需要。统计部门专门花大价钱调查得来的数据也有可能包含着非常大的"水分",比如居民消费价格(CPI)指数、居民收入水平和基尼系数等情况,以至于造成严重的模糊和混乱,甚至带来政策失败。

因此,由于信息可获得性,以及计算方法、标准和结果等各方面的不同,社会事实的清晰度就有了巨大的差异。在从绝对模糊到无限清晰的光谱上,存在着无限的可能性。但模糊与清晰只是相对的,而不是绝对的;是动态的,而不是静态的;是可变的,而不是固定的;是客观的,也是主观的。为了更好地理解国家治理的清晰性,就必须要区分社会事实的清晰度,理解不同清晰度下的治理情境及其策略选择。

一、高度的清晰度——获取精准的信息和数据

根据国家统计局的数据,2017 年末中国大陆总人口数为 139008 万人,比上年末增加 737 万人;2018 年末中国大陆总人口数为 139538 万人,比上年末增加 530 万人……大多时候,清晰度都与量化程度直接对应起来。不过,如果非得要精确到个位数的话,这些数字当然算不上是绝对的清晰,因为分分秒秒都会有出生或死亡的人口,以至于必然存在些微的误差。但对于人口统计的基本目的而言,这些数字就已经可以说是高度清晰的信息了,据此而进行的社会计算也足以满足国家治理的需要。

在笼统的和全局的意义上,高度的清晰不仅意味着数量、标准或程度上的准确性,也是指对于相关情况有较为准确和深入的认知,以人口现象为例,这其中既是指对人口年龄结构、性别比例和受教育程度等的量化认识,也包括对于人口发展现状及其未来趋势的预测和判断,比如劳动年龄人口的减少、未婚人群数量的上升和老龄化趋势的加速等。这些为国家治理的政策选择提供必要的信息和知识,从而有助于实现更具有针对性和适应性的治理,包括提供个性化和差异化的公共服务,比如学前教育或养老服

务等。

　　一般而言,对于静态的或客观性的社会事实,国家往往可以进行精准的测度,能够进行精密的计算,可以实现较高的清晰度,相应的也就可以进行中长期的预测、规划和设计,提高国家治理的科学性和精准性。而对于那些动态性或主观性较强的社会事实,比如社会民众的意见和要求,具有很大的情境性、随意性和变化性,不仅很难转化为可测量的指标,也很难做到科学的计算,因而更需要随时进行监测,采取富有弹性和适应性的治理策略。

二、中度的清晰度——描述可能的社会问题

　　中度的清晰度意味着国家已经掌握了某些方面的信息,但对于很多细节及其机理则还不清楚,甚至出现矛盾性认识。很显然,由于指标和样本等不同,对于贫富差距的测度形成了不同的结果。但不管具体的数据有多大的差异,这并不影响人们对于贫富差距状况的基本判断。相对于形成了精确数据的高度的清晰度,中度的清晰度只能是尽可能量化地描述社会事实,表明社会事实的基本状况及其趋势。什么人拥有更多的财富、收入差距为什么越来越大、贫富差距究竟到什么程度、是不是会引发社会危机等,搞清这些问题并不容易,也还需要更加深入的测量、监控和计算。比如当今中国社会的基尼系数,先后出现了十余种版本。国际上通常把基尼系数0.4作为社会稳定的警戒线,中国的基尼系数早已超过了这个警戒线,但却并没有产生严重的社会不稳定。这也说明基尼系数与社会稳定的逻辑关系还是不清楚的。

三、低度的清晰度——保持理性的无知和缺陷

低度的清晰大多对应于定性化的描述,往往体现为各种宏观性、概括性和分析性的结论或要求。比如通过对腐败案例的分析可以发现,工程建设、土地出让、矿产开发、国有企业、政府采购、民生资金和科研经费等领域,都是腐败的重灾区和高发区,这些就构成了有关腐败及其趋势的判断;又如从2012—2016 年的中央经济工作会议,都提出要"坚持稳中求进的工作总基调",把稳中求进工作总基调上升到治国理政的重要原则,上升到做好经济工作的方法论的高度。① 作为明智而清醒的政策原则,"稳中求进"固然是经济工作的指南和方针,有利于认识经济发展的形势,但显然不能直接指导具体的决策或行动。

退一步说,最低程度的清晰就是清醒,保持理性的无知,克制住权力万能及肆意干预的冲动,让社会和个人去适应和解决问题。如果国家不知道应该干什么,也不知道如何去干好,那么最明智的态度就是什么也不要做,比如在城市规划领域,近年来兴起为城市留白的理念,即城市规划不能太细致太精确,而是要多方面为未来留有余地,将弹性、兼容性和不确定性嵌入到城市规划中去。未来将是什么样? 既然没有人知道答案,那么就要抑制为未来做规划的狂妄自大,明确地给未来的不确定性留下空间。正如"摸着石头过河"发展策略一样,清醒地意识到理性规划的局限,保持无知的谦逊和姿态,给探索和试错留下空间,是治理智慧的重要体现。

将复杂的社会事实转化为系统化的信息,需要投入巨大的成本,比如历史上的"大索貌阅"是大规模地核实检查户口,工作量很大,难度也很大,不

---

① 陈启清."稳中求进"如何稳,怎么进? [N].学习时报,2017 – 02 – 06(003).

仅需要地方各州县通力合作,还需要动用军队来开展工作。更高的清晰度是不是物有所值,从来都是充满争议的。随着城市管理信息化和智能化的发展,摄像头正在史无前例地进入公共空间。

必须要承认的是,清晰度是一把"双刃剑"。良好的清晰度提供了精准的社会地图,有利于展开准确的社会计算,提高公共服务的标准化和精准性,降低社会的交易成本,合理地实现国家的意志和目标。但清晰度越高,就意味着信息量越大,信息处理的要求就越高,信息的成本也就越大。由于信息的处理本身也就是国家权力运用的过程,因此高度的清晰化必然带来对社会的过度干预,消解社会的自主性、自发性及其自我调适能力。特别是信息技术的发展及其应用,打开了"国家之眼"的视野,增强了"国家之眼"的穿透力,带来了对于高度清晰化的过度期许,进而不必要地耗费公共资源,诱发和刺激权力的持续扩张,形成理性主义的狂妄,导致权力裁剪社会的"乌托邦"灾难。①

从另一个角度而言,较低的清晰度可以维持社会的自主性,构成国家权力进入的屏障,使国家治理变得不可能,但也会导致社会运行的不确定性甚至风险,提高治理的难度。但较低的清晰度并不是绝对不能治理,而只是意味着信息还不够充分,相关的知识还比较匮乏。而且清晰度不是一步到位的,更不是凭空掉下来的。国家治理往往是从比较模糊的问题开始,在持续接触和深入社会问题的过程中逐渐获取和积累相关的信息,进而获得有关社会问题的深刻认识。换言之,社会事实并不是自觉自动地呈现出清晰的面孔,而是国家治理创造了清晰化的社会图景。当然,国家治理也会重组社会要素,建构出新的权力结构及机制,甚至会生产模糊而混乱的社会图景,比如政府中错乱的职责权限等。

---

① 韩志明. 在模糊与清晰之间——国家治理的信息逻辑[J]. 中国行政管理,2017(03):25-30.

人都是历史的和现实的,受到特定时代和情境的约束和限制。清晰度是考察国家权力应用及其程度的重要切入点。信息与权力须臾都不能分开,信息本身也是权力运用的结果。通常,清晰度高的地方,大多是权力所及并有所作为的地方;而模糊度比较高的地方,就很容易出现混乱、扯皮和不作为的情况。在当今信息技术高速发展的时代,国家通过面部识别、指纹识别、房产登记、交易管理、出行活动以及数据挖掘等途径掌握社会的信息,可以实现很高程度的清晰度,社会也因此变得越来越透明,从而可以推进更加灵活和有效的治理。而同样重要的是,信息技术虽然能提高国家清晰化的能力,但也面临着广泛的限制。由于信息的爆炸式增长,信息的复杂性程度越来越高,对信息的分析和利用也更加复杂,成本越来越高,从而极大地消解着国家治理的雄心,降低国家治理的清晰度。

对于古代国家而言,由于国家干预的范围非常有限,国家对社会的需要主要是赋税和徭役等,因此只要掌握静态的个人和土地的信息就可以了。比如唐代继承隋朝的"貌阅"制度,要严查年龄,以防止有人虚报年龄或假冒残疾来逃避赋役。人们根据年龄大小,分为"黄小中丁老"五个档次。因为还有团貌程序,"唐代的户籍档案通常还记录有人户的体貌如肤色、身高、面部等特征。"在敦煌出土的唐代籍账残卷中,就发现不少户籍资料都注明了诸如"右足跛,耳下小瘤,面有黑子"之类的文字。① 这些对个人体貌特征的描述可以防止作伪,也可作为居民脱籍逃亡后的追捕线索,成为国家治理的基本数据。这些信息虽然没有当今时代指纹识别或面部识别的精准度,但貌阅制度已经达到了古代社会技术条件下的极限,实现了较高程度的清晰化,社会计算也达到了很高的水平。

也有学者指出:"由于基础信息能力的严重不足,国家不能清晰地了解

---

① 曾庆江. 户籍册上的古代中国[J]. 农村·农业·农民(A版),2014(12):55-57.

社会";由于很多社会事实难以科学测量、无法获取信息和难以进行计算,因而也无从进行有效的分析和预测,最终制约了国家治理的效果。"政治过程具有黑箱性,公开性和透明度不高,社会无法有效理解国家。"①大多数时候,国家与社会之间信息不对称,也缺乏相互理解。传统社会的政府奉行"愚民政策",所谓"民可使由之、不可使知之",不让人们接触和了解政府及其运行的情况,增加了治理过程的模糊性及不可见性,因此也具有不可治理性。但随着民主和法治的进步,政府不仅可以创建更为清晰的权责关系及其治理过程,也可以更好地实现社会的清晰化,提高国家治理的效率。

卡蓝默也指出:"眼下的治理与科学生产体系一样,基于分割、隔离、区别。职权要分割,每一级的治理都以排他的方式实施其职权。领域要分割,每个领域都由一个部门机构负责。行动者分割,每个人,特别是公共行动者,都有自身的责任领域。人与自然隔离,经济和社会隔离。这个隔离的原则在公共机构的运作中所分的层次更细,政治与行政要分离,领导和执行要分离,实施和评估要分离。对明晰的追求,出发点是良好的,即需要摸清事实,区分权力,明确责任,但是当问题相互关联时,当任何问题都不能脱离其他问题而被单独处理时,仅在一个层次上处理,由一个行动者处理,这种清晰结果反而成为效率的障碍。"②未来的治理将不是以个体为中心,而是将关系放在制度设计的中心位置。这些提供了在复杂社会中探索治理变革的重要启发。

最后,国家治理的过程是以国家权力为中心的国家与社会互动的过程,必须要深入获取和加工相关的信息,对社会事实进行全面计算,使社会变得更加可见、可测量和可操作。社会事实的清晰化是国家治理的前提,也是国

---

① 唐皇凤. 我国城市治理精细化的困境与迷思[J]. 探索与争鸣,2017(09):92-99.

② 皮埃尔·卡蓝默. 破碎的民主——试论治理的革命[M]. 黄万盛译,北京:生活·读书·新知三联书店,2005:序言11.

通往善治之路——现代国家的治理技术及其运作逻辑

家治理的结果。随着现代国家职能和权限的拓展,国家权力与社会事实相互接近,不断生产出具有权威性的信息,不仅带来了社会事实的清晰化,也带来了国家与社会互动的社会事实,实现了权力与信息的"扩大再生产",其中权力依靠信息的支持而获得更加强大的支配和干预能力,而信息则在权力的支持下也获得了持续再生产的动力和资源,从而根据权力需要及其确定的标准格式来处理。这样不仅影响了社会事实本身,也决定性地影响了对社会事实的认知。

清晰化意味着国家权力渗透到社会之中,对社会事实进行权威的定义、编码和描述,将其写入国家的计算体系,国家的计算体系就是指关于分配资源和待遇的政策方案及其操作标准。国家从各个角度对社会事实进行监测和认证,将复杂的社会事实简化成可操作的社会符码,形成清晰化的社会地图,以解决国家治理主体的主观世界与社会复杂的客观世界之间的信息不对称问题。低度的清晰性意味着只要获取表面的、简单的和粗线条的信息,而高度的清晰性则意味着必须要获取有关社会事实多维的和细节的信息。国家权力对社会事实的接近、控制和监测,又创造新的社会事实,比如行政执法、绩效评估和土地确权等,最终不仅带来新的社会事实,也需要进一步的清晰化。

社会的清晰化主要取决于信息技术的发展。国家治理的意愿和雄心越大,需要掌握的信息就越多,清晰化的任务就越重。国家干预市场和管治社会的程度越深,试图将社会和个人牢牢控制在手中,推行事无巨细的国家干预政策,就必须要推进对相关社会事实的统计、调查和监控,掌握充分、全面而准确的信息,开展理性而适当的社会计算,比如根据具体的指标计算谁是符合条件的治理对象等。而退一步说,如果国家只是袖手旁观,国家治理的目标很小也很简单,那么国家权力就不必要渗透下去,也就不必要深入了解社会,比如国家如果不需要征税和征兵,就不需要统筹规划社会的人力资

110——

源,了解国民个人的状况也就变得多余。

此外,治理技术的发展,尤其是信息技术的进步,使得社会事实的信息化进而清晰化变得更为可能,更为可行,也极大地提高了国家治理的清晰度。高度可视化的社会与更为繁密的国家治理,两者可以说是相辅相成,互为促进。但信息技术的过度应用也会带来侵犯个人隐私以及信息安全等问题。信息技术并不能独立发挥作用,而是与日益密集的法律制度等套嵌在一起,导致技术应用的不确定性前景。最终来说,对于什么是更好的治理,不同的社会有不同的需求,不同的人有着不同的理解。信息技术的应用是不是一定会带来更好的治理,信息技术如何才能契合和服务于更好的治理,怎样才能有助于实现善治的目标,仍然是需要思考和探索的问题。

第五章 从"不讲道理"到"协商对话"的治理转型

在当前中国社会急剧转型的历史时期,曾几何时,从互联网到现实生活,社会上广泛出现了"不讲道理"的抱怨声和指责声,一些所谓"不讲道理"的人和事频频爆出,见诸新闻媒体的报道中,泛滥于网络世界,引起社会各界的广泛关注,激起热烈的公众舆论,人们各抒己见,口诛笔伐,表达自己的立场和意见。其中"不讲道理"指责的对象不仅包括政府及其官员,也包括了学校、医院、公司、企业等社会组织,还包括了普通群众。尤其是在当今网络化的时代,社会活动的频率越来越快,活动的范围不断拓展,"不讲道理"现象发生的概率也在逐渐提高,触发的条件更为多元,方式方法更加简单粗暴,人们也需要花费更多的成本面对和处理各种不讲道理的问题。

一般而言,"不讲道理"的现象就是指那些没有合法依据、缺乏正当理由、违背情理常识,以及任性恣意的话语和行动,比如乘客在公交车上暴打司机是不讲道理,个别人以上访等要挟基层政府谋求个人私利也是不讲道理。实际上,话语和行动是一枚硬币的两个面。行动需要用话语来辩护,而话语也表现为特定的行动。在一个理性和文明的社会中,人们都应该守规矩,讲道理,相互尊重,平等相待,协商对话。那么大量"不讲道理"的现象所折射出的是国家治理、社会管理和国民心态等方面的问题。这些不仅引发了大量的社会恶果,败坏了社会风气,激发了社会矛盾,增加了社会治理的成本,也提出了治理变革的要求。

第一节　社会"不讲道理"现象的弥散

很显然,"不讲道理"是一个否定句。要探讨这个问题,让我们先从"讲道理"的概念开始。在日常生活中,"讲道理"(也简称为"讲理")是一个妇孺皆知的常用词。所谓"讲理",顾名思义,就是讲明白理由,说清楚情况,做人办事要有充分的理由和依据,这些理由和依据应该合乎常理、法纪和人情。此外,"讲理"也包含了另外一层意思,要"讲理"而不是"动粗",要"讲道理"而不是"比嗓门大",更不是"比胳膊粗",通过理性、文明和守规则的方式来解决问题。

因此"讲道理"绝不是自娱自乐性质的个体行动,不是个人对自己的言说,也不是个人内心的自我对话,而是指向他人的社会行动,是政治沟通、社会交往和人际互动性质的活动。讲道理不是自己给自己"找一个说法",而是指一个(些)人或组织与另外一个(些)人或组织在沟通、交往、互动中的讲道理。"讲道理"首先要"讲",正所谓是"君子动口不动手",进行交流和沟通,而不是沉默不语,也不是自言自语,更不能直接诉诸强权和暴力,而是以理服人。

一、"不讲道理"现象的多重含义

细致说来,"讲道理"的"道理"具有多重的含义:首先,是"理由"的理,即说话办事要有正当的理由,要有根有据,而不能蛮不讲理,无理取闹,胡搅蛮缠;其次,是理性的"理",即说话办事都应该是理性、严肃的和认真的,是经过深思熟虑的,而不是非理性的、盲目冲动的及违背常理的;再次,是情理和法理的"理",即说话办事符合法律规范和人情世故的要求,遵循合法的或正当的行为规则,做到合理合法,入情入理;最后,是"公理""真理""定理""天道""天理"意义上的"道理",即要遵守客观规律,具有科学道理,主观符合客观,理论要接受实践的检验,符合一般的和抽象的公平或正义等社会价值观等。

"不讲道理"是"讲道理"的对立面,具有宽泛、模糊而含混的含义。从内容上理解,作为对于人和事所进行的评估,"不讲道理"是指没有依据、缺乏理性、逾越情理、罔顾事实、违背常识、脱离法纪约束等性质的说法和做法,涉及情、理、法等多个层面。从行动者角度来讲,"不讲道理"其实就是"讲道理"过程中的策略选择,即面对现实的分歧、矛盾和问题,人们一方面摆出讲道理的姿态,陈述自己的意见和主张,阐明言行的道理及其正当性,表达不满、愤怒和无奈等;另一方面指责对方蛮不讲理,把"不讲道理"的标签贴在对方身上,从而试图抑制对方的策略空间,让对方接受或服从自己的道理,按照自己的意愿去行动。

二、"不讲道理"现象的泛化

"不讲道理"现象也会偶尔见诸政府及其官员身上,一些政府行为可能由于本身决策过程的模糊化或者执行的简单化而被民众视为"不讲道理"。社会治理需要精细化且具有艺术性的治理技术,但部分官员在秉持追求治理效能快速见效化的价值观念下,受限于有限理性决策的个体能力、阐释的不及时性,以及信息收集的不完备性等因素,从而制定出看似"拍脑袋决定"的公共政策。例如,个别城市为了降低交通事故率和有效管理城市市容环境,忽略了部分民众出行的诉求,也没有制定相应的代替措施和进行合理的解释,便采取了"一刀切"的禁止共享单车的政策。

社会民众也有很多不讲道理的表现和行为,这其中既有个人品行缺陷所导致的蛮横无理、仗势欺人,也有出于博弈策略考虑而采取的撒泼耍赖、胡搅蛮缠、死缠烂打等。事实上,在社会民众批评政府及其官员(也包括企业)不讲道理的同时,政府与企业也经常指责社会民众"不讲道理",特别是对于维权、上访、行政诉讼和群体性事件中的民众,参与其中的社会民众往往被指责为是浑水摸鱼、要挟政府、漫天要价、犯上作乱、没有法治意识、提出过分的要求、绑架和损害公共利益、逃避个人责任等。在这种情况下,政府及其官员还动辄给部分骨干分子打上"刁民""恶势力""一小撮人""别有用心"等污名化的标签,将他们置于法纪或道德上的被动境地。

不容否认,当前社会不少领域仍充斥着不讲道理的事情,比如一些企业霸王条款满天飞,方便了企业自身的管理,维护了企业自身的利益,但却忽略、压制和牺牲了消费者的权益;人与人之间充满紧张和敌视,缺乏宽容、理性和平和,因为点鸡毛蒜皮的事情就爆发激烈的冲突,恨不得将人置于死地而后快;许多人欠缺规则意识,奉行以钱压人,以权/势欺人,以力服人,做人办事强制、专横和霸道……日积月累,社会上牢骚和怨气日渐高涨,充满了浮躁、焦虑和戾气,社会心态失衡。就像个别案例所呈现出来的,一些人往往因为一言不合或者是微末小利就大打出手,拳脚相向,甚至还会突破底线,走向极端。

不讲道理的后果是非常严重的。不讲道理的风气蔓延,诱发了人们之间更多的误解、分歧和冲突,加剧了社会的紧张感、焦虑感和挫折感,增加了社会运行的成本,也损害了社会发展的质量,尤其是加剧了社会的不信任,其中政府不信任民众,民众也不信任政府,民众之间也缺乏信任。越来越多不讲道理现象出现,整个社会最后都将变成无处说理的地方。个别人故意不讲道理，制造事端，裹挟他人或政府，绑架公共利益，把不讲道理当作谋求私利的工具，加剧了社会风气的败坏。尤其是政府如果还不讲理，人们有理无处说，有冤无处申，就只能诉诸强权、武力和无赖行径等，乃至出现各种讲歪理和拼武力的问题。

总之，由于社会缺乏理性协商和平等对话的习惯，讲道理既缺乏文化根基，也难以形成良好的激励机制和维持机制。经常出现的情况是：讲道理的人遵纪守法，按规矩办事，"按常理出牌"，却处处受气和吃亏，老实人反而变成了无用或无能的代名词；不讲道理的人任性妄为，蛮横无理，为所欲为，还恬不知耻地捞到好处，捡得便宜，洋洋自得。结果就像是"破窗效应"所表明的那样，在现实的博弈格局中，就会有更多的人选择不讲道理的策略，以至于也都变成蛮不讲理的人。就此而言，不讲道理把整个社会都拖入"向下堕落"的恶性循环中去，而不是"上升进步"的良性发展中去。长期以往，理性意识和对话精神愈发衰退，投机取巧的心态肆意蔓延，好勇斗狠的火星散落在社会的各个角落，随时可能引燃触目惊心的矛盾冲突。

质言之，"不讲道理"破坏了社会的规则，扭曲了社会的公平和正义，激发和加剧了社会矛盾，增加了社会治理的复杂性。在文明社会中，每个人都应该成为讲道理的人，都应该敬畏常识，尊重规则，按规则办事，维护规则的权威，但不讲道理的倾向蔓延，将各种规则踩在脚下，将社会变成混乱无序的"丛林社会"。为了维护良好的社会秩序，政府及其官员尤其应该带头讲道理，遵纪守法，依法行政，尽职履责，主持正义，创设和维护讲道理的制度机制，让社会民众可以有讲道理的地方，让讲道理的人能够得到应有的保障和支持。但如果政府及其官员也不讲道理，社会民众也就更加不知所措，只能滑向"不讲道理"的公用地悲剧。

第二节 "不讲道理"现象的话语逻辑

"不讲道理"是一种模糊且复杂的社会现象,有语言上的冲突,也表现为实际的行动,理念和行动是高度一致的,有强烈的社会扩散效应,牵涉多元的社会行动者,包含了大量败坏社会公序良俗的毒素,更是导致社会治理衰败的直接诱因。但其中主要是以话语为媒介的博弈过程,只有深入透视其中的话语逻辑,才能更好地理解这种现象,才能更好地引导和规制相关的问题。

一、"不讲道理"举动内含的价值理性

首先,人都是理性的。人们的行动包含特定的动机和目标,政府和企业组织的决策和行动,都是受到目标引导的。每个人都是精打细算的个体,各种行动都有其自己的规划和设计,政府和社会组织都有精心设计的目标体系,也是根据特定的目标和任务来处理相关问题。但无论是个人之间、个人与组织之间,还是政府与民众之间,立场、利益,以及诉求等都不可能是完全一致的,而是存在着广泛的分歧、摩擦和巨大的冲突,某些利益甚至是难以调和的,比如对于企业来说,女性职员在生理和生育方面确实需要更多的关照,性别的歧视损害了女性的工作权益,但在激烈的市场竞争格局中,企业的性别歧视自有其理性的盘算,也有不得已的苦衷。因此在利益冲突的情境下,冲突双方都有可能指责对方是不讲道理的。

同样值得注意的是,任何事物都具有多面性,利益关系是错综复杂的,包含了若干不同的维度,由于人们的偏好、立场和利益不一样,看待事物的

观点和思维是多种多样的。这就有了各种形态的"（道）理"，即关于事物正当性和合理性的观念体系，不同形态的"（道）理"的表达和呈现方式也各不一样，具体比如有人支持更多的市场自治，有人就主张更多的政府监管；有人支持网约车，也有人反对网约车；有人认为铁路国有好，有人则认为铁路私有好；等等。实际上，客观事实尤其是社会事务本身充满了多维的面向，可以被不同的人从不同的角度进行解读和阐释，因此很容易衍生出不同的"道理"。正如法庭上律师辩论各说各的道理一样，明确的法律条文都存在着不同的理解和解释方式，那么社会事务、行为和规则的模糊性和多义性就更加繁难复杂了。这就必然会带来不同道理之间的"打架"。

不讲道理作为社会观念的直接交锋，并不完全是社会混乱的直接表征。人们相互指责对方不讲道理，并不等于说对方言行完全没有任何恰当的理由，也并不意味着对方的言行根本不符合法纪或伦理的要求，而只是意味着冲突双方在讲各自的道理而已。古语云："势服人，心不然；理服人，方无言"，但由于没有形成彼此认可的共识，所以出现了相互指责对方不讲道理的问题，比如政府及其官员主要致力于为集体的、共同的或公共的利益而辩护，而个人则更多表达的是个人的诉求和愿望。如果双方缺乏有效的沟通和交流，都只是站在自己的立场去说话做事，"公说公有理，婆说婆有理"，谁也说服不了谁，那么最终就可能得出对方是不讲道理的结论，相互批评对方的不讲道理。

二、话语层面上的权力和利益较量

人们的语言交往不仅是个人、群体之间的社会地位和社会势力的交流、调整、比较和竞争，也是他们所握有的权力、资源、能力及社会影响的权衡过程。严格说来，不讲道理的话语是利益冲突的表现形式，显示出社会中不同价值、偏好、观念和思想之间的竞争,其中有些分歧和矛盾甚至是难以调和的。说到底,不讲道理的话语是为了利益合法性和正当性的斗争的一部分。作为象征性权力,话语不仅是沟通的手段,是社会实践活动的中介,也是利益的表现形式,也包含了复杂的权力关系。正如布迪厄所说:"社会中所发生的各种各样的语言交换活动,不仅实现了语言交换者之间的意义沟通、情感表达和思想意愿的交流,而且实际上也是建构、调整和协调他们之间的相互关系,以及与他们相关的一切社会关系,同时,也是进行和实现他们之间的权力较量、协调和权力再分配。"①话语的较量实质上是权力和利益斗争。

语言关系是符号权力的关系,是社会中个人和群体之间力量关系的显现。在当今信息化的时代,围绕不讲道理的社会冲突而形成的批判性话语,是转型时期社会冲突在话语上的反应。"不讲道理"是社会主体(包括组织和个人)进行利益博弈的重要手段,借此可以伸张自己的理由,获得舆论的支持,抢占道德的制高点,压制对立面的诉求及其策略,谋求解决问题的机会。反过来说,面对复杂而难以解决的问题,不讲道理也可以成为一种行动策略,为行动者争取到机会甚至优势,比如社会弱势群体面对无可奈何的强权,可能会运用过激或极端性行动等看似"不讲道理"的办法来要求"讨个说法",这就可以形成倒逼政府及其职能部门出面,获得协商对话及表达意见的机会。

在社会高度多元化的时代,具体的利益及其实现方式、实现过程都离不开正当性和合法性的支持。正如福克斯所述:"话语本身就是公共能量场"②,人们总是以话语为"意向性的社会行动"③,为自己的立场和利益争取

---

① 高宣扬.布迪厄的社会理论[M].上海:同济大学出版社,2004:172.
② 查尔斯·J.福克斯等.后现代公共行政——话语指向[M].楚艳红译,北京:中国人民大学出版社,2002:113.
③ 韩志明.从"独白"走向"对话"——网络时代行政话语模式的转向[J].东南学术,2012(05):76-87.

社会的正当性和合法性支持。但各种正当性和合法性资源不但是难以兼容的，也是相互竞争的。这体现在各个领域，也表现在各个层面。比如支持效率的理由和支持公平的理由是两套不同的话语，平衡个人利益与公共利益之间的冲突是永恒的难题，组织和个人都有着难以超越自我利益的利益刚性，甚至法律制度本身也充满了矛盾和冲突性的规则……这些最终导致人们在不同的话语中找到符合自己利益的要素，利用这些话语来维护自己的利益和诉求，最终不可避免地形成了多元道理的竞争和冲突。

由此可见，价值的多元化和利益的复杂化形成了社会主体不同的动机和立场，进而不可避免地带来了大量分歧、异见和冲突。在具体的社会关系中，社会主体如果各有各的道理，不同的道理相互对抗，谁也说服不了谁。其中人们为了伸张自己的诉求，同时压制对方的主张和要求，就会形成相互抱怨或指责对方不讲道理的情形，最终形成了冲突性话语的相互打架。事实上，几乎所有的利益冲突背后都存在着不同的道理，利益冲突的程度与不讲道理的量级是相互对应的。话语的冲突最终导致矛盾冲突的升级、公共生活的败坏，甚至是社会的撕裂。

第三节 "不讲道理"现象泛滥的因果机制

在一个日渐多元化的社会中，只有坚持平等的权利，提倡相互间尊重，建立明晰的规则，拓展多元沟通的渠道，才能更好地协调社会主体的关系，促进社会各方之间的协同合作，化解矛盾和冲突，建立和谐的社会秩序。不讲道理的现象归根结底是既有社会利益关系正当性或合理性的函数，也是多元社会中沟通交流失败的表征，反映出社会治理体系的障碍，尤其是治理技术的缺陷或失灵。进一步说，产生沟通障碍的原因是非常复杂的，其中既有体制和制度上的原因,也有个体性格和能力等方面的因素。

一、个体理性的缺失

因从小缺乏逻辑的训练,有很多人严重缺乏逻辑思维能力。无论是思考什么问题,还是做什么事情,这些人都缺乏理性的态度,不能客观地处理自己的思维、行为和感情,而容易出现表面化、片面化、简单化和情绪化等问题。在现实不平等的社会格局下,大多数人都容易屈从于权力的高压,受到各种现实利益的诱惑,而难以坚持客观、公平和真理,也很难自己去探索和发掘真知,更多的时候是放任自己毫无根据的猜疑和想象,甚至成为别人思想和观念的应声虫。在日常生活中,许多人可能习惯于左右逢源,模棱两可,是非模糊,还把这些当成是做人的境界和水平,而不是理性地对待各自的利益及其诉求,坚持公平和正义。在公共领域的争论中,人们通常从自己的立场开始,以不讲逻辑开路,以人身攻击收场,最后演变成两败俱伤的口水战,不仅不能解决任何问题,反而制造出新的问题。

二、信息不对称问题的存在

不讲道理是信息不对称的结果。由于社会各方之间缺乏持续沟通,不能清楚知道对方的想法和意见,难以从对方的立场去思考问题,就容易出现各说各话的问题。这首先是政务信息不公开,政府官员不能为其决策和行动耐心地去做解释和说明,人们就很容易认为政府的说法和做法是不讲道理的;其次,公民参与度不够,民众对政策过程缺乏了解,政府与民众缺乏良性的互动,就容易产生理解和认识上的偏差,形成误解和对立,比如政府煞费苦心引进大型的工程项目,有利于改善地方政府的财政收入,但由于决策过程缺乏透明度,最后民众就根本不领情,酿成激烈的抗议;最后,政府方面大量的暴力执法和政策突袭等性质的活动,简单粗暴,侵害了普通公众的正当权益,很大程度上定格了政府及其官员不讲道理的社会形象,而社会民众的不合作行动尤其是抗争性活动强化了"刁民"的标签,拉大了社会信任和理性沟通的鸿沟。在某种意义上可以说,不讲道理的现象既是信息沟通失灵的原因,也是沟通失败的结果。

三、官僚体制的话语传播机制

从本质上来看,"不讲道理"现象是官僚体制主导的科层制治理结构自上而下的单向权力过程及其话语传播机制的必然结果,也是信任缺失所带来的后果。官僚体制以专业分工为基础,具有理性化、技术化与专业化的特点,政府及其官员以技术专家和社会精英的身份行使权力,以居高临下的姿态进行社会管理和公共服务,把社会民众当作政府管理的"门外汉",形成的是"以自言自语或自说自话为主要特征的话语模式","在独白的行政话语模式中,政府的话语是垄断性的,一元化的,更是自我赋权的"。① 政府及其官员说什么就是什么,不容许下级有不同意见,更不允许社会民众的质疑和挑战。因此也就觉得没有必要跟民众进行解释和说明,既不习惯于讲道理,也不愿去讲什么道理,由此导致政府运作或政策过程及其话语形态具有自以为是、高高在上和专横强制的特点。

必须承认,由于现代政府治理任务非常庞杂,无论是政府还是企业组织,都越来越进入到标准化的流水线操作,很难就其工作向每一个人进行详

---

① 韩志明.从"独白"走向"对话"——网络时代行政话语模式的转向[J].东南学术,2012(05):76-87.

尽的解释和说明,为什么要这样做的道理——甚至在政府工作的人也未必知道为什么要这样做的原因,因此也就容易导致不讲道理的印象。比如,为了实现和维护公共利益,政府必须要大量地处分、限制和剥夺公民的权益,人们更多只能是被动地接受政府输出的结果,如果沟通和解释不到位,特别是在存在不同意见的时候,就很容易出现政府与民众各讲各理的情况。许多群体性事件就是这种不讲道理的逻辑的产物。一些政府及其官员忽略民意,缺乏对民众权利的尊重,没有听取民意的姿态和诚意,甚至把跟民众的协商对话当作是"不必要的麻烦事",因为"开放性、咨询性、解释责任看起来总是更耗费时间"。① 因此也就无所谓讲不讲道理。但这最终也诱发民众不讲道理,走向过激的或非理性的行动。

比如,《京津冀及周边地区2018—2019年秋冬季大气污染综合治理攻坚行动方案》(征求意见稿)规定,"采暖季期间(2018年11月15日—2019年3月15日),各地要加大施工工地管控力度,根据环境空气质量改善需求,制定土石方作业、房屋拆迁施工等停产停工方案,并向社会公开,接受社会监督。"虽然意见稿规定明确要求需结合实际情况制定措施,但还是引发部分民众和企业的担忧,担心不合理地搞"一刀切"。因此,政府在正式出台政策前,要广泛倾听民众心声和征求民众建议。对于这种直接影响市场主体和公民行为的行政审批,政策的出台除了应该合乎法律程序之外,还应当合乎正常的情理。如果政府不能讲出令人信服的道理,民众也就无从理解政府措施的必要性与合理性,其结果就难免是批评、抵制和抗议。②

---

① 戴维·毕瑟姆.官僚制[M].韩志明译,长春:吉林人民出版社,2005:107.

② 政府行政需讲道理[EB/OL].http://news.ifeng.com/opinion/detail_2008_04/28/1305665_0.shtml.

四、利益关系的错位

严格说来,不讲道理从根本上说是利益冲突的结果。当前社会普遍的不讲道理的问题,直接源自于社会利益关系的扭曲和错位。在社会转型的过程中,沧海横流,社会利益关系急剧调整,许多人利益获得的过程尤其是资本原始积累的过程充满了各种不规范甚至不公正的东西,许多东西还见不得光,也难以给出自圆其说的解释,甚至还在继续利用不公正的规则体系来维护自己的特权和利益,比如垄断行业的超额利润以及许多企业 20 年不给员工涨工资等。这些不讲道理的问题固然与个别人的任意妄为和蛮不讲理有关,但其中最主要的问题还是公共权力缺乏制约、资本意志的随意和组织权力的滥用,以及由此而造成的个人权益往往难以得到应有的保障。由于很难为各自的利益找到正当的依据,或者是无法给出令对方信服的道理,结果引发话语的打架,陷入"公说公有理、婆说婆有理"的境地。

对于个人和组织来说,做正确的事是非常重要的,而说恰当的话也非常重要。企业的经营管理者如果说错了话,就能立刻造成公关危机,引起消费者的反感,损害企业形象,甚至失去市场。同样,政府官员可能缺乏与民众讲道理的能力,在面对公众和媒体时不会说话,或者说了不恰当的话甚至是说错话,比如新闻媒体频频爆出一些官员的雷语,例如"你为党说话还是为人民说话"等,完全不符合公职人员应有的身份和立场,引发了社会公众的反感和不满。

第四节 迈向广泛多层次的协商对话

目前来看,不讲道理现象的泛滥,已经引起了社会的广泛关注,也引起了研究者的深入反思。话语的斗争也是权力关系的较量。比如有学者认为,当前社会出现了不讲理的风气,"转变社会风气的关键在于——讲理"①。还有学者看到,网络时代,政府和民众的沟通传输渠道虽然向便捷化发展但同时会存在更多的杂音,走出行政话语的危机就是要从"独白"的话语模式向"对话"话语模式转变,实现双方之间的平等互动,理性对话。② 这些观点都是非常富有启发性的。

讲理是社会文明的底线要求,也是文明社会的基本标志。"现代文明是理之文明。"人人通过讲理来解决问题,才能形成一个平和健康的社会。③ 中国人自古就说,"有理走遍天下,无理寸步难行",其大致意思是,无论是做人还是做事情,只要是有道理和讲道理的,就是对的,就可以无往而不胜,但如果没有道理,不符合法纪和情理,就会处处碰壁,行不通。这里的关键就是一个"理"字,即你凭的是什么理,根据什么理来做事,讲的是什么理。虽然这一点在实际上很难做到,现实中到处充斥了不讲道理的问题,但这确实很大程度上为"讲道理"提供了强有力的道义支持和正当性辩护。

在日常工作中,人们经常说的是,要"以情感人,以理服人",通过讲道理达到交流和沟通的目的,获得各安其位各司其职的效果。在处理社会关系

---

① 蒋德海.转变社会风气关键在"讲理"[J].探索与争鸣,2012(01):23-25.
② 韩志明.从"独白"走向"对话"——网络时代行政话语模式的转向[J].东南学术,2012(05):76-87.
③ 蒋德海.转变社会风气关键在"讲理"[J].探索与争鸣,2012(01):23-25.

中,更需要通过和平和理性的方式来解决问题,避免矛盾冲突激化和升级。否则,一个不讲理的社会,就是一个狂躁而不安的社会,也是一个没有希望的社会。建构和谐社会,促进社会公平,提高人民群众的获得感和幸福感,必须要走出"不讲道理"的社会泥潭,解除不讲道理的行动逻辑所形成的路径锁定,大力建立健全"讲道理"的协商对话机制,真正建构一个公平、理性、平等和对话的社会。

由于政府的讲道理是关系到社会讲不讲道理的关键,本文下面主要以政府为着眼点,并主要从形式、内容和技术三个方面来展开思考,提出解决不讲道理问题的对策和建议。

表 5 - 1   不讲道理与协商对话的话语模式

	运动维度	实现方式	利益诉求	后 果	作用机制
不讲道理	单向运动	胡搅蛮缠	不正当利益	激发冲突	刚性紧张
协商对话	双向互动	理性对话	正当利益	凝聚共识	妥协兼顾

一、建立健全讲道理的制度机制

从形式上讲,不讲道理的问题说到底是一个沟通的问题和如何才能更好地沟通的问题。沟通是社会主体双边和多边的互动关系,沟通的失灵也与每一方都密切相关,跟各自话语的形式、内容及其策略密切相关。因此,从沟通角度去解决"不讲道理"的问题,需要利益相关者各方相互尊重,认真而诚恳地做好沟通工作,切实交换想法和意见,实现有效的沟通。

就政府来说,这首先是要深入落实《政府信息公开条例》等法律法规,提高信息公开的技术水平,深入推进政务公开,加大信息公开和数据公开的力度,提高信息的可得性、完整性、可靠性、及时性、准确性和无歧视性,积极打造阳光和透明的政府,让政府权力在阳光下运行,为政民沟通创造基本条件。

其次,要落实宪法规范,坚持依法治国理念,尊重和保障公民表达权、知情权、参与权和监督权等基本权利,拓展公民参与的渠道,建立健全公民参与机制,推动各个领域的公民参与,比如促进公民积极参与环境保护,提高公民参与的质量,尤其是要注意利用网络信息技术来提高公民参与的水平。

再次,要加快建立权威性信息发布制度,健全政府回应制度和说明理由制度,提高政府响应社会民众的水平和能力,做好政策法规的解读和解释,及时响应社会民众的重大关切,妥善回应民众的困惑和质疑,积极回应社会舆情中的热点问题,及时澄清不实传言,及时处理网络谣言等,形成风清气正的社会风气。

最后,要充分发挥互联网和新闻媒体在信息传播、议程设置和舆论监督方面的重要作用,为社会主体的平等交流建立开放的网络平台,让多元的声音都能得到表达,让各种道理都接受公开的检验和评估,特别是要注意让社会意见通过交锋来形成"自我修正"的效果,也使新闻媒体在权力监督方面发挥更大的作用。

二、规范和平衡社会的利益冲突

从内容上讲,各种不讲道理的问题说到底是权力和权利恣意的结果,尤其是对不正当利益的强词夺理。对此,必须要完善法律法规和规章制度,提高依法行政的水平,提高政策论证和宣传的水平,鼓励政府及其官员带头讲道理,学会讲道理,特别是学会与社会民众交流和沟通的技巧,夯实权力正当性和合法性的基础,强化对公共权力的监督,对政府及其官员的过错言行进行严厉问责,抑制偏颇的或错误的道理,大力伸张和播散好的道理,鼓励人们认真把道理讲好。

其次,要进一步深化经济体制改革,完善社会主义市场经济体制,节制资本的权力,既要充分发挥资本创造价值的应有作用,又要避免资本意志的膨胀,尤其是注意缩小贫富差距,保障弱势群体尊严,维护社会的公平正义,还要对劳动者进行赋权,提高劳动者的话语权,保障和支持劳动者合理合法的诉求,健全工资集体协商制度和机制,妥善解决矛盾纠纷,建构公平和谐的劳资关系。

最后,以推进社会法治化为基础,建立健全各个领域的规章制度,全面提升政治和社会运行的公开性、透明度和可参与性,逐渐将各个领域的"潜规则"都变成"显规则",把各种问题都摆到桌面上来谈,关键是打破权力迷信,破除关系主义,倡导公开公平竞争,遏制权力滥用、权力腐败和权钱交易,推动法治和民主之理的普及,开拓法治和民主的空间。

由于道德规范的约束力下降,社会又缺乏有效的惩恶扬善机制,不讲道理却得不到应有的惩戒,反而成为某些人任性谋私的法宝。实现国家治理现代化,建设和谐和文明的社会,就必须要深入厘清不同社会主体的功能、权责及其边界,理顺和协调相互之间的利益关系,从而为社会的和谐和平打下坚实的基础。

第五节 发展协商对话的治理技术

从技术上讲,不讲道理就一定会诱发更多的不讲道理,导致社会话语环境的恶性循环,引发更多的矛盾冲突。解决不讲道理的问题,必须要发展"讲道理"的技术,建构社会多元互动的平台,疏通政情民意交流互动的渠道,推进协商对话的制度建设,提高全社会讲道理的技能和水平,让人们有地方讲道理,学会讲道理,习惯讲道理,把道理讲好了。

首先,要解放思想,转变观念,开辟更多社会主体交流互动的网络平台,比如微信群和公共论坛等,培育平等、理性和妥协的社会精神,养成遇事讲理和协商的社会意识,制定谦和、克制和文明的公共行为规则,特别是建构说理和辩论的技术规则。无论是组织还是个人,都要认真讲道理,避免拼武力,既要避免以权压人,以势压人,也不能比勇斗狠,动辄采取极端手段来解决问题。

其次,要广泛建构协商对话的制度安排,比如环境圆桌会议等,深入开展多层次、多领域和多元化的协商对话。既要在决策之前开展广泛协商,也要在决策实施过程之中进行深入协商,真正做到"有事好商量,遇事多商量,做事多商量",众人的事情由众人商量,找到社会意愿和要求的最大公约数,为社会主体平等参与协商对话创造条件,让利益冲突各方都能坐下来协商,提高协商对话的能力和效力,在协商对话中凝聚共识,推进矛盾纠纷的解决。

再次,要提倡真诚和善意的表达,避免语言腐败和话语暴力,强化对不讲道理话语的公开检验,注意通过常规化和制度化的交流对话来优化社会资本,改进并重建社会主体之间的信任关系,比如政策制定过程中要严格落实公开征求意见环节,行政执法过程中要认真落实行政告知制度和说明理由制度,积极就其职权范围内的事务"进行公开的解释、说明和辩护"[①]。

最后,政府及其官员和社会民众都要自觉坚守法律和道德的底线,坚决避免不讲道理的诱惑,在持续的交流和互动中巩固协商对话的成果,使平等对话成为解决社会分歧和冲突的便利途径,更要依法抵制和谴责各种不讲道理的人和事,使不讲道理的言行没有市场,失去支持者,使讲道理成为人

---

① 韩志明.政府解辩性责任的理论逻辑和实践途径[J].北京行政学院学报,2009(03):33-38.

们的优选策略,带来现实的生产力,增加社会趋向和谐和稳定的信心和希望。

总之,在一个不讲道理的社会,社会关系只会不断地滑向恶性循环,所有人最后都不是获益者,都面临或多或少的效率损失。人与人之间不讲道理,个人之间相互缺乏信任,就会提高社会的矛盾纠纷水平,使得任何微小的问题都有可能引发激烈的冲突。政府与民众之间不讲道理,将会持续拉大相互信任的鸿沟,相互之间充满了对立和敌视,动辄是以恶劣而粗暴的方式对待彼此,结果将会导致社会治理的广泛失败。

信息是行为协调的基础,沟通是相互信任的前提,协商对话是建构社会和谐的重要途径。当前我国社会沟通正面临着信任缺失、沟通不畅、对话不足、协商不力等多方面的问题。走出社会沟通的泥淖,改进公共生活的品质,迫切需要落实中央关于推进协商民主建设的各项要求,坚持有事多协商,遇事多协商,做事多协商,每个人都要讲道理,而且要讲正确的和恰当的道理,从而做到化解矛盾,凝聚共识,提高社会的理性水平和文明程度。

从更深层次来说,"不讲道理"现象主要是权力失衡的科层制治理结构面对多元价值观所不可避免出现的问题,协商对话则意味着社会多元主体平等参与的开放和理性的公共治理机制。因此从"不讲道理"向"协商对话"的转变也是社会治理结构和机制优化的应有之义,是治理现代化的有机组成部分。就此而言,大力推动协商对话不仅能推动社会的透明、责任、信任和合作,而且也可以为解决错综复杂的社会问题找到一条新的路径。

第六章 群众路线与协商民主的技术比较

随着协商民主实践全球性的蓬勃发展,党的十八大报告首次把协商民主正式写进党代会报告,提出"社会主义协商民主是我国人民民主的重要形式"。党的十八届三中全会通过的《中共中央关于全面深化改革若干重大问题的决定》进一步指出:"协商民主是我国社会主义民主政治的特有形式和独特优势,是党的群众路线在政治领域的重要体现。""《决定》首次提出了协商民主与群众路线的亲缘关系。"①许多研究者论证了两者的一致性,比如社会主义协商民主是"贯彻群众路线的一个创新","一方面,党的群众路线是社会主义协商民主的灵魂;另一方面,协商民主是党的群众路线的机制保障和制度化体现"。②

需要指出的是,作为民主治理的实现机制,群众路线主要是针对官僚主义而言的,协商民主则是与选举民主相对应的,两者具有不同的价值禀赋、制度源流和技术传统,但归根结底都是处理民意的技术,都是为了更好地呈现、归总、吸纳和整合民意,将公共决策建立在充分而恰当的民意基础之上,

---

① 方刘松,曾宪亢,蒋建新.互契、互济与互生:协商民主与群众路线的关联性研究[J].求实,2014(10):65-70.

② 邢元敏.协商民主与群众路线[J].求是,2014(10):39-41.

提高民主治理的合法性和有效性。那么群众路线和协商民主究竟存在哪些方面的共通性，又具有什么样的差异性，两者有什么关联呢？这里主要以民意为中心，从技术的角度对群众路线和协商民主进行阐释，对两种民主机制进行结构与功能分析，阐明各自的内涵、特性及优劣利弊，最后提出两者相互融通和相互借鉴的思考。

第一节　作为民意处理机制的群众路线

群众路线是中国共产党在革命、建设和改革的长期实践中创造和发展起来的，也是与中国共产党的历史和命运紧密联系在一起的。群众路线是中国共产党领导经验的深刻总结，是中国共产党的优良传统和政治优势，是中国共产党集体智慧的结晶，是毛泽东思想活的灵魂之一，是马克思主义与中国社会实际相结合的重要产物。

一、群众路线思想观念的历史演变

早在土地革命时期，中国共产党就认识到了依靠群众和深入群众的重要性，也有了"群众路线"概念的表述。从抗日战争时期到解放战争时期，毛泽东、周恩来、刘少奇等老一辈革命家反复阐述和强调了深入群众、动员群众、宣传群众、教育群众、尊重群众和关心群众的重要性，身体力行群众路线，使群众路线不断发展成熟。1945年，党的七大将群众路线的基本精神和主要内容载入党章，标志着中国共产党的群众路线趋于完善和成熟。

新中国成立后，党的领导人根据形势的变化继续强调群众路线，对群众路线进行理论上的探索。1956年，邓小平在党的八大上做《关于修改党的章程的报告》,从群众观点和群众路线两个方面对群众路线进行了重申和强调。1981 年《关于建国以来党的若干历史问题的决议》明确:"群众路线,就是一切为了群众,一切依靠群众,从群众中来,到群众中去。"1982 年党的十二大修改的党章又增加了"把党的正确主张变为群众的自觉行动",从此群众路线发展成为表述完整、内涵丰富并具有实践意义的政治理念。

作为中国共产党的"传家宝",群众路线是中国共产党人取之不尽用之不竭的力量源泉。每一届党的领导人都以不同的方式丰富群众路线的内涵,发展群众路线的形式。在新的历史时期,党的领导人和中央领导集体进一步丰富和发展群众路线的内涵,比如提出"三个代表"的重要思想和"权为民所用、情为民所系、利为民所谋"的观点等。党的十八大以来,以习近平同志为核心的党中央把党的群众路线确定为"党的生命线和根本工作路线",大力开展党的群众路线教育实践活动,继续深入贯彻党的群众路线。

在群众路线的内涵中:"一切为了群众,一切依靠群众"("两个一切")是群众观点,是群众路线的价值立场和精神内核;"从群众中来,到群众中去"("一从一到")是群众路线处理群众意见的操作性方法。毛泽东早在1943 年《关于领导方法的若干问题》中就指出:"将群众的意见(分散的无系统的意见)集中起来(经过研究,化为集中的系统的意见),又到群众中去做宣传解释,化为群众的意见,使群众坚持下去,见之于行动,并在群众行动中考验这些意见是否正确。然后再从群众中集中起来,再到群众中坚持下去。如此无限循环,一次比一次地更正确、更生动、更丰富。"①这阐明了群众路线处理民意的过程。

从实践或操作的角度来说,群众路线是公共决策的环节,"群众路线本

---

① 毛泽东.关于领导方法的若干问题[A]//毛泽东选集(第三卷)[M].北京:人民出版社,1966:809.

身也是中国特色社会主义民主的基本决策机制之一"[1],"群众路线实际上是一种决策模式",其决策过程由领导与群众的不断互动组成,[2]其核心就是通过搜集和整理民意来服务公共决策的需要。具体来说,群众路线的内涵分别对应于民意信息处理的基本环节,其中"一切依靠群众"对应于"向谁获取信息","从群众中来"对应于"征集群众意见","到群众中去"的目的是"把党的正确主张转变为群众的自觉行动",即用决策结果(信息)来影响群众。

二、群众路线技术的应用内涵

群众路线作为民意技术的具体含义在于:第一,群众观点规定了民意的地位。为什么要尊重群众? 为什么要重视民意? 人民是历史的创造者,群众是真正的英雄,人民群众是力量的源泉。只有紧密联系和依靠群众,顺民意,谋民利,得民心,才能得到群众的拥护,取得革命事业的胜利,使各项事业立于不败之地。一切为了群众,一切依靠群众,把群众的安危冷暖放在心上,坚持为人民服务的宗旨,坚持为人民谋利的正确方向,直接强调了群众的优先性和重要性。而群众的优先性和重要性不是虚的,而是体现为尊重群众的意愿、要求和智慧。要坚持为人民服务,必须要密切联系群众,遇事同群众商量,与群众同甘共苦,打成一片,尊重民意,重视民意,善待民意。

第二,"从群众中来"是集中民意进行决策的过程。正确的决策从哪里来? 如何才能做出科学的决策? 实事求是是党的思想路线,群众路线是党的工作路线。群众中蕴藏着发展的动力,饱含着创新的智慧,从农村土地承包责任制到民营企业的崛起,人民群众的首创精神都是推动变革的原动力。

人民群众及其所思所想、所需所要是最大的国情,坚持一切从实际出发,就是从最广大人民群众的利益出发,充分听取人民群众的意愿和心声。领导干部"应该是民众的朋友,而不是民众的上司,是诲人不倦的教师"①,弯下腰来做群众的学生,向人民群众学习,从群众的意见和诉求中了解民情,发现问题,集中民智,才能做出科学的决策。

第三,"到群众中去"是用科学的决策去影响民意的过程。正确的决策到哪里去? 怎么用来发挥决策的作用? 党的工作就是领导、组织、动员和教育群众。"到群众中去"就是要求领导干部去宣传和落实各项政策主张,用决策的结果来教育广大人民群众,把科学的政策主张变为群众的自觉行动。只有代表群众才能教育群众,只有做群众的学生才能做群众的先生。群众路线要求领导干部做群众的学生,掌握群众的意见和想法,最终目的是能够在处理群众意见的基础上形成新的政策,反过来对原来作为老师的群众进行教育和改造,让群众接受领导干部做出的决策,保障党的意志和要求得到贯彻实施。

根据《中国共产党章程》,民主集中制是群众路线在党的生活中的运用。"群众路线坚持'从群众中来,到群众中去'的过程与民主集中制'在民主基础上的集中和在集中指导下的民主'的过程是基本一致的,两者辩证统一,相辅相成。"②其中群众路线与民主集中制中"民主基础上的集中"相一致的:一方面,"从群众中来",就是发扬民主的过程,广泛征求各方面的意见;另一方面,分散的和个别的民意是粗糙的,必须要通过适当的整合才能成为决策的前提信息,这就对应于民主集中制的"集中"的方面。而且无论是群众路线还是民主集中制,行动体系的权力中心都在于领导干部或者上级。

① 毛泽东.中国共产党在民族战争中的地位[A]//《毛泽东选集》(第二卷)[M].北京:人民出版社,1991:522.

② 王乃波.群众路线和民主集中制的统一[N].学习时报,2014-08-25(008).

群众路线和群众观点是党的传家宝。在革命战争年代,贯彻和执行群众路线关系到党及其事业的生死存亡。在现代化建设的过程中,是否坚持和贯彻群众路线影响到党的执政能力、领导水平和决策质量等。在新的历史时期,群众路线的内涵也不断拓展和创新,比如在以"为民、务实、清廉"为主要内容的党的群众路线教育实践活动中,许多内容已经超出了传统群众路线的范畴。群众路线也成为推动工作的抓手,承载着政治和经济等方面的目的,比如"要通过党的群众路线教育实践活动促党风政风转变,实现经济发展、社会进步和民生改善"①。这些显示出群众路线的包容性和发展性。

第二节　协商民主的民意技术维度

众所周知,作为理想政治形态的重要概念之一,民主的本意是"主权在民""一切权力来自人民""人民的权力"或"人民的统治"等。民主是现代性价值的核心之一,是现代国家的重要标签,也是公共生活中的重要机制。民主政治的核心是主权在民、人民当家作主。现实的民主政治包含了不同的制度安排和运行机制,但都是统治合法性的通行证,是解决社会矛盾冲突的重要技术,是公共决策的重要机制。更为重要的是,无论是什么形式的民主,都是处理民意的技术,即通过特定的程序和方法来表达和处理民意,将民意整合到公共决策中去,指导和规范公共权力及其运行过程。

---

① 李克强:扎实推进第二批党的群众路线教育实践活动[EB/OL]. http://cq.ifeng.com/zheng-wu/lingdao/detail - 1_2014_05/29/2353354_0. shtml.

一、协商民主与选举民主的辩证关系

第二次世界大战以来,西方社会的主流观点认为,民主的本质是选举。[①]对于民主的实现形式,"人们首先想到的是在多党之间进行的自由的竞争性选举"[②]。受到选举民主实践及其理念的影响,社会中普遍流行的观点认为,所谓民主就是竞争性选择,民主就是选举,选举就是投票。有没有实行竞争性的选举,被视为判断政治民主化的标尺,也是检验民主与否的试金石。作为民主政治的实现形式之一,选举民主(也叫票决民主)无疑是经典的民主形式,就是公民通过平等的选票来表达偏好和意见,然后根据"少数服从多数"原则来计算选票,决定政治家能不能当选、政策方案能不能获得通过。许多已经实现民主化的国家,大都通过公开的选举来选择政治领导人或政策方案。

但选举民主并非表达和处理公民偏好的唯一办法。20世纪80年代以来,协商民主理论在西方兴起,以"协商为中心"的民主理论逐渐取代以"选票为中心"的民主理论,引起了社会广泛的关注和支持。从西方民主政治发展的脉络来看,协商民主是针对选举民主的缺陷——诸如代表制失灵、多数人暴政、政治冷漠和社会对立等问题而发展起来的,是与选举民主等相对而言的民主形式。相对于选举民主通过投票来表达和汇集民意形成最后的决策,协商民主通过协商来显示民众意愿,实现人民当家作主的权利。选举民主关心的是实现公民平等的投票权利,而协商民主关注的是让每个公民都能发表意见。"发声(voice)而不是选票,成为新的赋权方式。"[③]

从理论上看,协商民主的定义有很多,难以定于一宗。协商民主的方法

[①] 马德普.协商民主是选举民主的补充吗[J].政治学研究,2014(04):18-26.

[②] 王绍光.超越选主:对当代民主的反思[J].北大法律评论,2012(02):557-559.

[③] 马奔.协商民主问题研究[D].济南:山东大学,2007:16.

多种多样,各有其妙,比如公民陪审团、愿景工作坊或协商民意测验等,但其基本含义是比较一致的,即在公共事务治理的过程中,社会多元主体通过平等参与、相互尊重、理性对话来寻求解决问题的共识,做到既尊重多数人的意见,也照顾少数人的需要。多元、参与、公开、平等、包容、理性和共识是协商民主的基本主张和重要特征。协商民主尊重每个人的意愿和选择,强调公共理性在民主过程中的地位,着眼于提升公共决策的品质及效果。在协商对话的过程中,参与者相互陈述各种理由、回应各种意见,逐渐修正有局限性的观点,可以"使讨论和决策过程中的社会知识最大化"①。

民主的核心问题是解决社会分歧。而根据民意处理方法的差别,民主可分为聚合民主和协商民主。两者的前提预设是不同的,聚合民主假定人们的偏好是固定不变的,民主就是通过投票程序来实现选民偏好的聚合,最后根据多数原则来达成公共决策,而不提供任何程序让公民改变偏好。聚合民主以工具理性为基础,采用功利主义来处理个人分歧,容易产生政治冷漠症、多数人暴政和非理性结果等。协商民主承认多元社会的现实和社会分歧的正当性,认为只要提供参与的机会和必要的知识,个人是理性的和明智的,能够表达个人的意见和主张,而且通过精心设计的协商对话过程,个人偏好会朝着更理性、更利他和更可行的方向转移。与选举民主简单的数量对决不同,协商民主通过讲理、讨论、协商等方式来达成共识性决策,至少可以增进相互之间的谅解和尊重。

二、协商民主技术的应用内涵

协商民主作为一种处理民意的技术,主要可以从如下方面理解:首先,

---

① 陈家刚.协商民主引论[J].马克思主义与现实,2004(03):26-34.

从主体上看,协商民主的参与者是开放、多元的,处于平等地位。参与者相互倾听、响应并接纳他人观点,开展面对面商谈,拒绝强制、操控和欺骗。区别于选举民主,在协商民主中,公民选举出代理人,然后由代理人来表达和聚合民意,参与并做出公共决策。协商民主坚持公民而不是代理人的参与,依靠说服而不是强制来解决分歧与冲突,相信参与者是理性的和有能力的,人们能够通过深思熟虑来表达偏好,也能够根据具体环境的约束和互动各方的偏好修正自己的偏好,从而有利于形成普遍的和有担当的共识。

其次,从形式上看,区别于选举民主的投票活动,协商民主是以话语为中心的民主实践,人们在一个彼此平等和相互尊重的基础上自主地发表意见,展开对话、商谈和讨论,就共同关心的问题达成具有约束力的共识。与简单地通过标准化或符号化的选票来表达偏好不同,协商对话的过程是一个意见表达、交流和互动,以及相互协商的过程,民意信息更加多样、复杂和凌乱。民意的表达不是浓缩或简化在选票上的同意/支持或否定/反对等,而是体现为复杂的话语互动中,是在针锋相对或唇枪舌战中体现和实践的、"看得见的"、在场的民主。

再次,从过程来看,协商民主是直接民主或大众民主的特殊形态,其中参与者机会平等,可以避免权力、金钱和地位的禀赋所带来的影响,这里既没有领袖和领导,也没有穷人和富人。协商民主是参与者自主的民主,协商对话的过程允许每个人表达偏好,给予每个人均等的机会,展开自由和公开的对话,陈述自己的意见和主张及理由,也可以质询他人的意见及理由。经过面对面的对话,所有的参与者都可以对竞争性的观点进行认真的回应,做出深思熟虑的判断,从而逐渐缩小分歧,形成解决公共问题的共识性方案。

最后,从结果来看,选举民主的结果有可能演变成"多数的暴政",忽略和压制少数人的权力,决策的结果也可能被政治代理人的私利和偏见所挟裹,偏离了理性、宽容、公平和正义。但协商民主的程序正义可以保证不同的偏好和理由都获得表达的机会,参与协商对话的过程还可以发挥教育公民的作用,提高他们的表达能力、沟通技巧以及阐释和维护公共利益的能力,人们不仅将会从具有广泛共识的公共决策中获益,而且也可以从协商民主的操练中提升公民的素养、能力和美德。

此外,在投票体制下,数量庞大的选民分散投票,相互之间是平行的和疏远的,几乎不存在交流和互动。选票除了赞成、反对或是弃权等选择项,能显示的信息非常有限,但标准化或格式化的选票也方便进行高效率的运算,因此能够应用于大规模的社会人群。协商民主则主要是面对面的意见交流过程,参与者的个人化表达或话语包含了复杂而且不规则的信息,个人意见的循环互动形成了多中心的网络结构,最后形成的结果是个人意见的混合物,但面对面互动的时间约束以及参与者的能力差异等决定了协商民主只能适用于比较小的范围。

第三节 群众路线与协商民主的技术差异

中国协商政治的历史可以追溯到古代廷议制和谏议制的传统,①但西方协商民主概念的提出不过三十余年的历史。群众路线是中国最富有特色的本土资源之一,是与中国共产党的历史紧密联系在一起的。相对于群众路线,协商民主是一个舶来品,也是一个新事物。同时作为民主治理的技术,群众路线与协商民主具有多方面的一致性,也具有多方面的差异性。

---

① 司季勤,张国安.吸收古代政治协商精华 建设中国特色协商民主[J].贵州大学学报(社会科学版),2013(01):14-19.

一、行动主体

研究者通常认为,群众是"群众路线的主角"①。但需要注意的是,群众路线主要是对党员尤其是领导干部提出的要求,需要坚持、贯彻和执行群众路线的是党员尤其是领导干部。② 因为群众就在群众之中,与其他群众在一起,是无所谓联系群众和深入群众的,只有党员尤其是领导干部才需要"走群众路线"。从逻辑关系上讲,群众路线要求领导干部先"走群众路线",然后才是领导干部去组织和动员群众,联系和深入群众。群众路线组织和动员群众参与,目的是让他们给"走群众路线的"领导干部提供信息,其中群众主要是信息源的角色。领导干部把根据民意做出的决策拿到群众中去宣传和解释以及接受检验等,群众也只是被动的接受者和评判者。

故此,与流行的参与模式相比,"群众路线可以说是一种逆向参与模式"③,它所强调的是决策者必须主动深入到群众中去,而不是坐等群众前来参与,后者实际上可能会抑制群众的主动参与。如果说群众路线是以权力和领导干部为中心的,那么协商民主则是以权利和公民为中心的,后者的主角是平等的公民参与者。因为如果没有公民的积极参与,协商对话就无从谈起。群众路线要求领导干部应该怎么走群众路线,但却没有规定群众如何来配合领导干部走群众路线。协商民主则要求公民积极参与,踊跃表达,理性对话,承担责任,做出贡献。协商民主的制度安排和运作流程包含了大量对民众的明确要求,比如理性、尊重、包容、妥协和共识等,并且参与者彼

---

① 王绍光.毛泽东的逆向政治参与模式——群众路线[J].学习月刊,2009(23):16－17.

② 朱圣明.民主恳谈:新时期党的群众路线工作方法的创新[J].重庆社会主义学院学报,2015(01):72－78.

③ 王绍光.毛泽东的逆向政治参与模式——群众路线[J].学习月刊,2009(23):16－17.

此也寄予这些期许。

二、关系结构

党的领导干部和群众是群众路线中两类基本的行动者,群众路线的民意过程就是在两者的互动中建构起来的。在群众路线的语境中,党始终是主导者,群众则是受众,是被动的。① "在贯彻和执行群众路线的过程中,政府部门、党员干部是主导者,而人民群众是被动的一方。是否树立群众观点、坚持群众路线,对领导干部来说也缺乏硬性约束和程序规范,主要依赖思想觉悟和工作作风。这就使得群众路线在执行中存在极大的不确定性。"② 领导干部与群众的角色、身份和地位不同,具有很大的不平等性,领导干部拥有权力优势,居于支配和控制地位,两者的关系是根据权力对民意的需要而建构起来的。是否贯彻和落实群众路线既取决于自上而下的政治压力,也与领导干部个人的群众观念密切相关。当然,由此而导致的问题是,群众路线的制度化程度不高、高度依赖于决策者的个体特征和单位类型等。

协商民主的参与者都是平等的公民,是公民与公民之间的平等互动关系,所形成的是一个平行的和多中心的网络结构,而不是群众路线中以领导干部为中心的"中心-边缘"结构。公民参与者的话语权平等,都凭借个人的意见和主张来说服他人,任何人都没有凌驾于他人之上的权威性资源。除了个人思维和表达能力所带来某些影响力的差别,参与者之间不存在其它支配与控制关系。协商民主是基于社会解决矛盾冲突的需要而建构起来的,公众解决自身利益攸关问题的要求,形成了参与协商民主的动力。相对

---

① 余金刚.群众路线与中国国家治理:以国家和社会关系为视角的分析[J].社会主义研究,2014(06):60 - 65.

② 邓杨.推进协商民主与深化党的群众路线[N].光明日报,2014 - 08 - 27(013).

于党的领导干部需要与群众保持紧密联系的规范性要求,协商民主的参与者不存在这种约束和限制机制。

三、问题指向

坚持和贯彻群众路线主要解决的是党的领导干部脱离群众的问题,包括形式主义、官僚主义、特权主义和享乐主义等,实质上是权力失范的问题。相应的,群众路线工作主要着眼于党群关系或干群关系,包含了大量笼统、模糊而复杂的议题,其中不仅有思想和作风方面的问题,比如理想信念是否坚定,宗旨意识是否淡薄,是不是增进了与群众的感情、拉近了与群众的距离等;也包括法纪和监督的问题,比如是不是廉洁从政,有没有铺张浪费,搞没搞劳民伤财的形象工程等。这样将更多的问题纳入进来,拓展了群众路线的包容性、适应性和生命力,但也容易导致失去聚焦,流于形式。

就西方的语境来说,协商民主的对应性概念是选举民主,主要针对的是选举民主中存在的弊病,是为了弥补选举民主的缺陷和不足而发展起来的。与此不同,中国当代协商民主的兴起并非选举民主的弊病,而是其他因素合力的结果,其中的关键是,在当前治理转型的背景下,由于推行选举民主任重道远,所以需要先行先试先发展协商民主,建立和完善社会主义民主制度,满足社会民主化的需要,利用理性和平等的协商对话机制,来解决错综复杂的矛盾冲突问题。因此,推进协商民主的现实要求就是,建立协商民主的平台,鼓励公民积极参与,理性表达个人的意见、诉求和主张,探求解决矛盾冲突纠纷的"最大公约数"。

四、民意整合

"群众路线并不意味着群众直接决策,也不等于群众要怎么办就怎么办。"①民意是非常重要的,但民意也是多元、分散和零碎的,只有经过领导干部的整合,才能输入到政策系统中去。在群众路线的民意处理逻辑中,只有领导干部走群众路线,深入和联系群众,民意才能出场,而民意的甄选和整合都是领导干部的工作。领导干部是民意的把关人、筛选器和处理器,是民意处理的关键和枢纽。领导干部如何深入群众,联系哪些群众,是否吸取群众意见,吸收什么样的意见,哪些民意会被优先处理或给予重视等,都缺乏明确的标准和流程。民意的质量不仅取决于群众表达了什么,更取决于领导干部的偏好和选择。

"协商具有自由而平等的最终决策权。"协商民主并不否定领导干部在其中发挥作用,公民参与者凭借其意见和主张而影响他人,具有平等的决策权,而不是提出等待权威认可或接纳的意见而已。② 协商民主认可个人是理性的,拥有具体的时空条件下的知识,能做出符合个人利益和公共利益要求的判断和选择。人们平等对话,相互交流,相互调整,凝聚共识,并最终做出具有约束力的决定,而不是领导干部"回去研究研究后"单方面做出决定。当然领导干部也可以在协商对话过程扮演议题倡导者或秩序维护者的角色,甚至就是平等的多元参与者中的一方,但参与者才是信息的处理器和裁决者。

---

① 景跃进."群众路线"与当代中国政治发展:内涵、结构与实践[J].湖南科技大学学报(社会科学版),2004(06):5－14.

② 申建林,蒋田鹏.中国民主政治发展的"协商"与"选举"之辨——兼评"协商民主优先论"[J].武汉大学学报(哲学社会科学版),2014(01):23－28.

表6-1　协商民主与群众路线的比较分析

	协商民主	群众路线	核心问题
主体关系	公民-公民	领导-群众	是不是平等关系？
动员对象	社会民众	领导干部	对谁提出要求？
权力结构	权利本位·多中心	权力中心·单中心	谁拥有支配权？
决策之权	平等分散在参与者	集中在领导干部	决策权在哪里？
民意呈现	公民自主表达	领导干部垂询	民意怎么出场？
民意整合	公民相互调整偏好	领导干部酌情吸纳	信息处理器在哪？
处理结果	共识性方案/自我认可	正式决策/教育群众	民意有什么后果？
参与趋势	平等参与	逆参与	带来更多参与吗？
信息效率	质量高/效率低	质量低/效率高	信息水平怎么样？

此外,在群众路线的规范和中央对协商民主建设的要求中,群众路线的"从群众中来"和协商民主的"协商于决策之前"是相一致的,即广泛获取和吸纳民意。在决策达成之后,群众路线的"到群众中去",其目的是到群众当中去做宣传解释,教育群众,将党的正确主张化为群众的自觉行动,检验这些政策的效果。但"协商于决策之后"则主要是利益相关者就政策实施的广度、深度和强度,以及时机和条件等问题展开进一步的协商,以保证决策的有效贯彻和落实。就此而言,群众路线与协商民主也存在着微妙的差异。

第四节　群众路线与协商民主的相互融通

民主是现代政治的核心价值之一,搜集和整合民意是落实民主的操作性要求。民意实现的形式千变万化,但其实质是如何搜集、吸纳和整合民意,提高公共决策的合法性和质量。

一、群众路线与协商民主的实质一致性

群众路线和协商民主都是处理民意的重要技术,存在着多方面的契合性,比如都把坚持实现人民群众利益作为价值目标,都是党和国家决策的必要环节,都为人民群众广泛政治参与提供了必要渠道,都为密切党群关系提供了重要纽带。① 两者的一致性也可归纳为如下四方面:

首先,承认民意的优先性。群众路线和协商民主从不同的价值立场要求领导干部尊重群众、联系群众、听取群众的意见、实现群众的诉求,都不同程度承认人民群众具有价值或智识上的优先性,其中群众路线承认人民群众整体上的优先性,而协商民主承认个体的优先性,人民群众具有领导干部所不具备的信息和知识。民意是制定政策的依据,也是贯彻和执行政策的归宿,因此必须要建立适当的机制来获取或提取有价值的民意,将民意吸纳和整合到政策实践中去。

其次,民主决策的必要环节。民主化和科学化是公共决策的基本要求,其关键就是要尊重民意、吸纳民意和服务民意,提高公共决策的质量。领导干部坚持走群众路线,充分听取群众意见,确保决策顺应民意,集中民智,合乎民利,是人民当家作主的内在要求。协商民主要求坚持协商于决策之前和决策之中,通过协商对话来反映民众的意见和要求,致力于形成更高质量的决策,提高政策应用的效益,也是实现公民权利和公共利益的应有之义。

再次,公民参与的可行途径。不管是推进群众路线,还是实施协商民主,都可以缩短群众与领导干部之间的距离,创造了官意与民意接触和交流

---

① 董树彬.中国共产党对群众路线与协商民主契合性的探索[J].云南行政学院学报,2015(03):56-60.

的机会。领导干部走群众路线,深入到群众之中,征询群众的意见和要求,也就创造了民众参与的机会。在协商民主的过程中,领导干部不仅组织和实施协商民主,推动公民自主形成共识性决策,甚至还作为协商过程中的一方参与到协商对话过程中来,与群众进行交流和互动,提供了民意影响决策的途径。

最后,关注社会弱势群体。群众路线要求关心群众,特别是有困难的群众。正如习近平所说:"对各类困难群众,我们要格外关注、格外关爱、格外关心,千方百计帮助他们排忧解难,把群众的安危冷暖时刻放在心上……"①而协商民主的兴起正是为了突破选举民主精英主义的霸权,消解社会对弱势群体的压制,给弱势群体创造利益表达的平台,让弱势群体获得参与权、话语权和表达权。

二、群众路线与协商民主的多元差异性

民意是政治合法性的标尺,也是公共决策的基础。作为中国共产党的根本工作路线和根本工作方法,群众路线继承和发扬了传统民本主义的治理方法,以群众路线的名义推动领导干部接触、了解和遵从民意,打通官意与民意的通道,不仅能够建构权力的合法性,也有利于实现对民意的整合。在汇集民情民意、化解矛盾纠纷和改善党与群众的关系等方面,以领导干部为中心的群众路线不仅具有现实可行性,而且也具有显而易见的效率优势。在选举民主尚未全面付诸实践的条件下,群众路线对于提高党的执政能力、提高公共决策的质量、改善党和群众的关系、解决社会矛盾纠纷,以及提升

---

① 习近平系列重要讲话读本:让老百姓过上好日子[EB/OL].http://news.xinhuanet.com/politics/2014 - 07/10/c_1111559471. htm?src = se6_newtab&aduin = 113439217&adsession = 1405069706&adtag = client. qq. 5239_. 0&adpubno = 26248.

社会的民主化水平等,都具有积极的作用。

但必须要看到的是,由于群众路线主要是领导干部驱动和实施的意见征询过程,是通过自上而下的压力机制和督促措施来贯彻和实施的,民意整合的过程及其结果主要取决于领导干部的意愿和偏好,这就难以为广大群众提供持续进行平等参与和利益表达的平台,而由此形成的民意也容易出现曲解和变形等问题。以"领导干部"为中心(官主)的群众路线固然在定向了解和把握民意上显现出较大的主体性优势,但其"逆参与"的性质则在某种程度上抑制了公民参与的积极性和主动性,也难以促进公民权利意识和参与意识的提升。同时,随着群众路线日益正式化、制度化和规范化,导致难以形成新的操作化技术。

在我国当代社会转型的过程中,由于社会矛盾纠纷急剧增加,复杂的社会问题倒逼矛盾纠纷解决机制的改进和优化,以平等参与和理性对话为特点的协商民主应运而生。特别是在基层社会的治理过程中,协商民主通过平等参与、协商对话以及公民自决而成为"党的群众路线工作方法的重大创新"[①],体现出多方面的技术优势,获得了广泛的应用和发展。[②] 在当前社会主义民主政治建设的过程中,如何创造性地坚持、贯彻和发扬群众路线,仍然是党的建设乃至政治发展的重要内容。面对社会上层出不穷的社会矛盾纠纷,不断探索协商民主的新形态和新机制,努力推动以平等参与和理性协商的方式,解决涉及人民群众切身利益的社会问题,无疑还任重道远。

应当承认,协商民主与群众路线具有技术上的共通性,但也具有不同的价值关怀、知识传统、制度源流和技术特性。然而值得注意的是,从当前协商民主建设的实践来看,无论是在理论上还是在实践上,群众路线和协商民

---

① 朱圣明.民主恳谈:新时期党的群众路线工作方法的创新[J].重庆社会主义学院学报,2015(01):72-78.

② 顾盼,韩志明.基层协商民主的比较优势及其发展路径[J].行政论坛,2016(06):20-24.

主已经被严重混淆在一起的,似乎两者完全是同一回事,更常见的情况是,或者是以群众路线替换了协商民主,或者是协商民主消解于群众路线之中。由于群众路线所具有强大的习惯性思维和体制性力量,使得协商民主建设很大程度上被群众路线的惯性所吸纳,并且也是按照群众路线的规范和流程来操作的,从而丧失了其多元主体平等和理性协商以及最终由公民参与者做出共识性决策等重要特性。

作为一种充满生机与活力的民主形式,协商民主主要是西方政治话语体系中的概念。从西方协商民主的缘起来说,协商民主源自对选举民主的不满,是针对精英民主及其所造成的缺陷而发展起来的——如民意的偏差、精英的傲慢和民众的冷漠等。与选举民主所具有的代表性功能和合法性价值不同,"协商民主不是要解决什么人当选的问题,而是要体现公共问题决策过程中的民主问题"①。协商民主潮流的兴起就是要让公民权利回归个人,让公民自己对自己的行为及其结果负责,充分发挥个人的主体性和能动性作用,通过理性协商来形成公共决策,通过平等、理性、对话和共识等来解决社会问题,重建公共生活。

在当前协商民主"是党的群众路线在政治领域的重要体现"的规范下,用群众路线来统括和吸纳协商民主,以协商民主来充实和拓展群众路线,实现了两者的共赢,其中群众路线将从协商民主中吸取更为多元化的治理技术和更为丰富的价值元素(如平等、理性、参与、宽容和共识等),从而拓展群众路线的生命力、包容性和适应性,而协商民主也将从群众路线中获得更好的合法性资源和操作上的可行性,因为群众路线的操作规范能为协商民主提供现成的知识和方法,方便领导干部轻车熟路地按照群众路线的做法和经验去推动协商民主,比如联系群众、设置议题和形成决策等,还可以防止

---

① 龚群.中国协商民主与西方协商民主的本质区别[J].红旗文稿,2011(08):17-18.

协商民主过程中的无序化和不可控性。

但群众路线与协商民主也存在相互竞争的面向,具有相互学习的维度。比如,群众路线是以领导干部及其权力为中心的,由此形成的"领导干部-群众"二元结构具有强大的再生产能力,其中领导干部无法摆脱"官主"的路径依赖,群众也很难摆脱被动和边缘的角色,而协商民主的多元参与和理性对话的特性显然有利于打破群众路线中领导干部单边主义的"裁决"模式,推动多元参与的平等协商格局的发展;又如,由于现实中的协商民主通常存在着权威性不足、互动效率低、信息整合难和议而不决等困境,而群众路线中领导干部"官主"的权威化策略则可以为协商民主提供效率更高的决策和执行方案。

总之,民主的形式各种各样,但在技术层面上讲,其实质都是为了更好地吸纳和整合民意。良好的民主需要更多更好的民主技术。就像微服私访和选举民主等一样,群众路线和协商民主都是处理民意的重要技术,也是在长期的社会选择中形成的有效的民意技术。两者在结构、过程和方法等形式上各有特性,但实质上都是为了搜集和整合民意。作为民意处理的技术,两者既有内在的一致性,也存在多方面的差异性,还具有相互竞争和相互补充的维度。在推进社会主义民主建设的过程中,必须既要坚持和推进群众路线,又要大力推进协商民主建设,发挥群众路线和协商民主各自的优势,形成有效的互动和互补,从而更好地处理多元而庞杂的民意。

第七章 选举民主与协商民主的比较

民主是现代政治文明的重要标志。民主的实质是人民主权或主权在民，实现人民当家作主的目的。在实行民主政治的国家中，人民虽然作为整体名义上掌握国家权力，但国家权力实际上却是由具体的个人来行使的，因而民主也就转换成国家权力是否以及如何依据或遵从人民意愿和需要的问题。就此而言，操作意义上的民主就是民意处理的机制，①是将分散的个人偏好和意愿整合成公共决策的过程，其中包含了民意信息的表达、汇总、整合和利用等。作为两种基本的民主形态，选举民主和协商民主都是基于民意的治理技术，选举民主的"选票"，协商民主的"话语"，②都是特殊形态的民意信息，选举民主"以投票为中心"，是在一人一票的基础上通过"少数服从多数原则"形成公共决策。协商民主则是"以对话为中心"，通过自由平等主体间的沟通和对话来凝聚共识。③

伴随着20世纪80年代以来协商民主的兴起，对选举民主和协商民主的概念关系、历史演进、层次关系、治理效果和发展前景（比如两者孰优孰劣，

---

① 猪口孝等.变动中的民主[M].林猛等译,长春:吉林人民出版社,1999:5.
② 马奔.协商民主与选举民主:渊源、关系与未来发展[J].文史哲,2014(03):146–152.
③ 贾可卿.协商民主的价值及其局限[J].人文杂志,2008(04):67–71.

以及谁将替代谁）等的研究越来越多。这些研究对于厘清民主的概念、价值、运行及其机制等都具有重要价值，但却都很大程度忽略了民主政治的技术性质及其应用中的问题，①也没有深入考察民主机制的信息逻辑，即民主机制是如何处理具体而复杂的民意信息的，民意信息及其处理过程各有什么特点、功能和效果等。为此，本书将以信息为中心对选举民主与协商民主进行技术性分析，探讨两者结构、过程、结果以及应用等方面的特性及其差异性。这不仅是深入理解选举民主与协商民主的关键，也对推进民主政治建设具有重要的启示意义。

第一节　民意信息的功能定位及其交流结构

如果我们同意，"政治活动归根到底是一种沟通形式"②，那么民主就是以民意为基础的政治沟通机制，有关民意的信息贯穿于民主运行的各个环节。作为一种公共生活的重要装置，民主是吸纳和整合民意的技术，是公共决策的重要机制，具有广泛而深刻的政治、社会和伦理蕴含。充分的信息沟通有利于协调社会行动，但最终是为了解决分歧、矛盾和冲突。"如果在公共生活中，没有分歧，不存在相互竞争的人选或方案，所有人对所有事项的选择都是一致的，民主也就成为多余。"③因而，操作意义上的民主就是通过恰当地处理民意信息，达成合意的公共决策，解决社会的矛盾冲突，实现公平和有效的治理。否则，民主也就失去了存在价值。而民意信息处理的效

① 袁方成,张翔.使协商民主运转起来:技术如何可能——对"开放空间会议技术"及其实践的理解[J].甘肃行政学院学报,2015(04):55-71.

② 黑格等.比较政府与政治导论[M].张小劲译,北京:中国人民大学出版社,2007:153.

③ 申建林,蒋田鹏.中国民主政治发展的"协商"与"选举"之辩——兼评"协商民主优先论"[J].武汉大学学报(哲学社会科学版),2014(01):23-28.

率也就成为评判民主机制的重要标准。

一、功能定位:选人或决策

正如习近平指出的:"民主不是装饰品,不是用来做摆设的,而是要用来解决人民要解决的问题的。"①很显然,选举民主和协商民主作为两种典型的民主形态,都是解决国家治理问题的重要机制,都是通过处理民意来达成公共决策,但两者的问题指向是不一样的,功能定位是不同的,也形成了不同的信息交流结构。

选举民主的语言是选票,主要是汇集分散的民意,形成多数人的意见,主要解决的是自下而上的授权问题,因而通常应用在选择民意代表或领导人上。"选举就仅仅是选举代理人,不是制定具体的公共政策,选举只决定谁来制定政策。选举不能解决争端,它只决定由谁来解决争端。"②根据选举民主的运算法则,选票是民意的表达,多数选票意味着多数人的意见,决定着最后的输赢。通过定期的公开选举,社会根据票数来计算民意倾向,决定谁能获得胜利,获得执掌公共权力的资格。因此,选举民主就是按照多数同意机制为候选人赋予资格或合法性,选择作出公共决策的领导人,解决的是权力来源的合法性问题。这在操作上就是一个得票多少的问题,结果来自于对民意信息的计算。

"作为一种工具、手段和方式、方法,选举制度是实现民主必不可少的。"③就西方自由民主的基本立场来说,民主方法就是人民通过公开的和竞

---

① 习近平.在庆祝中国人民政治协商会议成立 65 周年大会上的讲话[N].人民日报,2014 - 09 - 22(002).

② 马宝成.如何认识选举民主与协商民主的关系[J].中国党政干部论坛,2013(07):19 - 21.

③ 胡盛仪,陈小京,田穗生.中外选举制度比较[M].北京:商务印书馆,2000:14.

争性的选举来挑选政治领导人。选举民主是当今世界公认的建构政治合法性的"通行证"，也是解决社会矛盾冲突的重要机制。特别是在涉及具体的社会矛盾冲突时，"任何社会都需要在无共识的情况下解决冲突的程序化规则，相比较暴力等手段而言，投票仍然是可取的手段"①。在参与者各方对立冲突甚至于相持不下的时候，选举民主的"多数决定"提供了一个简易可行而又最可以接受的裁决机制。反过来说，选举民主在不同国家、地区，以及组织事务等层面中都能得到广泛的应用，也体现出其在裁决社会矛盾冲突以及选择政治领导人等竞争性问题上具有技术优势。

但选举民主只是民主大家族中的一员，正面临着"协商式转向"（deliberative turn）。②相对于选举民主来说，"协商民主试图解决的主要问题是公共政策的制定（即决策），而不是决策人（或领导人）的选举"③。协商民主定位于公民之间自由平等的交流和对话，其中也可能是激烈的争辩和尖锐的批判，以求消除分歧，求同存异，寻找解决问题的共同知识。参与协商的人也是解决问题的主体，而不只是选择来决定问题应该如何解决的决策者或领导人。协商对话的过程围绕解决问题来分享和交流信息，其中既是对现有知识的整理和发挥，也试图发展和衍生出新的知识。因此，就纯粹的形式而言，选举民主可以说是社会民众集体围观之下精英之间的对决，而协商民主更像是为解决问题而开展的（有可能是闹哄哄的）公开辩论。

正如研究者已经指出的，"选举民主选的是'人'，协商民主议的是'事'"④。从操作上来说，选举民主的技术是"数人头"（一人一票），而不是"砍人头"（暴力革命），即通过计算支持者与反对者（以及中立者）的数量而

① 马奔.协商民主的问题研究[D].济南：山东大学，2007：67.

② John S. Dryzek, *Foundations and Frontiers of Deliberative Governance*[M]. Oxford：Oxford University Press, 2010, p.3 - 10.

③ 马德普.协商民主是选举民主的补充吗[J].政治学研究，2014（04）：18 - 26.

④ 崔应美，梁月群.中国选举民主与协商民主比较研究[J].社会主义研究，2015（03）：57 - 62.

作出最终的裁决,体现了主权在民和自由平等等基本民主价值。当然,选举民主可以解决某些分歧,但也能制造出新的分歧,比如多数与少数的划分可能带来社会阶层的固化,而且选票的多数并不必然代表真正的民意等。但协商民主则更着眼于为公共决策寻找更好的知识,其中不同意见者的相互尊重和互相理解,鼓励利益相关者特别是弱势群体或边缘群体发出他们的声音,尽量通过共识来达成可接受的决策等。这些很大程度上可以消解和矫正选举民主难以避免的弊病,发展出解决问题的新知识。

二、交流结构:独立或交互

必须要注意的是,事物的功能决定了其所要采用的结构,但系统的结构也反过来决定着可能的功能。选举民主与协商民主不同的功能定位形成了不同的信息结构,而信息结构也决定了其功能及其实现程度。这里的信息结构是指信息运动的方向及其路线所形成的关系状况,包含了多个可见的维度,比如信息从哪里发出来,谁是信息的发布者,谁是信息的接受者,信息主体是如何互动的,信息互动的中心和边缘在哪里,谁对谁施加了(更多的)影响,信息的流量、密度及其增减情况如何等。信息的结构决定了信息处理的方式、信息沟通的状况以及信息处理的成本及其结果。

在可观测的层面,民主选举是以候选人为中心的信息互动过程,其中包括候选人的宣传和表达、候选人与选民的互动、候选人之间的辩论、选民之间的交流以及新闻媒体的参与等,各种信息自由而公开地流动,各种意见主张相互竞争,形成了巨大的信息竞争场。其中,候选人是信息结构的中心,主要是信息的生产者和发布者(信息源),向选民传播自己的竞选主张,也反对和批评其他候选人的主张,以影响选民的判断和认识,呼吁选民给自己投票;选民则处于信息结构的边缘位置,主要是接受候选人的信息及其影响,根据这些信息来作出判断,决定选票投给什么人。虽然候选人也会重视民意反馈,甚至是兑现竞选承诺,但大多时候选民很少能(即时)对候选人进行反馈,对信息过程施加个人影响。

在投票的过程中,选民的信号是平行流动的,基本上不存在相互参照或比对,也没有相互渗透或现场审查,也就是各投各的票,谁也不影响谁,而且匿名的投票机制就是要保证选民免于恐吓和威胁等,根据自己的真实意愿独立地作出选择。选民的偏好或意见通过选票无差异地表达出来,分散地聚焦于特定的候选人(或备选方案)上。由于选票上通常只有候选人的姓名等简单的符号,包含的信息量非常少,也很难引发深度的交流。所以作为选举民主的核心环节,投票过程的信息是单向流动的,投票者之间是没有互动的,是割裂的。信息的流量主要取决于投票(人)的数量,而且高度精简的选票信号可以形成非常通畅的信息流,不容易出现拥塞或偏差等问题。

有所不同的是,"协商不是一种单独的活动,它是一种包括两个或更多人的互动活动。我们可以单独地思考,但不能单独地协商"①。协商必须是多人参与的过程,个人既是信息的发布者,也是信息的接收者;既是信息的生产者,也是信息的消费者。信息在参与者之间来回流动,循环反复,形成的是一个均质而分散的网络信息结构,既没有中心(或者是多中心),也无所谓边缘。特别是协商民主是"在场"的互动,参与者的言谈举止、情绪态度甚至语音语调等都包含了丰富的信息,对互动过程产生微妙的影响。因而,信息都具有个人特性,也更加多样化。信息的流量和参与人数相关,但更取决于交流对话的频度、意见分歧的程度以及对话的激烈程度等。这些信息显然要比选票信息更加多元、丰富和立体。

---

① 转引自伊恩·夏皮罗. 最理想的协商?[A]//詹姆斯·菲什金,彼得·拉斯莱特. 协商民主论争[M]. 张晓敏译. 北京:中央编译出版社,2009:129.

信息流的方向是信息结构中的关键问题。[①] 选举民主是"点对点"的信息结构,参与者是碎片化的存在,参与者发出支持或反对的信号,信息从边缘地带向权力中心汇集,而很少在投票者之间横向流动,最后汇总形成投票的结果。而协商民主的信息过程是多向互动的过程,形成的是一个多中心或去中心的"点对面"的网络信息结构,参与者之间相互表达,不断地触摸分歧,寻求共识。不同的信息结构对应于参与者之间互动的情形,也反映并建构了参与者之间的权力关系,其中参与者通过控制和利用信息来服务于各自的目标,形成了参与者个人不同的主体感、效能感和参与体验等。

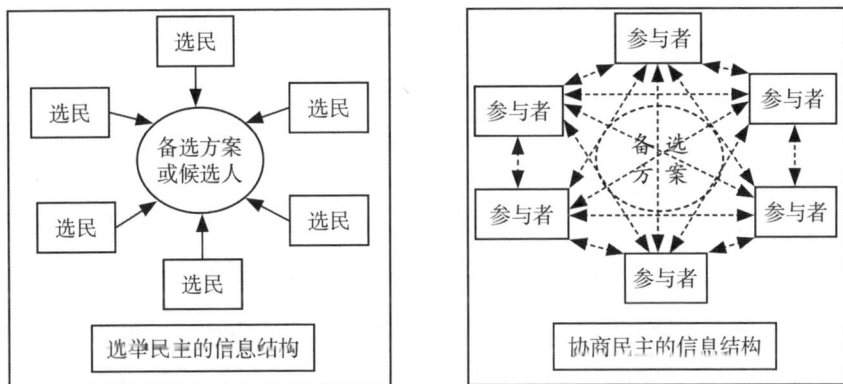

图 7-1　协商民主与选举民主的信息结构图

第二节　信息格式的特性及其过程差异

信息与物质和能量一样,是物质世界的基本要素。万物皆比特。"信息

---

① 埃冈·纽伯格等.比较经济体制——从决策角度进行的比较[M].吴敬琏等译,北京:商务印书馆,1984:55.

是事物运动的状态与方式。"①信息的符号或格式是信息存在的方式,决定了信息以何种方式得以呈现、传递以及处理,进而形成独特的交流和互动方式。信息运动的过程也直接反映信息本身的特征,尤其是信息所赖以表现自身的符号或格式。换言之,不同的信息表现为不同的符号,具有不同的格式,决定了人们之间的互动方式,比如:使用口头语言进行的交流,只能进行参与者相互看得见或听得到的在场的互动,受到规模和距离以及语言等的严格限制;而以符号为媒介的交流则可以超越地域范围、数量规模和个体特性的限制,开展远距离、不在场和大规模的互动,而且信息交流的效率也会更高。

一、格式特性:简化或复杂

解读民主机制的信息运动过程,首先要清楚民意表达的信息形态及其特性。民主机制的信息结构及其过程是与民意信息的特性相互建构的,也是相互匹配的。在协商民主的过程中,参与者平等地表达和交换意见,个人用不同的语言和逻辑来表达各自的偏好和意见,而且是用不同的语词、语速、态度及表情等表达出来的。话语信息的编码是随机的,使用的符号是任意的,更是高度个人化的,因而交流和沟通的方式及其策略都具有强烈的个人色彩,很大程度上反映了个人的自然禀性及其社会状况。作为信息的话语形式丰富,信息量非常大,但又是自定义的不规则的信息,因而是难以进行标准化处理的,而且随机的口语表达也会带来大量的冗余信息或无效信息,增加了信息处理的负担。

在协商民主的实施过程中,现场参与者既是言说者,也是倾听者,必须

---

① 孟广均等.信息资源管理导论(第三版)[M].北京:科学出版社,2003:7.

要现场对信息进行编码和解码,包括准确表达自己的观点,正确理解他人的意见,对他人的观点进行质证与反驳等。在这个过程中,由于受教育程度、经济收入、社会地位等,以及理解能力、表达能力和沟通能力的差异,作为协商对话过程中的"信息处理器",个人信息输入和输出的能力以及信息的质量及其效果也是有差异的,参与协商对话的程度是不一样的,并且很容易引发各种误读或曲解。因而,协商对话的过程很容易形成自说自话或各说各话的局势,互动的过程充满混乱感和无序性,甚至会由于表达和理解的偏差而放大既有的分歧,还可能会产生新的分歧,从而需要更多和更深入的交流对话。

如果说协商民主过程中的参与者是在场的和看得见的活生生的个人,那么选举民主的参与者则是匿名的、抽象化和符号化的选民。选民(自然人)具有不同的自然秉性和社会特性,比如种族、信仰、经济收入、受教育程度和政治倾向等,但这些个人化的特质并没有出场的机会(街头或者广场上的公开抗议或支持除外),选民具有宽泛而无差异的平等资格,简单的选票也无法加载和表达个人的信息。因此,不仅选民资格很少考虑不必要的个人和社会因素,而且计算选票也不统计(根本上是无法统计)任何个人化的特性和元素。否则,公共决策就根本不需要去计算选票及其内含的民意,而是去考量权力或金钱等其他社会因素就可以了,而后者正是民主政治人民主权原则和个人平等原则所要抵制和避免的。

在现代选举民主的操作逻辑中,数量庞大而千差万别的公民被简化为无差异的选民,除了必要的年龄要求和被剥夺政治权利等有限的资格限制外,基本上没有强加性别、种族、地域、财产等方面的约束,而选民所处理的又是精简和化约的标准化信息——选票,包含的是简约的候选人(或备选方案)的信息。选民可以公开获取有关候选人(或备选方案)的信息,只需要对候选人(或备选方案)作出赞成、反对或弃权的选择,就算是完成了投票的任务。标准化的选票把民意限定在非常有限的选择上，形成高度简化的信息输出，简化了选民投票的知识负担，方便选民作出合理选择，也有利于对选票进行大规模的加总计算。否则，任何过多或复杂的信息要求都会使投票过程变得非常复杂，难以运行和操作。

二、信息过程：对抗或调和

就此而言，协商民主中不规则的个人化信息决定了信息处理过程的成本是非常高的，其中参与者必须要进行复杂的信息处理才能进行有效的对话，这也对参与者提出了素质和能力等方面的要求，比如需要深入理解协商议题，专注于讨论过程，不断地根据他人的意见和反应来调整自己的语言、表达和观点，避免过激或非理性的言行等。但选票则是定制的格式，选举民主标准化的选票规定了民意输出的形式，无论是选民作出判断和选择，还是投票结束后进行记票，信息处理的成本都是相对较低的，技术门槛不高，也富有效率。由于信息成本是制度安排最重要的交易成本，是决定制度效率的关键，因此在民意处理的意义上讲，选举民主比协商民主的技术效率更高，成本则相对较低。

作为民意信息处理的机制，选举民主的信息法则主要是三个：①"标准化选票"法则，也可以说是信息简化法则；②"一人一票"法则，也可以说是信息平等法则；③"多数决定"法则，也可以说是信息公正法则。每一张选票都是等值的，通过简单的加减运算来计算民心向背。而且只需要对选票进行计算，不需要对选民个人及其相关信息进行甄选和评估，获得选票较多的候选人即获得最后的胜利，计算的结果是清清楚楚的，输赢胜败一目了然。这就是选举民主的技术逻辑。虽然简单选票论英雄可能会删削民意的厚度和广度,"多数决定的言外之意是承认互相冲突的个人利益是无法调和的"①,选举民主事实上对整合民意并不乐观,但这却做到了尽可能的简单化和透明化,形成解决问题的确切结果。由于处理的是标准化或格式化的信息,信息处理的过程可以是高度程序化的,可以减少个别人操纵或扭曲民意的可能性,实现程序正义。

马克·沃伦认为,"协商民主的关键在于沟通和说服,要想达成一种共识,从每个人的意见中产生一种共同的意见,就必须进行协商和沟通","在协商和沟通中,人们往往可以剔除偏见,在一些基本问题上达成共识"。② 协商民主过程的参与者是平等的,人们以各自的话语表达意见和主张,利用话语相互影响,以求达成共识。个人话语很多是主观信息,信息内容很难编码,也很难标准化和系统化,各种意见和主张必须要通过说理及其逻辑来说服其他人,任意的专横和权威的压制都是不允许的,甚至适得其反。但也正是话语信息及其表达方式的差异性,导致个人影响力的不平衡性,一些具有良好表达和沟通能力的参与者能够更多影响他人的观点和意见,从而主导甚至决定最后的协商结果。

从信息的过程(这个过程也需要从结果上得到印证)来看,选举民主与协商民主的一个重要差异在于,参与者的偏好是否是固定的以及是不是可以改变的。通常认为,选举民主理论假设"人们的偏好是给定的且无法改变的",而"协商民主则被认为是通过个体间充分的、理性的协商和互动以及信息传播,来影响乃至改变别人以及自己的偏好,从而形成共识和共同意志"③。实际上,竞选的过程当然也是试图改变选民偏好的过程,否则竞选就会毫无意义,因而认为选举民主无法改变人们的偏好主要是针对投票环节

---

① 刘军宁等编.直接民主与间接民主[M].上海:上海三联书店,1998:9.
②③ 刘玲斐,张长东.协商民主理论及其局限——对话马克·沃伦教授[J].国外理论动态,2016(01):1-5.

而言的,因为投票就只是让人们表达偏好,然后计算偏好的总量,而不是去改变偏好。而且由于投票过程是分散的、瞬间完成的以及具有低水平互动的特性,因而没有提供转变偏好的机会和可能性。

相对而言,协商民主拥有乐观主义的立场,相信人们的偏好是可以改变的,也通过交流和互动来改变偏好,"协商要求公民根据其环境限制和他人信仰、偏好来调整自己的偏好与信仰"[①],而且"面对面的直接交流"也被认为是"改变或强化政治观点的最有效的途径"[②]。通过个人间的理性协商和平等对话,人们表达自己的偏好和意见,相互听取对方的意见及其理由,可以促进理解,拓展见识,增进宽容,达成妥协和共识。如果说选举民主只是个人偏好信息的程序化表达及其加减运算,协商民主则不仅让个人充分地表达其偏好,还通过分享信息和质证信息等来改变各自的意见,对个人意见进行"否定之否定"式的整合。就此而言,协商民主的要求和任务显然要更加繁巨。

第三节　信息结果的性质及其检验机制

人性是不完美的,生活世界的冲突和分歧是难以避免的,除非任由社会自生自灭,否则各种矛盾纠纷总是需要作出适当的裁决。在多样化和差异化的世界中,全体一致的规则通常是不可能的,还存在个别人行使否决权来"敲竹杠"的危险,因此现实的民主机制只能根据"少数服从多数"的原则来作出决策。

① 陈家刚.协商民主:概念、要素与价值[J].中共天津市委党校学报,2005(03):54-60.
② 迈克尔·罗斯金等.政治科学[M].林震等译,北京:华夏出版社,2000:174.

一、信息结果性质：数量或质量

"投票是一种信号机制"，投票支持或反对等就是发出了满意或不满意的信号。① 选举民主通过选票来呈现和测量民意，选举的结果是选票的"物理"加总。但根据选票数量来决定胜败，不可避免地会是一种零和博弈，并具有某种"成王败寇"的色彩。这样不仅容易导致社会的极化甚至撕裂，也容易出现"多数暴政"的危险，忽视甚至压制少数人的利益和需要。

作为民主治理的技术，选举民主是决策机制，而不是思想原则，"他的价值取向是合理，而不是正确；其实质是求善，而不是求真，承认多数原则的合法性，并不意味着多数人的每个决策都是科学的，正确的"②。对于充满冲突性或竞争性的公共选择来说，选举并不是完美的方法，但却无疑是最为切实可行的技术，可以方便地形成有效的决策。投票的过程更多是选择可能的领导人或决策者，而并不是特定的备选方案，偏好和意见的表达是工具性的，而不是直接指涉需要解决的问题本身。由于普遍存在的信息不对称，许多参与者宁愿选择"理性的无知"，更何况很多人并不参与投票。投票行为可能是理性计算的结果，但也可能只是非理性或随意的表达。相应的，民意信息可以是真实的，也可能是虚假的。

如果说选举民主是"数量"导向的，计算选票更多是聚合大多数选民的共同偏好，寻找多数派的"众意"。而"对公共协商最好的辩护在于它更有可能在认识论上提高政治决策正当性的质量"③。协商则是"要找到正确的答

---

① 转引自托马斯·克里斯蒂亚诺. 公共协商的意义 [A] // 詹姆斯·博曼，威廉·雷吉. 协商民主：论理性与政治 [M]. 陈家刚等译，北京：中央编译出版社，2006：190.

② 李广民，张怀勋. 选举民主与协商民主之比较 [J]. 中国政协理论研究，2011(01)：37—41.

③ 詹姆斯·博曼. 公共协商：多元主义、复杂性与民主 [M]. 黄相怀译，北京：中央编译出版社，2006：24.

案"，"强调寻找正确的解决方法"，①因而协商民主可以说更多是"质量"导向的，即通过沟通和协商来达成更高质量的决策。协商的共识性结果不是个人偏好的简单加总，也不是原来某一种性质的意见和某一个人的主张，而是参与者个别的和分散的意志的"化学"融合，吸纳和融汇了其他不同的偏好和意见，最终形成的是体现社会民众共同意愿的公意，具有多方"共赢"的性质。

根据"一人一票"规则，选票的权重是绝对平等的，个人偏好的信息是完全等值的。选票的等值性保证每个人拥有同等的决策权，拥有影响公共决策的公平机会，因而具有形式正义的重要价值。其中的悖论在于，定制化的选票格式方便了民意的表达，具有容易操作的优势，但同时也限制了信息的表达，体现出良好的"降噪能力"，即个人只能按照既定格式进行有限度的、被规定的和可计算的表达，谁也不能支付更多的信息，因而也不会比他人有更多的影响力。严格来说，选举结果的信息量是非常有限的，即除了能说明支持者和反对者（包括不关心选举的人）的数量多少及其社会分布之外，很难深入反映不同选民对于社会问题的态度和意见，比如支持或反对的程度以及范围上的差异。

平等的协商必须是开放的和具有包容性的，意味着"所有相关的政治共同体成员在平等基础上参与决策"②。与信息的分散化状态相对应，每个人都可以参与协商对话，决策权是随机分布的。但即便保证参与者拥有平等的发言机会和发言时间，也难以消除由于不同思维水平、认知能力和沟通能力等而形成的个人话语权和影响力的不平衡。但良好的协商也具有培育理

---

① 转引自伊恩·夏皮罗：最理想的协商？［A］//詹姆斯·菲什金，彼得·拉斯莱特. 协商民主论争［M］. 张晓敏译，北京：中央编译出版社，2009：130－132.

② David Miller. "Is Deliberative Democracy Unfair to Disadvantaged Group?"［A］//Maurizio Passerin D'Entrèves. *Democracy as Public Deliberation*: *New Perspectives*［M］. Manchester and New York：Manchester University Press，2002，p. 201.

性、宽容和负责的公民的重要功能,这包括"建设性的交流,摈弃陈词滥调,诚实地传递思想,注意倾听并理解他人"①。通过呈现和质证不同类型的主张和意见,协商对话能促进不同观点与文化的对话,也可以增加社会知识。"更全面的社会知识可以更好地使他们做出明智的决策,以解决集体问题。"②

二、信息检验机制:选票或交流

进一步的问题就是,民主机制一定能达成更好的决策吗? 如何判断民主机制信息处理过程的效率呢? 怎样鉴别和检验民主过程的信息后果呢? 选举民主与协商民主的结果会有什么区别和差异呢?

从纯粹形式上讲,选举民主就是人民通过投票来作出公共选择,候选人(或备选方案)通过竞争人民的同意来获得胜出。虽然民意具有变动不居的性质,投票也只是暂时性地表达对于候选项的认可或反对,但不管最后的结果究竟是好还是坏,多数的意见都具有不受挑战的正当性。因此,投票的过程缺乏信息和知识的相互校验,可以说有很高的错误概率,但却不具有良好的纠错能力。比如,选票只是候选人获得合法权力的通行证,给予他们掌控和行使国家权力的机会,而并不能完全决定他以后应该做什么和必须怎么去做。长期来看,候选人的竞选承诺通常是不可靠的,选举的领导人及其所推行的政策等,都存在巨大的不确定性。要对他们进行全面评判,则至少要等到下一次的选举。所以定期选举的滞后性检验是选举民主难以避免的代价和风险,也削弱了其制约权力的功能。

---

① 转引自玛莎·麦科伊,帕特里克·斯卡利.协商对话扩展公民参与:民主需要何种对话? [A]//陈家刚.协商民主[M].北京:生活·读书·新知三联书店,2004:104.

② 陈家刚.多元文化冲突彰显协商民主价值[N].学习时报,2012-10-29(005).

如果说选举民主是候选人（或备选方案）的"赛马"，那么协商民主就是参与者及其意见和主张的相互竞争。协商民主是现场版的决策过程，参与者在场进行面对面的互动，相互沟通意见和主张，也要与相反的观点进行质证和争论，对他人的言行作出反应，包括说理、解释、论辩、辩驳以及相应的情绪和表情等。其中，参与者既要陈述自己的观点和主张，支持自己认可的方案，也要赞成或反对他人的意见，反对不认可的方案……每个参与者都能表达自己的意见，不同的观点都有表达的机会，倾听并考虑相同或相反的观点及其理由，就形成了对于个人意见或主张的现场校正，非理性的、不客观的或缺乏可行性和正当性的意见或主张就可能会受到不同意见的纠偏或矫正。

不难看到，相比于投票的情形，协商民主的参与者承担着更为复杂的信息任务，即不仅要处理形形色色的个人意见，而且还要考虑到个人意见的表达方式。在协商对话的过程中，参与者相互审查和检验彼此的意见和主张，能够避免个人或团体的专断和独裁，也能对更广泛社会成员的需求和利益更加敏感，有助于"发现那些基于脆弱偏见的政策"，削弱荒谬和狭隘的利益主张，"在充分获得那些对于实现社会目标而言的重要事实的信息基础上"作出公共决策，由此"通常会做出更好的决策"。① 对于精心组织并形成充分交流的协商对话来说，这些结果是可能的，也是可以合理预期的。不过也要清醒地看到，充分有效的交流并非轻而易举，而且还存在着包容性与协商的悖论，即参与协商活动的行为主体越是多元，进行理性协商的可能性就越小，反之亦然。②

---

① 托马斯·克里斯蒂亚诺. 公共协商的意义[A]//詹姆斯·博曼，威廉·雷吉. 协商民主：论理性与政治[M]. 陈家刚等译，北京：中央编译出版社，2006：190.

② D. C. Mutz. *Hearing the Other Side：Deliberative vs Participatory Democracy*[M]. Cambridge and New York：Cambridge University Press, 2006, pp. 84 – 124.

当然,选举过程中候选人围绕政策主张的公开辩论,以及社会舆论的积极参与,也可以形成对于特定意见的校验,至少能让选民看到不同的意见及其相互之间的差异。但区别在于,协商民主中参与者基于信息交流而形成现场的相互校验,信息的处理最终指向能不能形成共识性的决策,而选举民主则是基于党派及其候选人之间的意见竞争,然后由不确定的选民作出判断和选择,最终根据选票的计算形成确定的结果。

第四节 基于信息效率的民主机制的适用性

制度机制是人类知识的结晶,是优胜劣汰和社会选择的结果。如同其他社会制度的演进一样,国家治理技术之间也存在相互竞争,一些治理技术经过长期的试错和适应,才逐步演化为稳定的制度安排。国家民主化的过程是非常曲折和复杂的,充满了风险和不确定性。在应用和发展何种民主机制的问题上,每个国家都进行过艰难的权衡、比较和试错。最后的抉择既取决于特定的价值、权力和利益以及问题挑战等环境因素,也与民主机制自身的技术特性密切相关。得到普遍应用的民主技术不仅是可以解决问题的,也应该是简便的和有效率的。反之,如果民主技术的进入门槛非常高,需要苛刻的运行条件,操作上非常复杂,社会可能就没有条件或能力去选择并应用它,最终就会被历史所淘汰。

一、民主机制处理民意信息的适配性

民意具有复杂而多样的形式,包含了多维度甚至相互冲突的含义。对于实现主权在民或人民主权的目标而言,民意信息的处理无疑是民主治理的中心问题。民意信息与民主机制是相互匹配的,也是相互建构的。具体的民主机制是民意信息处理的工具,包括识别、汇总、吸纳和整合以及利用民意信息等。但任何民主机制也是有限度的,不可能处理所有的民意,都只能选择某些形式的民意来进行处理。实际的民主机制不仅规定了民意的内容及其表现形式,也设定了民意信息处理的程序和方法,形成了不同的结构、过程以及效率和结果,比如群众路线由官员"自上而下"地整合并吸纳群众的意见,具有良好的可行性和效率优势。[①] 反过来,解决不同性质的社会问题,以及解决社会问题的逻辑不同,就需要不同形态的民意信息,也需要不同的民主机制来进行处理。

从技术效率上来说,由于所要解决的问题不同,民意信息的形式大不一样,选举民主与协商民主各有其应用空间,也各有优劣利弊。选举民主所做的,主要是测量选民的支持或反对,因而设置了高度简化的信息格式,比如选票上只有候选人的名字,严格限制个人信息的输入,同时也是为降低信息支付的成本,让参与者根据编码良好的选票来作出选择。除去法律规定的一般性限制条件,比如年龄限制以及历史上的性别限制和财产限制等,选举民主对参与者没有提出知识和能力上的特别要求,民众只要具备基本的常识和理性就能够进行投票。正如胡适所说,民主宪政只是一种幼稚园的政治制度,[②]基本上不需要很高的知识门槛。[③] 就其对民意的聚合来说,选举民主是比较容易操作和实施的。不论是什么样的经济社会条件,只要人们能够参与作出涉及公共利益的抉择,就有了选举民主的生存空间。

---

① 韩志明,顾盼.民意技术的形与质——群众路线与协商民主的技术比较[J].河南社会科学,2017(08):8-15.

② 高力克.胡适的民主教育论[N].南方都市报,2012-2-24(AA31).

③ 在民主政治的历史上,"素质论"的观点一直是抵制民主进程的重要观点,即认为民众只有达到相当的素质,民主政治才能运行得起来。但从技术上分析,至少选举民主的信息简化体系实际上不需要选民有特别的素质和能力。尤其重要的是,民主的知识和技能都可以从民主实践中学习和积累而获得的。因此"素质论"也可以从技术上进行反驳。

运行良好的民主制度诚然需要公民更高的素质,比如权利意识、参与意识、责任观念和判断选择能力等。但高素质的公民并不是选举民主的充分条件,而只是选举民主的有利条件。参与者只要能进行简单地投票,就具有了某些民主的含义,而协商的过程则需要时间和精力去展开对话,进行比较深度地卷入。① 就此而言,协商民主的门槛很高,有效的协商对话要求参与者要具有相当的责任意识和担当精神,具备理性、知识、表达和沟通能力,能够察觉并辨识问题,积极地表达自己的意见和主张,清楚地陈述支持或反对的理由,展开充分而深入的协商。准确表达个人意见比埋头画票要困难得多,改变偏好达成共识就更加不容易。② 因而,就参与的可行性、有效性及其信息成本而言,协商民主比选举民主的技术条件更高。

表7-1　选举民主与协商民主信息处理的差异

	选举民主	协商民主
载体	一张一张的选票	参与者个人的话语
格式	官方制作的简化、清晰和标准的选票	个人自定义的充满弹性和歧义的话语
功用	挑选候选人或备选方案	达成共识性决策
结构	以候选人为中心的中心-边缘结构	基于参与人频繁互动的网络结构
密度	与选票的数量直接相等,信息均匀	取决于现场话语交互的频度和激烈程度
运算	一人一票,个人偏好简单的物理加总	相互处理他人信息,形成意见的化学融合
过程	容易计算,方便处理,成本较低	缺乏标准,聚合难度大,处理成本高
结果	零和博弈,偏差较少,确定性程度高	共赢结果,折中主义,质量更高

---

① 陈家刚. 协商民主:概念、要素与价值[J]. 中共天津市委党校学报,2005(03):54-60.
② 图木尔. 聚合主流民意是中国民主的重大课题——胡伟教授访谈录[J]. 探索与争鸣,2014(12):33-36.

二、选举民主与协商民主处理信息的差异性

选票是高度简化的标准化信息,选举民主主要是在限定的备选项中作非此即彼的选择,甄选的对象主要是人,而不是解决特定问题的行动方案。因此,选举民主的信号是非常清晰的,即或者是 A,或者是 B。选票的"信号虽然并不总是很清晰,但它比社会中存在的其他大多数信号要清晰"①。特别是选票的信息量是恒定的,即备选项的信号不可能临时或现场出现增强或减弱的情况。投票或者是有效的,或者是无效的,但每一票都是均值的,也是可以被计算得到的。选举过程的信息密度低,标准化的选票使投票简易且可操作,信息的流量也许很大,但信息的互动性较弱,信息流是畅通的,不会出现严重的信号失灵,因而具有良好的"抗噪"或"降噪"能力,可以进行清晰地表达和高效率地计算,最终结果也将具有较高的确定性,因而可以适用于不同规模的社群或共同体。

协商民主是多元主体的交流和对话,话语是自定义的不规则信息。在展开充分交流和互动的过程中,信息流动的频度和密度都非常高。很显然,人们用不同的方式和语词来说话,话语信息是高度模糊而混乱的,很难编码或转译为标准化或形式化的信息。个人的话语表达不仅包含了大量冗余信息,而且还相互制造大量杂音和噪音。与选票所具有的固定值不一样,话语信息以及话语表达的神态系统,都具有很大的伸缩性、可解释性以及不确定性等。随着参与协商的人数及其互动的增加,信息的数量、密度和量级都可能出现几何级数增长,可能导致协商民主不堪重负,无疾而终。因此,协商

---

① 托马斯·克里斯蒂亚诺. 公共协商的意义[A]//詹姆斯·博曼,威廉·雷吉. 协商民主:论理性与政治[M]. 北京:中央编译出版社,2006:190.

民主很难处理大规模的民意信息,比如成百数千人面对面协商就变得几乎不可能,有效的协商民主只能在相对较小的群体范围中开展。[①] 良好的协商必须要控制参与人数,控制互动频率和信息流量,提高信息处理的效率,最终获取高质量的信息。

选民根据"一人一票"的原则,处理高度简化的选票,落实了公民的平等权利,具有形式合理性。选票信息是单薄而均匀的,缺乏深度、厚度和差异性,因此信息含量和质量都是贫乏的。竞选过程的开放性允许人们相互施加影响,投票过程的隐蔽性也给个人选择留下了空间。但数量庞大的选民规模必然会削弱个人及其选票的分量,不可避免导致公民的低效能感甚至政治冷漠感。而协商民主主要是面对面地互动,每个人参与其中,表达自己的声音,其中信息是丰富而多样的,话语信息的含量可大可小,也可以带来良好的参与激励,提升公民的主体性和能动性,培育理性和负责的公共精神。但参与者个人能力的差异也带来了个人影响力的失衡,弱势群体或边缘群体的声音并不必然能得到更好的表达,这也制约协商成果的功能发挥。

在理想的情境下,由于各种意见和主张都可以得到表达和审查,协商民主可以较好地呈现和吸纳个人知识,形成更高质量的共识性决策,更好地兼顾或容纳各个方面的利益,也会有更高的认可度和接受度。不过共识性决策固然有"更大的诱惑性和道义优势",但事实上信息成本很高,也难以准确地对意见进行操作,还容易陷入决策低效的困境,甚至是"少数否定多数"[②]。

---

① 对于"面对面"协商的限度,美国政治学家达尔提供了一个有力的反证:"一天,如果一个团体想做出一个决定,假定每天有10个小时用于讨论,并允许每人有10分钟的发言时间——即使在最理想的状态下——这一团体最多也不能超过60人。"参见罗伯特·古丁. 内在的民主协商[A]//詹姆斯·菲什金,彼得·拉斯莱特. 协商民主的论争[M]. 张晓敏译,北京:中央编译出版社,2009:58.

② 图木尔. 聚合主流民意是中国民主的重大课题——胡伟教授访谈录[J]. 探索与争鸣,2014(12):33-36.

而且由于信息模糊和不透明,导致人们无法对参与者进行问责。^① 选举民主以选票为中心的信息过程相对简单、可操作,既能落实公民的平等权利,也具有公共选择的效率优势,虽然公民投票的参与度可能并不高,但形式合法性程度很高。因此,前者更适用于特定议题的深度商讨,发挥大众智慧来解决问题,后者更适用于公开选择政治领导人等,赋权政治精英来执掌权力。

总之,对于有效的民意处理来说,民主机制与信息形态应该是相互匹配的,应当根据民意信息的性质及其特点选择和应用恰当的民主技术。选举民主处理的是标准化的选票,技术门槛很低,运行条件也不复杂,操作上非常简便,具有良好的技术优势,可以广泛适用于不同规模的社会群体,用于解决高度竞争性的社会问题,有着广阔的应用前景。协商民主以话语为中心,信息过程更加复杂和丰富,可以解决民意形式化、简单化和符号化的问题,有利于形成更高质量的公意,发挥民意在公共治理过程中的功能性作用,但却也面临着严重的规模限制,而且还对参与者提出了技能和素质的要求,达成这些条件并非轻而易举。

当代人都知道,民主是个好东西,是值得期待和向往的。民主政治的核心要素是民意。“实现民主的形式是丰富多样的,不能拘泥于刻板的模式,更不能说只有一种放之四海而皆准的评判标准。”^②在高度混乱而复杂的民意情境中,选举民主和协商民主都是得到广泛应用且行之有效的民主机制,但两者都不是完美的——事实上也没有任何一种民主机制可以完美地处理所有多样、复杂且变化的民意信息,都各有其优劣利弊,也各有其适用领域,更不代表着唯一的和理想的民主形态。

---

① A. Schedler. "Conceptualizing Accountability" [A]//A. Schedler, Larry Diamond, Marc F. Plattner. *The Self-Restraining State: Power and Accountability in New Democracies* [M]. Boulder: Lynne Rienner Publishers, 1999.

② 习近平. 在庆祝中国人民政治协商会议成立 65 周年大会上的讲话[N]. 人民日报,2014 - 09 -22(002).

选举民主按照固定周期举行,通过选票信息来聚合民意,选票是高度标准化的信息,信息处理简单易操作,在处理大规模民意上具有良好的技术优势,是形成众意的重要途径,可以更多应用于裁决大规模社会中的公共选择问题。协商民主通过平等主体之间的理性对话来寻找解决社会问题的新知识,已经成为应对日益碎片化(fragmented)、复杂化(complex)以及动态化(dynamic)社会的补救方案,[①]有利于形成公意。但协商对话运用的是不规则的信息,很难进行标准化的处理,存在严重的规模限制,因而可以适用于解决基层社会具体而微的治理问题。推进民主政治的发展,应当清醒意识到两者的优势与不足,因地制宜,扬长避短,选择和运用适宜的民主技术。

必须指出的是,主要作为公共决策的机制,这里的选举民主和协商民主都是简化的"理想类型"(ideal type),但选举民主显然不只是简单的投票行为,其成本也不只是投票过程的信息成本,协商民主也不仅仅是利益相关者之间的坐而论道、唇枪舌战。事实上,任何民主机制都需要以一整套的政治和社会制度为基础,也包括前后相续的政治和社会过程。而且民意处理不仅是指可测度和可运算的信息,也包括许多隐性的或默认的社会知识。民主治理的效率也不完全取决于信息处理过程的效率,还与参与者的素质、制度安排的衔接以及社会文化支持等密切相关。

我们这里主要以民意信息及其处理为着眼点,分析了选举民主与协商民主的信息形态及其结构、过程和结果等方面的特性,深入揭示了选举民主与协商民主的技术差异,进而探讨其适用性的问题,而没有考察具体民意信息的性质和内容是什么样的,以及如何通过优化民主机制来改进信息水平等,比如如何辨别个人信息的真伪,如何获得深思熟虑的高质量信息,如何

---

① Eva Sørensen, Jacob Torfing. *Theories of Democratic Network Governance*[M]. Hampshire and New York: Palgrave Macmillan, 2007, p. 5.

更好地解决民主过程中的信息不对称,如何通过信息来实现更大程度的平等,以及如何生产或整合更有价值的信息和知识等,这些问题显然还需要进一步深化研究。

第八章 政协协商与基层协商的比较分析

党的十八大以来,中国共产党探索创新社会主义协商民主及其制度化理论,推进协商民主建设,对协商民主的认识不断拓展和深化,①社会主义协商民主理论也有了许多创新和突破。② 社会主义民主政治建设已经进入协商民主的时代。根据 2015 年中共中央印发的《关于加强社会主义协商民主建设的意见》(后面简称为《意见》),我国的协商民主包括政党、人大、政府、政协、人民团体、基层和社会组织七种协商渠道。

近年来,分别作为高度制度化的精英协商和相对非正式的草根协商,政协协商和基层协商都取得了显著的进步和成就,逐步形成了"有事好商量,众人的事情由众人商量"的协商文化,但也显现出多方面的重要差异。考察这两种不同形态的协商民主实践,深入呈现两者的差异性及其共性,是理解当前我国社会主义协商民主现状的重要切入点,也为思考协商民主的发展前景及其演进路径提供了重要启示。

---

① 潘娜,康晓强.十八大以来中国共产党对协商民主认识的拓展和深化[J].马克思主义研究,2016(02):112-119.

② 莫岳云,唐丕跃.十八大以来中国共产党对社会主义协商民主的理论创新[J].南京社会科学,2015(07):40-46.

第一节　政协协商和基层协商的"二重奏"

中国社会自古就有君臣议政或士民论政的优良传统,国家治理离不开官僚阶层或社会民众的建言献策。古代的政治协商活动起源于氏族社会的军事民主制,逐渐演变为国家政治制度的组成部分,主要体现为各种形式的"议政"活动,基本含义是通过讨论或协商来寻求解决问题的方法,具体包括政权体制之内的协商和政权体制之外的协商,前者即君民之间或君臣之间的协商活动,包括咨询、朝议或谏议等,后者包括士人的清议和基层的乡议等。① 在"皇权不下县"的国家权力结构中,基层社会主要依靠宗族和乡绅的力量进行治理,许多问题都通过柔性的商讨和多方的对话(如乡议等)来处理。

早在新民主主义革命时期,中国共产党在同其他党派团体和党外人士团结合作过程中,就形成了统一战线以及协商民主的工作方法。延安时期的"三三制"民主政权建设,把选举民主与协商民主结合起来,"可以说是协商民主的萌芽和雏形"②。伴随社会主义革命和建设的曲折历程,社会主义民主政治建设也在探索中前进。早在1991年"两会"党员负责人会议上,江泽民第一次提出了社会主义民主有两种重要形式——民主和协商。③ 进入21世纪,"协商民主"的概念逐步进入中央的正式文件,各种协商民主实践也

---

① 卢兴,吴倩.中国古代政治协商传统的思想内涵与基本特征[J].天津社会科学,2015(05):132 – 138.

② 贾庆林.健全社会主义协商民主制度为全面建成小康社会广泛凝聚智慧和力量[J].中国政协理论研究,2013(01):2 – 4.

③ 全国政协办公厅,中共中央文献研究室.人民政协重要文献选编(中)[M].北京:中央文献出版社,中国文史出版社,2009:506.

得到了党和政府的肯定。

《意见》对协商民主的制度化建设提出了系统的构想和具体的要求,明确了七种协商渠道,具体包括政党、人大、政府、政协、人民团体、基层和社会组织等,并对如何有序发展这七个协商渠道进行具体部署,即"重点加强"政党协商、政府协商、政协协商,"积极开展"人大协商、人民团体协商、基层协商,"逐步探索"社会组织协商。七种协商渠道构成了社会主义协商民主的完整体系,而不同的发展部署则体现了协商民主发展的有序性、层次性和不平衡性。实际上,由于主观和客观等多方面的限制,不同渠道的民主协商的发展进程是不同步的,不同协商民主形式落实的有限性也有所不同。

综观近年来协商民主发展的情形和态势,不同协商渠道"在各自的工作中都自觉不自觉地进行了大量的协商民主制度创新",但相对于人大、政府,以及人民团体等协商途径而言,人民政协和基层的制度创新最为显著。① 协商民主最为引人瞩目和最重要的发展主要出现在政协协商和基层协商两个领域。其他领域的协商(如人民团体的协商)则相对比较沉寂,暂时还缺乏亮点和新意。比如各地行政主导下的工资集体协商等,虽然有精心制作的光鲜亮丽的高覆盖率,但在"强资本弱劳方"的权力格局下,实际上大多都缺乏真正的协商,流于形式。② 政协协商和基层协商的并行发展不仅在各自的领域实现了横向的广泛覆盖,构成了纵向的多层格局,还构成了从"庙堂"到"乡野"的互补格局。

---

① 谈火生,于晓虹.中国协商民主的制度化:议题与挑战[J].华中师范大学学报(人文社会科学版),2017(06):30-39.

② 张辉,黄国轩等.工资集体协商面临作秀尴尬[EB/OL].http://news.163.com/15/0525/13/AQFE9P3K00014AEE.html.

一、政协协商议政的制度创新

作为最广泛的爱国统一战线组织和政治协商机构,人民政协以宪法、政协章程和相关政策为依据,以中国共产党领导的多党合作和政治协商制度为保障,"集协商、监督、参与、合作于一体,是社会主义协商民主的重要渠道"①。从 1983 年全国政协六届一次会议开始,政协全国委员会及其常委会会议、全国政协主席和秘书长会议都定期举行,也有专题协商、对口协商和界别协商等协商机制。这种协商议政的格局举办会议活动的密度低,会议总量比较少,政协委员的参与不足,协商的深度也不够,协商的时效性和实效性也难以保证等,最终制约了政协协商议政的功能发挥。②

党的十八大以来,按照党中央健全社会主义协商民主制度以及完善协商形式和增加协商密度的要求,2013 年 10 月 22 日,全国政协在继承传统"双周座谈会"的基础上,创立了"双周协商座谈会"制度。作为十二届全国政协加强协商民主建设最重要的一项制度创新,双周协商座谈会以专题为内容,以界别为纽带,以专委会为依托,以多向交流为方法,围绕切口较小的重要议题,以党外政协委员为主,有关部门负责同志参加,每次都定期举行,每年召开 20 次左右。截至 2017 年 11 月 16 日,全国政协共举办 75 期双周协商座谈会,进一步"形成以全体会议为龙头、以专题议政性常委会议和专题协商会为重点、以双周协商座谈会为常态的协商议政格局"③。

全国政协双周协商座谈会"把中共中央关于协商民主的要求嵌入其中,

---

① 习近平. 在庆祝中国人民政治协商会议成立 65 周年大会上的讲话[EB/OL]. http//news. xinhuanet. com/yuqing/2014 – 09/22/c_127014744. htm.

② 张月卓. 双周协商座谈会:人民政协协商民主的创新发展[J]. 中国政协理论研究,2017(03):30 – 34.

③ 俞正声作的政协常委会工作报告(摘登)[N]. 人民日报,2015 – 03 – 04(002).

将传统会议形式赋予新的时代内涵和功能设计"①,其性质和功能都有了"质的飞跃"②。相对于历史上的"双周座谈会","双周协商座谈会"具有多个方面的创新:①创新协商形式,缩减参与人数,座谈会规模保持在 20 人左右,突出了协商议政的性质,协商座谈会的质量明显提升;②议题更加全面而丰富,也更加具体化和有针对性,反映了政协协商议政能力的提升;③精心设计,按期举行,修订或制订了工作规则、大会发言规则、主席会议工作规则等制度规范,协商工作更加制度化、规范化和程序化;③④平等交流,深度对话,形成了一批高质量的协商成果,"有些意见建议很快得到了相关部门的采纳,直接推动了相关领域改革的进程"④,也提升了政协的影响力。

在全国政协双周协商座谈会的示范下,各级地方政协也陆续建章立制,探索建立地方版的定期协商座谈会。根据座谈会召开频率,地方定期协商座谈会主要包括三种模式,即以天津为代表的双周协商座谈会,以湖北和陕西为代表的月协商座谈会,以青海以及大多市县级政协为代表的双月协商座谈会。⑤ 地方各级定期协商座谈会通常由政协主席或副主席主持,会议规模大多在 15 至 20 人左右,参与者包括政协委员、行业代表、专家代表和相关部门负责人等。协商座谈会最后会通过专报、纪要、提案或建议案等方式提供给有关领导和相关部门。许多地方还开始探索网络议政平台,开发远程协商等。

总的来看,全国各级政协的定期协商座谈会丰富了政协履行职能的载

①④　张月卓.双周协商座谈会:人民政协协商民主的创新发展[J].中国政协理论研究,2017(03):30-34.

②　谈火生."定期协商"的制度变迁:从双周座谈会到双周协商座谈会[J].学海,2017(03):120-125.

③　刘维芳.从"双周座谈会"到"双周协商座谈会"——中国人民政治协商会议协商对话机制的历史考察[J].中共党史研究,2015(07):46-55.

⑤　谈火生.双周协商座谈会:人民政协协商民主的制度创新[J].国家行政学院学报,2017(02):41-45.

体,提高了政协委员的责任感和使命感;拓宽了协商民主的渠道和形式,完善了政协参政议政的格局;精心选择参与协商的人士,提高了协商成果的质量;促进了社会各界人士的互动和沟通,有利于社会各方面共识的形成;发挥决策咨询的作用,增强了公共决策的民意基础;发挥民主监督的功能,推动党和政府重要决策部署的顺利进行等。这些方面的功能和影响已经得到了初步显现,预期还会有进一步拓展和升华。

二、基层协商民主的新进展

长期以来,当代中国的协商民主理论与实践关注的焦点是在政治协商制度上,强调中国共产党同各民主党派以及无党派人士等的政治协商,而对其他领域的协商则关注不够,因此早期对"协商民主"的理解主要就对应于政协层面上的政治协商。上至中央下到地方各级政府,协商民主实践大多数都是在人民政协的平台上进行的,体现为从中央到地方为数不多的政治协商或政党协商活动,实践形态较为单一,议题范围也非常有限,发出的声音并不多,其他领域的协商民主则基本上无从谈起。

就基层协商民主实践来说,1999 年浙江省温岭市松门镇举办的"农业农村现代化教育论坛",开启了其后引人瞩目的"民主恳谈"的序幕,可以说是当代中国基层协商民主的源头。根据《意见》的界定,基层协商主要是指基层政府及其派出机关、城乡社区自治组织、企事业单位等召集村民或居民等以自由和平等的方式参与基层公共决策和社会治理的民主实践。基层协商以行政村、居民小区或社区以及社会组织等为基本单位。这些单位所管辖的人口不是很多,有大量牵涉到每个人切身利益的公共事务,其专业性和技术性较低,参与的门槛也不高,参与过程看得见,因此是推行协商民主的天然舞台。

基层协商民主的"显著特点就是以解决问题和化解冲突为导向"①,因此基层协商是基层社会矛盾冲突和治理困境倒逼的结果。改革开放以来,随着经济和社会的快速发展,社会利益关系发生了深刻调整,利益诉求也越来越多样和复杂,社会矛盾越来越多。由于利益表达渠道淤塞,制度化的矛盾纠纷解决机制效率低下,许多社会问题长期得不到顺利解决,导致基层社会一盘散沙,干群关系高度紧张,各项工作都难以开展。为此,地方政府努力寻找解决社会问题的新机制和新方法,以平等参与和理性对话为主要内核的协商民主也就应运而生,广泛用之于解决与人民群众息息相关的矛盾纠纷和民生问题,比如物业纠纷、小区整治、社区服务和价格听证等。

基层协商实践形式灵活多样,具体如村(居)民会议、村(居)民代表会议、村(居)民议事会、村(居)民听证会、农村一事一议制、社区协商议事会、村务监督委员会、企业工资集体协商、民主恳谈会、公民评议会、社区论坛、业主论坛、妇女论坛、民意调查等。随着互联网的应用和普及,一些地方积极运用网络工具(包括 QQ、微信以及网络社区或网络论坛等)来开展协商对话,网络协商民主也应运而生。互联网建立了超越时间和地域限制的"在线空间",分散的网民以文字、符号、图片和语音等表达意见和看法,分享信息、经验和思想,展开质疑、对证和辩论,具有显著的协商民主色彩。

党的十八大以来,在中央和地方多年的共同努力下,基层民主建设取得了重大成绩,党的领导在基层民主建设中充分体现,基层民主制度建设取得了重大进展,基层协商民主也呈现出持续发展的良好态势:到 2016 年底,全国各省(自治区和直辖市)都出台了关于加强城乡社区协商的实施意见,地方各级党委和政府把城乡社区协商纳入重要议事日程,结合实际制定了具

---

① 马奔,程海漫,李珍珍.从分散到整合:协商民主体系的构建[J].中共中央党校学报,2017(02):64 - 72.

体实施办法等;全国约85%的村建立村民会议或村民代表会议制度,89%的社区建立居民(成员)代表大会,64%的社区建立协商议事委员会,57%的村每年召开一次以上村民代表会议;全国98%的村制定了村规民约或村民自治章程,城市社区普遍制定了居民公约或居民自治章程,"有事要商量、有事好商量"已经在城乡社区蔚然成风。①

　　基层协商实践的蓬勃发展,形成了大量的成功经验,其中比较典型的包括浙江温岭的民主恳谈、四川彭州的社会协商对话、河南邓州的"四议两公开"、天津宝坻的"六步决策法"等,推动了基层治理的民主转型,但具体的机制、程序和技术还需要进一步规范和设计,对于协商什么事项、什么时间协商、谁来参与协商、如何启动协商、如何组织协商、什么人主持协商、协商对话的流程、协商结果的运用等,都没有明确的和系统性的规定。很多基层治理实践被冠之以"协商民主"的标签,但实际上却与协商民主的原则和精神相去甚远,而且普遍存在协商议题随意设置、协商过程"走过场"或"形式化"、协商程序不规范、协商结果难以落实等问题。个别的民主协商甚至成了领导者的"政绩秀",是敷衍民意的政治摆设而已。

第二节　精英协商与草根博弈的要素比较

　　人民政协定期协商座谈会是以政协为平台的协商对话,是精心设计的社会精英之间的理性协商;基层协商则是以基层政府、社区或社会组织等为基础的协商民主,是草根群众基于个人权利和权益的利益博弈。两者都是

---

① 党的十八大以来中国特色基层民主建设的显著成就[J].中国政协理论研究,2017(03):2-4.

当前社会主义协商民主发展的重要形式,但两者在参与人员、议题类型、组织以及协商成果等方面也都存在着较大的差异性。从要素上深入分析两者的差异性,可以更好地理解协商民主的组织实施过程以及运作情境等。

一、参与人员:社会精英与草根群众

政协协商由各级政协组织召开。政协定期协商座谈会的参与者主要是各级政协委员、特邀的专家学者,以及政府相关部门负责人等。大多数政协委员来自各民主党派、无党派人士、人民团体和社会界别等,可以说既具有良好的职业身份,也具有相对显赫的政治身份。据统计,全国共有3000多个政协组织,各级政协委员60多万人。[1] 政协委员是社会各界的代表,也是社会的精英群体。他们大都有一定的经济和社会地位,也有较大的社会知名度,掌握着很多社会资源,具有较大的影响力。专家学者以及其他受邀参与的行业代表等也都属于社会不同行业领域的精英。就此而言,政协协商的参与者属于具有专业化的精英协商的范畴,是"代表的协商",是为了他人的或社会的利益展开思考,但这种身份资格也导致某种程度的封闭性,因而只能是"社会精英的游戏"。各个参与者(个别行业代表除外)基本上与协商议题缺乏直接的利益关系,参与协商座谈会主要是工作职责或业务需要,而不是为了表达个人的利益诉求,因此存在着激励上的缺陷。

大多数学者认为,协商民主的"民主"是指受公共政策影响的所有公民共同参与集体决策,这在基层协商中得到了比较充分的体现。基层协商则

---

① 陈惠丰委员:全国有60多万政协委员[EB/OL]. http://news. cntv. cn/2015/03/09/AR-TI1425865034343674. shtm.

是基层党委和政府、社区组织或社会组织层面的协商,其主体是普通社会民众。① 参与者不管是主动参与还是被动参与,具体的身份标签是社区居民、村庄村民、小区业主和企业职工等。由于各地基层协商民主发展的历史传统不一样,基层协商具体由民政(如天津宝坻)、统战(如四川彭州)或宣传(如浙江温岭)等党和政府部门负责组织实施。在基层协商发展比较充分的地区,只要是涉及老百姓切身利益的问题,大多会通过协商民主的方式来作出最后的决策,每一个人都可以成为基层协商的参与者,因此基层协商是高度开放的草根平台,没有身份或资格的门槛。参与者由于是与协商议题有关联的人,参与目的是为了利益表达,伸张和维护自己的权益等,"自己为自己的事情进行协商",因此具有参与的激励性和积极性。在实际的操作过程中,多数基层协商的参与者除去党政干部、社区工作者和人大代表等有着体制内身份的人,具有一定经济收入和社会地位的中老年人往往是参与的主力军,包括通常所说的"五老人员"(这些当然也是基层社会中的精英分子)等,其他被邀请的参与者一般也都是党和政府,以及社会组织的相关领导比较熟悉的"熟人"。

二、议题特性:宏大叙事与微观事务

协商座谈会是咨询型协商,而不是决策型协商,②主要是根据协商对话的结果形成明确的意见和建议,呈报相关领导人以及各决策部门。协商座谈会坚持"一会一题",主要围绕同级党委和政府的战略安排、重大部署或中

---

① 从主体及其关系上看,基层协商包括了个人与个人之间的协商、个人与组织之间的协商,以及组织与组织之间的协商,具体的组织者包括居委会、企业或事业单位、社会组织、党组织等,但主体仍然是普通社会民众。

② 张月卓.双周协商座谈会:人民政协协商民主的创新发展[J].中国政协理论研究,2017(03):30-34.

心工作而展开,具体的议题涉及经济、政治、社会、科技、文化、民生和生态等各个领域,比如"加强政府职能转变,提高政府公信力""营造风清气正的网络空间""加快推进品牌建设"等。这些议题根据全国或地方的经济社会发展形势或现实问题自上而下地提炼而成,大多都是社会生活中的热点和难点问题,但也是宏观的、全局的和普遍性的问题,具有鲜明的宏大叙事色彩。此外,很多议题也可以说是与大多数民众的日常生活间接而遥远的问题,比如提升中华老字号品牌质量、少数民族戏剧的传承与发展,以及国际科技合作与大科学计划等。这些议题对于国家和社会而言无疑是很重要的,但也是充满争议性和不确定性的问题,因此需要社会各方进行充分而深入的协商讨论。由于这些议题并不直接涉及参与者的个人利益,除非存在不可调和的价值冲突,否则还是相对具有达成共识的便利的。

　　相对而言,基层协商民主更多是现实问题驱动或现实难题倒逼的结果,主要是瞄准"与人民群众切身利益密切相关的问题"而展开的直接协商。基层协商民主的议题毫无例外都"自下而上地"来自社会生活,从物业纠纷、劳资纠纷、征地拆迁冲突到老旧社区的墙面刷新、小区内停车位改造、山林资源的权属确认等。基层协商面对的都是具体而实际的现实难题,是具有外显性和敏感性的微观事务,包含了看得见摸得着的个人利益,利益相关者的利益得失都是可以算得清楚的,因而协商的过程也就更多具有利益博弈的性质。此外,政协协商的宏大叙事虽然很重要,但并不需要立即有所行动和立即予以解决,基层协商面对的具体问题往往具有很强的时间约束性,即如果不能通过协商达成共识,不仅相关工作(比如小区停车位改造或社区垃圾处理等)难以推进或落实,还容易酝酿和激发更大的矛盾冲突。

三、协商过程：高度程序化与相对灵活性

经过多年的探索和发展，各级定期协商座谈会的制度化和规范化程度越来越高，协商座谈会的组织和运行也都逐渐定型化。由于参与者人数不多、身份明确和素质良好，协商座谈会的组织和实施过程大多是非常流畅的，具有很好的确定性和可控性。协商座谈会定期由政协主要领导主持，参与者围绕椭圆形长桌就坐，分成预约发言和自由讨论等环节，鼓励开门见山直奔主题的发言，避免经验总结介绍或工作汇报式发言，对发言人提出明确的要求，精确控制现场发言时间，确保参会的委员和专家都有发言机会，创造交流对话的充分条件。特别是由于参与者和协商议题缺乏直接的利害关系，而不是直接作出决策，也不用承担决策责任，因此虽然不乏充满"火药味"的观点交锋，但协商座谈会不会因此中断，仍然可以具有更多的客观性、中立性和超然性，沟通交流可以做到平和而理性，因而也更有可能关注公共利益以及长远利益，凝练更加全面、理性和均衡的建设性意见。这也正是政协协商的独特优势所在。

相对于政协协商的制度化和规范化，尤其是可以提前做好年度协商座谈会计划，基层协商的途径和形式多样，组织实施的过程也相对机动和灵活，更多的时候，基层党和政府以及社区自治组织等根据实际需要而灵活地组织协商对话，因此很难提前作出充分的规划和预先的设计，而且对于真正开放的基层协商来说，最后会有哪些人参加也都是未知数。就大多数基层协商的情况来看，除了已经有比较成文的基本步骤或流程外，如"六步决策法"或"八步工作法"等，大多都尚未形成明确的制度规范和操作细则，因此往往会表现出较多的随意性或无序性。实际上，基层工作凌乱而复杂，不可能凡事都循规蹈矩，因此也需要减少繁文缛节，着眼于实际效果，提高效率。

尤其是基层协商民主的参与者身份复杂,个人素质参差不齐,由于协商议题与个人利益息息相关,参与者的压力很大,但许多参与者没有能力很好地表达个人诉求,一些人甚至会选择过激的或非理性的表达,以至于基层协商很容易陷入混乱甚至出现中断。这些都给基层协商带来了挑战,也提出了制度化的要求。这其中的矛盾性在于,基层社会大多具有散漫无序的特性,通常很难适应制度化及其理性规则的繁密要求,而且过度的制度化也可能会抑制基层社会的活力和自主性。

四、协商成果:"集体上折子"与为个案作决定

政协定期协商座谈会的协商议题大多是经济和社会发展中的重大问题,也是牵涉到方方面面的一般性和普遍性的问题。由于协商座谈会的参与者和这些议题都保持着相对较远的距离,因此协商对话很大程度上可以超越个人的或局部的利益,提出比较客观、切实而中肯的意见,也比较容易达成各方都能接受的共识,甚至这种共识本身就可能包含了多种不同的意见。参加座谈会的政协委员或专家学者都是相关领域的精英,而且参加协商座谈会之前都开展了必要的调研,所提建议大多有很强的针对性、务实性、可行性和前瞻性,值得相关部门重视和转化。最后,党和政府有关部门负责人或领导参与调研,与会听取各方面的声音,与专家学者或政协委员面对面交流,有利于了解相关情况,促成建言献策成果的转化或落地。就此而言,定期协商座谈更多具有"集体上折子"的含义,输出的只是意见和建议,有建议权,但无决策权,协商成果不具有任何实质性的约束力,主要发挥聚焦大事、关注实事、参政议政、建言献策以及民主监督等功能。

基层协商是针对个案的协商,是为了解决具体问题而开展的协商。在基层协商民主的过程中,参与决策的人与受到决策影响的人是同一些人,所

有参与者"都能够合理预期他们将影响决策"①。也就是说,涉及基层群众利益的事情,在基层群众中进行广泛商量,老百姓自己的事情自己管,自己的事情自己议,自己的事情自己办。如果说政协协商因其咨询型协商的性质可以是"议而不决"的话,那么基层协商就必须要"议而有决",即不仅要通过交流和沟通来化解分歧,而且还要切实找到解决矛盾纠纷的可行方案。也就是说,协商要有公信力,协商达成的共识或者是直接成为共同作出的决策,或者是作为最后决策的基本原则,对利益相关方具有明确的约束力,而这归根结底是利益的张力和权利的张力。反过来说,基层协商不应该是情况通报会、通气会或发布会,也不仅仅是情绪的宣泄场和意见的收集箱,而是要真正实现理性沟通、偏好转换、达成共识和促进决策的目的。② 当然,由于协商结果与个人利益息息相关,也应该允许有协商不成功或达不成共识的情况。因此,在协商无法达成共识的时候,可能就需要采取投票等形式来作出最后的决断。

政协协商与基层协商毕竟是不同参与者根据不同的方式在不同的领域中展开的协商,毫无疑问存在着多方面的差异性。上述四个方面的分析从主体、内容、过程到结果四个方面归纳了两者最显著的差异,为更进一步观察和理解两种协商民主形式奠定了基础。

---

① James Bohman, William Rehg. *Deliberative Democracy: Essays on Reason and Politics* [M]. London: The MIT Press, 1997:3.

② 陈朋. 基层民主协商不仅仅是"协商" [N]. 人民日报, 2015 – 08 – 04(007).

表8-1 政协协商与基层协商的差异比较

	政协协商	基层协商
组织者	全国和地方各级政协组织	基层党和政府及其职能部门·社区或企业等社会组织
议 题	经济社会发展中的重大问题·宏大叙事·自上而下	与人民群众切身利益密切相关的问题·微观事务·自下而上
参与者	职务行为或业务范围·精英协商·无利益关联	利益驱动的参与·草根协商·能力不均衡·利益相关
规 模	20人左右·操作技术较简单·组织实施较容易	数十人、上百人不等·技术要求更高·组织实施难
过 程	制度化和正式化程度高·权力主导	具有随意性和混乱性·权利主导
结 果	集体上折子·咨询建议·有权威性·无决策权为个案作决定·实用性方案·有决策权	为个案作决定·实用性方案·有决策权

第三节 多渠道协商民主的定位与发展策略

政协协商和基层协商构成了当前协商民主体系中的最强音符,共同谱写了社会主义协商民主发展的"二重奏"。这其中不仅包含了理解协商民主发展状况及其运行情境的密码,也提供了推进协商民主深入发展的重要启示。

一、上层建筑决定与个体利益调和共同嵌入

从中央到地方各级政协,定期协商座谈会连续坚持多年,已经形成了协商座谈会的框架和机制,引发了社会各界的广泛关注,也形成了显著的社会

效应。政协协商不仅激活了政协机构的民主潜能,重构了政协参政议政的途径和形式,使得协商民主获得更加具体化的含义,甚至已经成为协商民主的标志和符号。这其中少数社会精英通过精心设计的精致对话来商讨公共问题,汇聚各方面的知识和智慧,彰显了公共理性的力量。虽然协商议题和参与者个人之间不具有紧密的利益关联,参与者也存在激励不足的问题,但这种"中立性"反过来也可以增强协商的理性化水平,即可以形成更加专业、公允和超然的意见建议,从而为实现公共利益和解决社会问题提供智慧。

对于基层协商来说,随着协商民主正式进入社会主义民主政治(建设)的范畴,曾经长期困扰基层协商的合法性风险不复存在了。中央和地方连续出台关于加强社区协商建设的规范性文件,指出了基层协商发展的方向和任务以及具体要求等,协商民主的内容除了"经济和社会发展的重大问题"外,还包括"涉及群众切身利益的实际问题",这就使得协商民主走向基层社会的广阔天地,成为改进和优化基层治理的重要工具。各地基层党和政府以及社区组织等因地制宜探索创新基层协商的新平台、新制度和新实践,积极发挥公民在基层公共事务中的主体作用,激活了人们的民主意识、权利意识和参与意识,也切实提高了基层治理的绩效。但研究也表明,基层协商民主目前的扩散仍然还比较有限,大规模规范的和有效的基层协商民主实践局面还没有形成。①

就扩大参与、促进沟通、消除分歧、达成共识和解决实际问题等方面的目标来看,政协协商和基层协商都不同程度地实现了这些目标,并为国家治理现代化提供了生动的案例和经验。其中,大量政协委员和专家学者等获得了更多的参与机会,就党和国家的重大问题进行建言献策。但需要注意

---

① 张敏,韩志明.基层协商民主的扩散瓶颈分析——基于政策执行结构的视角[J].探索,2017(03):47-59.

的是,定期协商座谈的精英参与主要是以集体的方式提供了解决问题的知识和智慧,而并不是直接作出指向协商议题的公共决策。人民政协是爱国统一战线组织,主要职能就是对国家大政方针和社会生活的重要问题进行政治协商,而不是作出有关公共事务的决策。政协协商意义上的民主治理主要是为理性讨论提供空间,为公共决策赋予更多的理性元素和智识资源。

政协协商主要是发挥理性的力量,以建言献策的方式影响公共决策。这种理性的力量是由多个方面的要素共同构成的。首先,根据多个环节确定协商议题,最后报请同级党委批准同意,由政协领导人主持会议,显示出协商议政的审慎性和重要性;其次,精心选择参与人,包括政协委员、专家学者以及党政部门负责人等,都是熟悉议题情况的专业人士,可以进行高质量地对话,通过提前调研来提高发言质量;再次,精确控制协商座谈过程,协商过程具有平等而宽容的特性,每个参与者都有平等的发言机会,现场就会呈现出不同的意见,甚至会形成激烈的交锋,强化说理和对话的色彩;最后,协商座谈会汇总各方的意见,以《信息专报》汇报给有关领导人和相关部门作为决策参考,从而形成了基于共识的压力。

毋庸置疑,基层是践行和推行协商民主的广阔舞台,"协商民主的根在基层"[1],基层协商民主是社会民众直接参与决定涉及个人利益的协商形式,是比较典型的决策型协商,[2]是问题驱动的直接民主。社会民众基于不同的立场和利益参与协商对话,参与到影响个人利益的决策中来,为了个人利益或公共利益展开说理或辩护,具有明显的利益博弈色彩。由于基层协商的

---

[1] 王新生. 协商民主的根在基层. 求是,2016(01):45 – 47.

[2] 也有研究者认为,基层协商民主也包含了多种类型,根据目的和功能将基层协商民主分为决策型、咨询型、监督型和协调型。参见张等文,陈佳. 中国基层协商民主的实践困境与化解策略[J]. 理论与现代化,2015(4). 还有研究者认为,基层协商更多的是自治协商,兼有咨询型协商和决策型协商的特点。参见马奔,程海漫,李珍珍. 从分散到整合:协商民主体系的构建[J]. 中共中央党校学报,2017(02):64 – 72.

议题直接关系到个人的切身利益,因此个人参与者具有良好的激励。但很显然,参与的动力是不均衡的,个人素质是参差不齐的,协商对话的能力也有高有低,因此基层协商很容易出现协商不足、流于形式和意见有偏等问题。特别是由于议题设置主要掌握在地方党和政府以及职能部门等手中,老百姓期望解决的问题未必能进入基层协商的议程,而且协商达成的共识未必能得到贯彻和执行,这些也抑制了公民参与的积极性。

必须要指出的是,协商民主不是革命性的或替代性的,而是民主政治的"增量建设",是对于既有权力结构及其运行技术的补充和修正。有研究者敏锐地指出,政协协商处于国家权力体系的边缘位置,不享有任何实质性的公共权力,基层协商是政府体系的末端,缺乏权威性资源,"恰好是这两个没有公共权力的渠道在制度创新方面最为积极,而人大、政府等公权力部门却动作不大"[1]。那么造成这种结果的原因是什么呢? 一方面,人大和政府等国家权力机关,已经形成了较为固定或稳定的运行机制,引入新的协商机制会带来大量制度或程序上的摩擦,提高组织运行的交易成本;另一方面,政协系统和基层社会总体上结构化程度比较低,内部相关要素也比较松散,缺乏严谨规范的制度或流程,因此为协商民主的嵌入和成长提供了空间。

进一步而言,这说到底是一个协商民主适用性的问题,即协商民主究竟适于在什么领域发挥作用? 应该更多用于解决什么类型的问题? 以政府协商为例,根据法治的逻辑,政府主要是法律的执行者,很多行政工作就是依照既有的法律制度来进行的,法律制度提供了应该做什么和不应该做什么的知识,相关问题的是非对错以及如何处理都是非常明确的,因此也是不需要协商和讨论的,而且为了行政效率也不允许开展漫长的协商对话。就此

---

① 谈火生,于晓虹.中国协商民主的制度化:议题与挑战[J].华中师范大学学报(人文社会科学版),2017(06):30-39.

而言,在已经存在严格的等级权威、明确规范和确定知识的领域中,协商民主往往是不兼容的、不可行的和低效率的。反过来看,在那些尚未形成明确的知识或规则的问题上,比如具有普遍性的有待解决的矛盾纠纷、存在争议性的社会问题,以及在无法形成明确是非对错标准的领域,需要通过反复的对话和说理来形成共识或规范,协商民主才有其用武之地。

所以在既定的政治权力格局下,作为不同的协商民主形态,政协协商和基层协商从不同的路径嵌入到既有的国家治理体系中来,补充了现有治理体系的缺陷和不足,谱写了新时代协商民主的"二重奏",推动了国家治理体系的发展。其中,具有鲜明精英色彩的政协协商可以为经济和社会发展中的重大问题提供真知灼见,向社会广泛传播协商民主的理念;而具有广泛适应性和良好普及型的基层协商则允许个人运用权利来自主地协调利益关系,提供社会民众民主训练的舞台,提高公民协商对话的能力。两者都包含了多元、理性、协商和审议等要素,都要求参与者提供合适的理由来说服其他的参与者,最终形成可被共同接受的共识性结果,贯彻和体现"众人的事情众人商量着办"的精神。

二、制度体系化与操作简易化并行发展

推动中国特色社会主义民主发展,建构社会主义协商民主的制度体系,必须要对不同的协商渠道进行恰当的定位,探索能够容纳多种协商渠道和发挥协商民主合力的协商体系。具体而言,政协协商应当以完善定期协商座谈会为抓手,充分发挥政协平台协商议政的优势和潜能,进一步提升协商座谈成果的质量;改进甄选协商议题和遴选参与者的制度机制,探索建立细致、科学而系统的协商座谈规则,提高双周协商座谈会的制度化水平;兼顾协商过程和协商结果,平衡政治效果和社会效果等,建立健全协商效果的评

价机制,而不仅仅看是不是获得了领导人的批示或者是不是被政府决策部门所采纳等;提高政协工作的传播力和影响力,探索推进和开展远程议政和网络协商,建构信息互通和资源共享的参政议政平台,打通全国与地方政协的通道等。

发展基层协商民主,必须切实解放思想,转变观念,落实党中央关于加强基层协商民主建设的指示和精神,将协商民主的原则和要求嵌入到具体的制度安排和操作程序中去,通过广泛而多层次的民主协商来展现协商民主的技术优势,着力培育开放透明、理性思考、平等对话、宽容妥协的社会精神,让"协商办事"和"坐下来谈"成为社会生活的基本常识,真正坚持做到有事多商量、遇事多商量、做事多商量,通过持续的沟通和互动过程寻找社会的"最大公约数",获得社会各方都能接受的"均衡点",找到解决矛盾纠纷的社会知识和民间智慧;探索新的协商形式,引入新的协商对话技术,建构简便易行和实用有效的基层协商议事平台,提升协商效率和协商水平。

不同协商渠道之间的相互衔接配合,是协商民主制度化研究的重要内容之一。① 因此,要充分正视政协协商与基层协商之间的差异性,也要看到两者的可兼容性和可衔接性,加强政治协商与基层协商的衔接联动,推动精英民主与草根民主的融合发展。比如,广东省深圳市(2014年)创新推出"委员议事厅"活动,邀请政协委员、专家学者、政府部门相关人员和热心市民等共同参与,把政协履职的台子搭到市民中去,围绕市民关注的热点或民生问题,将政协委员、专家学者的"讲"和市民群众的"议"结合起来,搭建起广泛参与的协商议政平台。江西省萍乡市政协学习深圳经验,也在2015年推出"委员议事厅"活动。

---

① 谈火生,于晓虹.中国协商民主的制度化:议题与挑战[J].华中师范大学学报(人文社会科学版),2017(06):30-39.

　　协商是民主治理的基本技术，包含了多种多样的形式。不同的协商形式对应不同的领域，都有其正当性和可行性，实现着不同的目的，但它们不应该是孤立的。推进社会主义协商民主发展，必须要权衡不同协商形式的优劣利弊及其适用性，探索确立不同协商民主形态的发展策略，使之相互呼应、相互支持、相互补充，从而使协商对话的过程更为开放、包容和有效，形成协商民主的合力。比如，西方国家的协商民主主要是"组织创设型创新"，往往存在着协商与决策脱节的问题。但中国的协商民主则属于"功能添加型创新"，是在既有的政治制度体系内嫁接和衍生出来的，党和政府及其职能部门领导人都参与其中，因此能够更好地将协商与决策结合起来，提高协商民主的效力和影响。①

　　对于协商民主的理想来说，协商民主最大的问题是如何把参与和协商融合起来，保证参与主体的代表性和过程的协商性等。那么立足政协协商和基层协商来说，必须要充分发挥各自的最大优势，其中：推进政协协商不应该以代表性为重点，也不应该简单扩大参与的规模或范围，而是应该精心挑选高素质和有能力的参与者，提高政协协商过程的协商性，提高咨询意见和对策建议的质量，为党和国家工作中的重大问题提供良好的对策建议；而发展基层协商则应该着眼于提高参与者的代表性，扩大协商民主的覆盖面，包括参与者的覆盖面和协商议题的覆盖范围等，让更多利益相关者参与进来，致力于达成更具有合法性的共识性决策，提高协商民主的吸引力和感染力。

　　当代中国社会主义协商民主的蓬勃发展谱写了新时代中国特色社会主义民主的新篇章。近年来，政协协商和基层协商并行发展，代表了协商民主

---

　　①　谈火生，于晓虹.中国协商民主的制度化：议题与挑战［J］.华中师范大学学报（人文社会科学版），2017（06）：30－39.

的两种典型形态,从多个方面提供了协商民主发展及其前景的重要启示。其中以定期协商座谈为代表的政协协商主要是社会精英之间小范围的理性的和专业的对话,对于党和政府及其职能部门的科学决策具有重要的辅助和支持意义,基层协商则主要是广大公民直接参与的重要平台,通过权利的博弈来达成具有共识性的决策,权利的张力有利于更好地协调社会的矛盾纠纷,实现社会关系的动态平衡。两者从不同方面充分揭示了协商民主的功能、价值及其限制。实现国家治理现代化,必须要更加全面地透视协商民主的价值和技术维度,推动政协协商和基层协商的融合发展,探索适合大国治理的具有中国特色的民主化道路。

第九章 城市治理的清晰化及其限制

社会事实的清晰化是国家治理的中心问题。清晰性是国家权力监控社会的结果，也提供了国家干预的基础条件。随着城市化的迅猛发展，城市治理的任务及其艰巨性和复杂性与日俱增，如何改进和优化城市治理变得愈发重要。如同其他社会活动一样，城市治理必须要搜集和整理社会中有关人、财、物、事、行等社会事实的信息，才能灵活而高效地提供精准的管理和服务。因此，如何应用有效的治理技术，实现社会事实的清晰化，精准地实施管理和服务，已经成为检验城市治理状况及其水平的重要维度，也是决定城市治理何去何从的重要问题。这里将以网格化管理及其运行机制为分析对象，探讨网格化管理清晰化的维度及其面临的约束，从而更好地理解城市治理面临的问题，以及应该注意什么问题。

第一节　城市网格化治理的历史与现实

自秦汉以来，在两千余年的漫长历史中，虽然屡有分裂动荡的中断干扰，但中国基本延续了大一统中央集权的国家制度。从汉魏隋唐到宋元明清,古代国家基本延续了"王权不下县"的政治传统,但国家在疆域范围内实行编户齐民制度,将个人及其家庭都纳入到国家的管理体系中来,以保证国家的税赋和征兵等需要,维护有效的统治。在人口稠密的城市地区,国家相继推行闾里制、里坊制、厢房制和保甲制等,以强化对社会的控制和管理。这些管理制度细分社会管理单元,将权力的触角延伸到每一个社会个体,也注重发挥社会力量的作用,体现出很高的管理水平,具有良好的管理成效,对于今天思考城市治理具有重要的启发意义。

新中国成立后,随着计划经济体制逐步建立起来,城市社会形成了"国家—单位—个人"的治理结构。单位既是社会生产的单元,也承担着广泛的政治、经济和社会功能,具有资源控制、价值分配、社会整合和个人控制等方面的能力。单位作为控制与分配资源的工具,是国家基本的治理单元,也是控制个人的重要手段。所有人都被纳入到单位之中,由单位来满足他们的需求。个人是单位中的一分子,依附于不同性质的单位。国家通过更大单元的单位制实现了对分散个人的有效管理,大量的矛盾纠纷都在单位内部得到解决,维持了稳定的社会秩序。

自党的十一届三中全会实行改革开放以来,市场经济体制逐步发展,伴随着工业化和城镇化的快速发展,大量农村人口持续地向城市转移,在城市社会中谋求生存和发展,在城市的社区中逐渐定居下来。与之相伴的是,高度封闭的单位制逐渐消解,传统的社会纽带也趋于断裂,传统的社会管理模式及其方法日益窘迫,治理体制不合理、治理方式不健全以及治理手段落后等方面的问题逐渐暴露出来,带来了大量的治理难题和挑战,其中管不住和管不好的问题,迫切需要发展新的治理形态。

城市是人口和资源等各种社会要素高度密集的空间形态,也是政治、经济和社会因素高度复合的生态系统。随着城市社会的发展迅速,人口规模加剧膨胀,社会事实更加丰富,其中社会居民的需求日益多元,社会事物之间的关系盘根错节,有机性程度越来越高,社会关系也更为脆弱,现代社会已经成为高度复杂和高度不确定的风险社会,任何微小的社会事件都有可能引发一系列的连锁问题,导致难以想象的社会灾难性后果,产生无法估量的破坏和损失。

城市社会越发展,就越复杂,不确定性程度越高,风险也就越大,就越是需要精确有效的治理。但传统的城市管理以街道办或者居委会为组织平台,主要通过基层工作人员获取、筛选和传递信息,可谓是城市管理的"手工作业阶段",不仅存在着大量职责上模糊不清、职权交叉以及空白地带等问题,还广泛存在着流程不合理、应对不及时,以及处理不妥当等问题。而且由于街道以及社区的管辖范围大,管辖事务多,基层工作人员数量及其精力有限,普遍形成了管不好和不好管等难题。

20 世纪 90 年代以来,一场声势浩大的技术革命席卷全球,催生了大量新兴的技术成果,其中以互联网为代表的信息技术就是其中最重要和最显著的成就之一。信息技术的加速发展及其广泛应用,将人类社会推入到史无前例的信息化时代,给社会生活带来了革命性的影响。信息技术逐步被广泛应用到社会生活的各个领域,也快速进入到国家治理的各个环节。从公共交通到社会稳定,从社会监管到公共服务等,信息技术的应用极大地改变了国家治理的情境、过程,以及方法和结果,取得了显著的成果。各地各级政府积极应用信息技术,创新基层治理的"硬件"和"软件",创制了许多新的管理形态,其中网格化治理就是其中最有影响的重要实践之一,引起了基层治理的重要转向。

城市网格化治理契合了城市治理的需要,是城市治理由"总体支配"向

"技术治理"转变的重要标志。① 党的十八届三中全会提出,要以网格化管理、社会化服务为方向,健全基层综合服务管理平台,给网格化治理的进一步应用发展提出了更高的要求。近年来,甚至是在乡村治理中,许多农村地区也开始推进网格化治理。

那么什么是网格化治理? 网格化治理的构成要素有哪些? 网格化治理经历了什么样的发展历程? 网格化治理的利弊得失是什么? 网格化治理的未来又在哪里呢?

一、城市网格化治理的演进历程

2003 年 7 月 10 日,一场大暴雨使整个北京市的交通陷入瘫痪状态,大量井盖丢失、道路积水难排放以及基础设施淹没损坏,这严重影响了居民的正常工作和生活,引起了居民们的不满。在抱怨的同时人们开始反思,作为全国政治经济中心的北京,基础设施在暴雨面前为何不堪一击? 表面看来,这是城市排水设施不完善引起的连环问题,但长期以来政府在城市治理中管办不分、职责模糊和相互推诿扯皮其实就已经为这一系列连环问题埋下了祸根。为了改变这种五个部门难管一个井盖的困境,2003 年底北京市东城区成立了以区委书记为组长的城市创新管理小组,依托信息论等方法为东城区网格化管理实践进行了大量的调研论证,经历了近一年的论证与局部试点,2004 年北京市东城区在全国率先开始了网格化管理的实践。

东城区以基本网格为单元,应用电子网格地图技术,将东城区划分成1652 个网格单元。② 随后以功能为主线,将各种事务和需要管理的事件划定

① 渠敬东,周飞舟,应星. 从总体支配到技术治理——基于中国30 年改革经验的社会学分析[J]. 中国社会科学,2009(06):104 – 127.

② 阎耀军. 城市网格化管理的特点及启示[J]. 城市问题,2006(02):76 – 79.

管理和责任部门,并用编码的形式纳入"网格地图"。大到人口失踪,小到社区居民矛盾,这些事件一经发现,网格员就会立即上报,直接显示在网格指挥中心的电子屏幕上,指挥中心根据权责归属确定相关职能部门予以解决。在刚开始运行的两个月内,东城区内上报立案的城管问题达3318件,办理完毕结案的3118件,立案率达94%,这相当于过去两年的工作总量。① 在东城区取得一定成效之后,深圳、上海、杭州等地开始陆续效仿和试验,网格化治理开始由个别试验向全国推广。

从2004年东城区实践到现在,仅仅15年的时间,我国城市网格化治理在应用部门、实践领域以及模式等方面都发生了巨大的变化,经历了从小到大、从单一到复合的发展过程。概括起来主要经历了城市行业网格化、城市服务网格化,以及城市社会网格化三个阶段。

首先,是城市行业网格化阶段。我国城市网格化治理始于北京市东城区的实践,与东城区类似,全国各地的实践基本都是出于公安、城管等部门的需要,整合部门内部资源,在城市维稳和城市部件管理领域进行工作区域和责任细分,实现事务管理的流程化。城市网格化治理是信息技术在国家治理领域最有影响的重要实践之一,政府对这些治理技术十分重视和依赖,把治理技术当作城市治理的"灵丹妙药"。政府期望通过技术的应用获取更详实的治理信息,建立强有力的信息搜集机制,构筑城市社会风险监控平台,消除信息孤岛和资源孤岛,祛除自身与治理对象之间的"迷雾",使治理对象和问题变得清晰,形成"横向到边,纵向到底""全覆盖,不留死角"的社会风险治理体系,及时消解社会中的不稳定因素,化解社会矛盾,维持社会安定。从城市部件更换维修到安全隐患排查,再到流动人口管理,这些过去"老大难"问题在网格化管理实施后也有了很大的改观。

① 阎耀军.城市网格化管理的特点及启示[J].城市问题,2006(02):76-79.

其次,是城市服务网格化阶段。从治安事件到违法犯罪,这些城市中的"不稳定因素"时刻威胁着城市公共生活的稳定。网格化治理最初主要应用于城市维稳领域,政府借助信息技术的应用来掌握城市"不稳定因素"的信息,形成统一指挥平台,及时消除"不稳定因素",在城市维稳领域实现精确治理。在城市发展过程中不仅面临着对城市生活产生直接危害的"显性"不稳定,还面临着诸如服务需求增大、利益冲突等"隐性"不稳定,这些"隐性"问题如果没有处理好,会引发一系列的连锁反应,造成严重的危害,侵蚀城市文明发展的成果。

网格化治理的实施需要投入大量的人力、物力和财力,在这些固定投入一定的情况下,应用的领域越广、管理的事务越多,投入的使用效率也就越高。仅应用于城市维稳领域和城市部件管理,网格设备和投入面向的事务有限,这不仅限制了这些投入的使用效率,也掣肘着网格化治理的进一步发展。为了摆脱这种困境,各地政府开始拓展网格化应用范围的实践。从城市环境到市容市貌,从社区医疗到社区养老,这些实践大大拓宽了网格化治理的应用领域。网格员不再为单个职能部门服务,而是成为更多职能部门在城市基层的延伸,强化了职能部门之间的信息融合与资源共享,将不同的部门有机地联结在一起,实现了部门责任和职能的清晰化,提供更加有效的公共服务。

2015 年,武汉市武昌区以区级政府为网格平台,建成区级指挥中心、街道指挥中心、社区工作站,并对全区 1811 个网格进行梳理分类,将全区所有职能部门纳入网格之中,实现整个层级政府职能部门信息共享与职责划分,推动城市综合治理与公共服务。这标志着我国城市网格化治理实践从单个职能部门的网格化转向城市整体服务的网格化,网格化治理模式的应用领域实现了根本性的拓展。

最后,是城市社会网格化阶段。通过网格信息技术的应用,大量过去的城市治理难题在网格化治理面前迎刃而解，越来越多的城市服务被纳入网格化治理的范畴之内。无论是部门整合还是服务拓展，政府在网格化建设、管理和资源使用上具有绝对的主导地位。以信息技术为支撑的网格化治理需要大量的财政资金投入，我国不同地域之间财政收入差距严重不均，东部H省仅网格员每年工资投入就达5亿元之多，这在广大中西部省份根本难以想象。① 随着城市治理事务的日益繁重，网格化的投入会愈来愈大，技术投入在给城市治理带来巨大便利的同时也隐藏着财政上难以为继的风险。

改革开放以来，伴随着经济和社会的快速发展，政府所掌握的各种资源不断增加，而政府体制外的市场和社会组织所掌握资源的增加速度更快，可调动资源的比重也在不断上升。与政府在技术领域的"非专业"不同，许多高新科技企业在技术领域有着绝对的优势和地位。如何降低政府财政风险，利用其它组织的资源优势和专业优势，获得和处理更多社会治理信息，成为网格化治理发展的重点。2015年，"百度迁徙"正式投入使用，这成为企业参与城市网格化治理的里程碑，标志着企业等社会其他组织开始参与城市网格化治理。随着政府信息公开步伐的加快，政府、企业以及社会之间的信息共享逐步实现，信息资源融合加快发展，越来越多的社会组织和企业参与到城市网格化治理中来，提供更及时有效的治理信息，承担更多的社会服务功能。

通过对网格化治理发展历程的系统梳理可以看到，我国城市网格治理经历了从重技术到重内容，从单一维稳到多元服务，从政府内部职能部门整合到体制外部主体整合的发展过程。一张无形的"网"正将更多的政府内部职能部门以及外部的社会组织"编织"在一起，构成巨大的城市治理网络。网格化治理越来越适应现代城市治理的需要，逐步从城市治理的边缘模式

---

① 唐皇凤. 我国城市治理精细化的困境与迷思[J]. 探索与争鸣,2017(09):92-99.

走向中央舞台,发挥着不可替代的重要作用。

二、城市网格化治理的基本内涵

将"网格化治理"这个概念拆解开来,网格化治理由"网格"和"治理"构成。"网格"一词来源于网格技术,作为信息技术领域的一个重要内容,网格技术是指在网络虚拟环境下实现资源共享和工作协同,打破信息壁垒和信息孤岛,将网络信息储存和信息处理进行整合,以构造完整的信息过程有机体,最终实现信息开发利用和交换共享,从而构建任何单台计算机都无法企及的信息处理能力和交换共享能力。① 网格技术本身就具有协作、共享和技术应用的内涵,通过"网格"这个框架及其"网格化"理念来实施管理活动。

技术领域的成功实践使网格进入人们的视野,如何扩大网格的应用范围、提升网格的应用价值成为各个领域的实践取向,其中也包括政府城市管理领域。从城市(公用)配电网络的建设和发展到城市治安中"网格化"街面巡逻机制,网格在城市治理中逐步应用并取得良好的成效,为网格在城市治理领域扩大应用奠定了坚实基础和实践经验。从城区规划到市容市政,从城市硬件设施管理到工商行政管理等,划分网格和明晰权责等逐渐成为城市政府及其职能部门的基本策略选择。城市网格化治理中的"网格"不是以部门为单位、按照职责层层划分"网格",而是以治理区域为基本"网格"标准来进行空间划分,构成大小不一、形态各异、职责同构的"网格"单元,打破原有"碎片化"和"部门分割"的困境,各部门协同工作。

"治理"兴起于 20 世纪八九十年代,90 年代末从西方引入我国。在对"治理"的各种研究中,俞可平对"治理"的阐释最为权威。他认为治理有四

① 郑士源,徐辉,王浣尘.网格及网格化管理综述[J].系统工程,2005(03):1–7.

个特征:治理不是一整套规则,也不是一种活动,而是一个过程;治理过程的基础不是控制,而是协调;治理既涉及公共部门,也包括私人部门;治理不是一种正式的制度,而是持续的互动。① 在中国语境下,国家是治理过程的核心,是国家规范和引导下的公共部门与私人部门、公共部门之间以及私人部门之间的协作,根本目标是实现善治。

通过对"网格化治理"这个概念的拆解,城市网格化治理在形式和内容上意味着城市治理技术的应用、城市治理基本单元的细化以及城市治理多部门、多主体工作的协同,实质是政府行政力的强力下沉,将国家政权力量向基层社会延伸,将社会控制作为目标。② 网格化治理通过搜集社会事实和事务信息,使社会事实清晰化,依据清晰化的信息来针对性地处理社会问题、提供公共服务以及实施社会治理。因此,城市网格化治理是在城市地域范围内按照一定标准划分"网格区域",细化城市治理单元,应用现代信息技术,构筑政府内部各部门的统一信息收集机制和信息平台,使社会事实得以清晰呈现,以合理确定政府部门权责,精准提供公共服务,系统解决社会问题,及时化解矛盾冲突,实现城市善治。

三、城市网格化治理的要素结构

通过对城市网格化治理演进历程的梳理和基本内涵的阐释,我们可以看到,我国城市网格化的基础是治理网格的划分,形成大大小小、职责同构的网格单元;我国城市网格化治理契机是现代信息技术的发展与应用,为信息获取完整、全面与标准提供技术支持;我国城市网格化治理的载体是信息

---

① 俞可平.治理和善治引论[J].马克思主义与现实,1999(05):37-41.国内关于治理的研究已经相当成熟,详见俞可平、何增科等人的研究成果,此处不再赘述。
② 田毅鹏,薛文龙.城市管理"网格化"模式与社区自治关系刍议[J].学海,2012(03):24-30.

共享平台的构筑,通过整合部门分化的信息搜集和储存机制,使城市治理信息在统一信息平台处理,整体把控城市事务和问题;我国城市网格化治理的实践基础是城市治理部门协同,通过信息的搜集,合理确定社会事务和问题的责任部门,明晰城市事务的主体,以实施精确化的治理。

第一,城市网格单元的划分。传统的城市治理以社区作为基本的治理单元,以社区作为城市治理的切入点,将城市问题的处理与公共服务的供给沉积在社区层面。我国社区规模普遍较大、管理幅度广,而社区的治理资源与治理手段相对落后,造成城市基层存在大量的治理"真空"领域,未能投入足够治理资源,实现有效治理。城市网格化治理依据行政区划、人口数量、治理重点、属地管理等标准,[①]将城市治理单元划分为更小的网格,将网格细化为两级、三级甚至四级网格,将国家治理的"触角"延伸到社区以下,获取更加详实、全面和完整的治理信息。如天津市分级划定大气污染防治网格,将全市 16 个区以及海河教育园区划定为一级网格 33 个,二级网格 200 个,三级网格 2014 个,四级网格 5718 个。[②]

第二,城市治理技术应用。治理信息越丰富,治理内容就越有针对性,治理成效也就越好,准确及时获取城市社会事务和社会问题的治理信息是网格化治理的核心与要素,通过获取全面的治理信息,使社会问题和社会事务清晰呈现,以采取有效治理策略。传统的城市治理主要依靠人工搜集治理信息,治理信息在搜集、处理和传递过程中误差大小、损耗多少以及是否全面都难以保证,城市事务在国家面前一片模糊,也就难免存在治理偏差和治理漏洞。城市网格化治理以现代信息技术为依托,通过地理编码系统、3S技术、无线通信技术以及嵌入式地理信息发布技术等现代信息技术的应用,

---

① 陈柏峰,吕健俊.城市基层的网格化管理及其制度逻辑[J].山东大学学报(哲学社会科学版),2018(04):44-54.

② 牛桂敏.城市网格化管理模式的创新与发展——以天津为例[J].城市,2015(07):52-55.

实现表格、照片以及录音等信息实时传输,以此来保证治理信息获取的准确和及时,①如湖北省宜昌市通过信息化技术由网格员获取户口、婚育、医疗以及社保等多项信息的精准搜集。②

第三,信息共享平台构筑。划分网格、应用技术只是完成了信息的自下而上地搜集与传递,城市网格化治理的目标不是实现信息的搜集,而是在收集信息的基础上构筑统一的信息处理与共享平台,按照"市辖区代码—大类代码—小类代码—部件名称—归属部门—问题位置—所在网格号"进行统一编码,纳入地理空间数据库,③实现城市治理信息的整合与统一。基于完整而翔实的治理信息,信息共享平台对城市事务进行合理划分,确定城市事务权责归属,明确每一步骤的责任所属与绩效要求,并最后将这些要求同具体的公共事务和社会问题联系在一起,以此来构筑一个"无缝隙"信息搜集处理"闭环"和事务责任归属"闭环"。④

第四,城市治理部门协同。无论是技术应用、信息搜集还是信息共享平台的构筑,其根本面向是化解社会矛盾,解决社会问题。城市网格治理是打破行政逻辑中"条块分割"所引起的"部门分割"和"碎片化",实现社会矛盾与问题的协同治理和精准治理。网格化治理与"无缝隙政府"在理念上一脉相承,并且在中国实践中实现了对"无缝隙政府"的超越,打破了部门职能重叠和责任缺位的现状,实现了面向治理对象的"无缝隙"运作。⑤通过获得清晰的城市治理信息,合理确定城市治理事务及其治理具体步骤的权责归属,实现事务部门归属的精准化,以扫除城市治理中的死角和盲区。如南京市

①　岳金柱."网格化+"服务:北京的城市治理创新实践[J].国家治理,2016(25):38-48.

②　黄棣.大数据时代农村网格化社会治理创新初探——以宜昌市仓屋榜村的实践为例[J].长江论坛,2018(04):59-63.

③⑤　竺乾威.公共服务的流程再造:从"无缝隙政府"到"网格化管理"[J].公共行政评论,2012(02):1-21.

④　孙柏瑛,于扬铭.网格化管理模式再审视[J].南京社会科学,2015(04):65-71.

江宁区开发建设"全要素网格通"采集终端以及公众版 App 等,实现了与区综合治理平台、综合执法平台的联动运行,打破了部门之间的"信息孤岛"。①

由于各地状况不同,全国各地的网格化治理实践形态并不一致,实践内容也五花八门,但总体运行逻辑和核心灵魂就是信息共享平台构筑、城市网格单元划分、城市治理技术应用和城市治理部门协同这四个基本要素。从这四个基本要素出发,结合全国各地的实践,我国城市网格化的运行流程基本包括信息收集阶段、甄别立案阶段、任务派遣阶段、任务处理阶段、处理反馈阶段和检查结案阶段。②

第二节　城市治理清晰化的基本逻辑

城市是文明社会的重要标志。城市治理是城市社会主体共同参与和管理公共事务的过程,其中政府部门运用公共权力来进行规制、实施管理和提供服务,是城市治理的关键和核心。信息是社会行动的基础,是城市治理体系的神经系统。如果说权力是国家治理活动的内核,那么信息就是贯穿其中的主线,是国家治理体系的神经系统。③ 只有获得更多高质量的信息,充分了解社会事实的情况,政府才能采取恰当的行动,实施有效而精准的治理。

---

① 李佳婧."互联网+"社会治理在城市社区的运行及其困境——以南京市江宁区为例[J].现代管理科学,2018(11):48-50.

② 文军.从单一被动到多元联动——中国城市网格化社会管理模式的构建与完善[J].学习与探索,2012(02):33-36.

③ 韩志明.在模糊与清晰之间——国家治理的信息逻辑[J].中国行政管理,2017(03):25-30.

一、国家处理信息的行动

作为社会事实存在及其运动方式的表征,社会信息具有分散性、不对称性和不确定性等特征。国家治理的前提是信息。国家及其官僚体制通过日常管理和集中监控等机制,对社会事实进行长期和系统性的监控,广泛搜集处理社会事实的信息,因而社会事实进入国家的视野之中,成为国家干预的(潜在)对象。充分且准确的知识也可以使国家干预更加客观、理性和审慎。否则,国家及其代理人就不知道要干什么,也不知道怎么干。

从财政税收、社会管理到公共服务等,国家治理的过程是信息处理的过程,决策、执行以及评估等各个环节都与信息处理密不可分。国家治理的范围和任务越多,牵扯和涉及的社会事实越多,就越是需要掌握充分且准确的信息,使社会地图更加清晰可见,以对社会事实进行"加减乘除"。国家治理既需要充分的信息支撑,也是生产和再生产各种信息的过程。清晰化不仅是国家治理顺利进行的前提,可以提高国家干预的准确性,也是国家治理的结果,即只有持续地搜集和整理社会事实的信息,才能带来更加清晰化的结果。

由于信息涉及隐私保护、商业机密和公共安全等问题,搜集和管理信息的权力本身就是国家权力的重要表征,其他社会主体则没有资格和能力去监控社会并合法地存储相关信息。作为社会中最为庞大的控制体系,国家不仅排他性地行使着合法的暴力,而且也垄断性地管理和控制着信息。信息就是权力,国家所拥有和控制的信息增强了国家的权力,方便国家更好地实现国家的意志和目的,甚至是滥用信息权力来操控和支配社会。但随着国家权力和职能范围的拓展,国家监控的范围越来越大,所掌握的信息越来越多,信息的标准化程度越来越高,国家也可以更好地运用清晰化的社会地图来实施有效的治理。

所有的国家治理都必须要充分掌握社会事实的信息。古代国家主要通过户籍制度和保甲制度等来掌握人口、土地和财产等社会情况,对相关信息进行调查、登记、分类和编制等,为身份鉴定、赋税征收和征派兵役等提供依据。其中,保甲制度要求民众互相监控,相互承担连带责任,将国家的权威监控和个人之间的监控结合起来,提高了国家治理的效率。在城市地区,比如唐朝都城长安和宋朝都城开封,鼎盛时期人口规模超过百万,城市规划严谨,布局合理,纵横交错,整齐划一,还建立了坊市制度将住宅区(坊)和交易区(市)严格分开。区分不同区域和人群,对交易的时间和地点严格控制,①也都体现了国家清晰化的努力。

在不同的社会情境下,国家治理的目标和手段不同,需要不同程度的清晰化,并形成截然不同的治理叙事。古代社会是农业社会,社会内部的同质性程度比较高,人口和资源的流动性很小,各种社会要素的交互性不多,产生新的社会事实较少,甚至没有监控的必要。由于政府的职能总体上比较简单,国家治理主要是解决赋税徭役等基本问题,清晰化的压力并不太大。特别是在手写笔画的技术条件下,大量社会事实得不到正式地记录,不能转化为标准化或系统化的信息。社会地图及其变化是模糊不清的,国家无法掌握充分而精确的信息,也就无法触及社会事实本身,国家治理的深度、力度和效度也都大打折扣。

现代社会是高度流动的社会,工业社会创造了人们轻便流动的条件,也需要人口与资源的优化组合来促进经济的发展。相应的,人与人之间的关系主要是陌生人之间的偶然遭遇,社会要素的流动速度越来越快,速度甚至

---

① 韩光辉,林玉军,魏丹.论中国古代城市管理制度的演变和建制城市的形成[J].清华大学学报(哲学社会科学版),2011(04):58-65.

就成为判断先进或现代与否的重要标准,成为社会和个人追求的目标。随着城市的规模越来越大,城市已经成为社会的中心,社会的复杂性程度越来越高,国家治理的任务也更加庞杂和艰巨。国家不仅需要处理复杂的矛盾冲突,实现政治稳定和社会秩序等治理目标,更要向国民提供医疗、教育和文化等公共服务。处理这些问题必须要对社会事实进行持续监控,充分获取和掌握相关信息。

在当前信息化时代,信息技术已经渗入到社会的各个角落,不可逆转地嵌入到社会事实之中,定义、诠释和重构社会事实。社会事实及其运动状态都通过不同的途径和机制转化为可存储、可分析和可利用的信息,其中既包括公安或海关等国家机构的权威性监控,也包括金融、电信和交通等企业组织的信息搜集。具体的信息多种多样,包括各种信号、符号、文本、图片、数据和影像等。通过对社会事实进行持续和密集的监控,社会事实实现了数据化,也被纳入到国家之眼的监控之下。能否准确和充分地掌握社会事实的信息,使城市社会地图更加清晰,成为决定城市治理成败的关键。

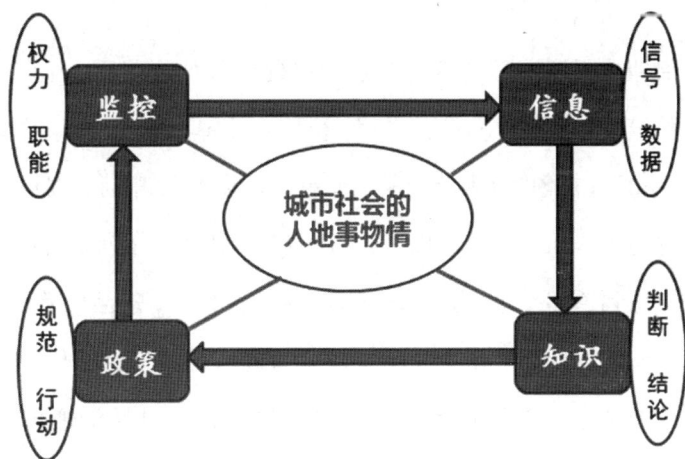

图 9-1 城市治理的信息化逻辑

一般而言,鉴于人口和领土的规模,中央政府不可能包办处理所有公共事务,也不可能直接向分散的个人行使权力,因而需要将领土逐级划分为不同层次的辖区,形成可监控且可操作的管理单元,并设置相应的权力机构来实施监管与控制,最终形成分层次分区域的治理体系。各管理单元在空间上相互区隔,治理责任与管理辖区"捆绑"在一起。就此而言,细分管理对象和明确管理责任意义上的管理"网格"可以说古已有之,也得到了普遍应用。

20 世纪 80 年代以来,随着计划经济体制向市场经济体制的转轨,延续数十年的单位体制逐步解体,个人从依附于单位的"单位人"转变为松散的原子化的"社会人",传统社会的关系纽带逐步碎裂。伴随着经济和社会的飞速发展,城市化进程不断加快,城市社会要素日趋多元化,社会关系越来越复杂化,城市社会出现了严重的功能失调和社会失序等问题,比如交通拥堵、环境污染、治安恶化和物业纠纷等。新情况和新问题不断涌现出来,也导致了紧张而混乱的治理图景,人们不知道社会究竟发生了什么变化,更不知道应该怎么去适应或应对这些变化,国家治理出现政策失败和治理失灵等。

基层治理是国家治理的基础。在后单位时代的形势下,国家自上而下推进社区建设、社区管理和社区服务,积极探索基层治理的新技术。2004年,北京市东城区首创"万米单元网格城市管理模式",开创了网格化管理的新时代。党的十八届三中全会以来,中央持续提出网格化管理的要求,网格化管理被应用到道路交通、公共安全、城管执法和食品药品监管等领域,城市社区治理似乎发展到"无网格,不管理"的程度,"网格化管理"已然成为当前城市管理领域流行的政策标签。[①] 网格化管理嵌入基层治理结构,"适应

---

① 林雪霏.政府间组织学习与政策再生产:政策扩散的微观机制——以"城市网格化管理"政策为例[J].公共管理学报,2015(01):11-23.

了国家克服碎片化,实现权威统合的需要,折射出国家重建基层治理的决心,夯实基层治理基础的意志"①。

二、网格化管理的含义与基本内容

目前,网格化管理还没有一个公认的确切定义,通过考察不同地区网格化管理的实践形态,提炼出网格化管理的基本含义是:以现代信息技术为支撑,将城市空间细分为尽可能小的单元网格,进行集中化管理。在细分管理对象和明确管理责任等方面,网格化管理除了将人口和空间划分得更加精细之外,并没有提供新的东西。但城市治理网格化的真正价值在于,通过行政权力下沉来实现社会地图的清晰化,建立统一的信息平台处理城市治理中的各种问题,提高城市治理的主动性、精准性和有效性。清晰化是网格化管理的目标,也是网格化管理成功的关键。具体来说,网格化管理的基本内容主要包括如下六个方面。

(一)划分网格

传统城市管理以街道或社区为基本单位,存在着规模失当、边界模糊、任务不均、责任不清、管理真空等问题。网格化管理打破现有的行政区划,重新划分城市基层管理单元,重塑城市地图。依据行政区划、属地管理、道路等级、人口数量和空间便利性等标准,网格化管理将城市空间划分为若干基础网格,作为最小的管理和服务单位。比如,北京东城区以每万平方米为边界划分单元网格,将全区 17 个街道 205 个社区,划分为 589 个网格。② 天津市分级划定大气污染防治网格,将全市 16 个区以及海河教育园区划定为

---

① 孙柏瑛,于扬铭.网格化管理模式再审视[J].南京社会科学,2015(04):65-71.

② 魏娜.社区管理原理与案例[M].北京:中国人民大学出版社,2013:60.

一级网格 33 个,二级网格 200 个,三级网格 2014 个,四级网格 5718 个。①

（二）信息入格

网格是"情报采集的基本单元","是政府对属地中部件、人户、组织、业态、事件等信息的集聚平台"。② 通过行政权力下沉到社区,给社会事实建立"身份标识",网格化管理将社会事实纳入信息处理系统,进行统一和集中管理。比如,对于公用设施、道路交通、市容环境等七大类部件信息,按"市辖区代码—大类代码—小类代码—部件名称—归属部门—问题位置—所在网格号"统一编码,纳入地理空间数据库。③ 网格员借助"信息通"或"城管通"等设备进行的动态监控,将巡查过程中发现或搜集的动态信息实时上传到网格信息服务中心,保证监控的持续性和有效性。

（三）明确责权

网格化管理建立多层次联动的管理体系,形成规范化的工作流程,明确各个环节的职责权限,设定办理工作的时限,以网格为框架来确定人、组织、资源和技术的组合或匹配关系,厘清和落实职责权限,比如实行"三定"(定人、定岗、定责),按照"一格一员"或"一格多员"的原则配备网格管理员,制定工作事项标准和服务考评制度等规范性文件来落实权责。网格化管理也注意网格之间的无缝对接,防止管理真空和漏洞,比如汕头交警将城区分成十个网格,每个外勤中队负责两个网格,交警除了管好所在网格责任区,还要负责与之相连的路段等。④

---

① 牛桂敏. 城市网格化管理模式的创新与发展——以天津为例[J]. 城市,2015(07):52 – 55.

② 孙柏瑛,于扬铭. 网格化管理模式再审视[J]. 南京社会科学,2015(04):65 – 71.

③ 竺乾威. 公共服务的流程再造:从"无缝隙政府"到"网格化管理"[J]. 公共行政评论,2012(02):1 – 21.

④ 网格化交通管理实招频出[EB/OL]. http://politics. people. com. cn/n/2013/0902/c70731 – 22770429. html.

（四）多元参与

既然网格化管理无法达到人盯人的密集化程度,那么就应该让公民和企业等社会主体更多参与进来。公民或企业等社会主体积极参与,能够提供社情民意方面的信息,降低网格化运行的信息成本,提高网格化管理的效率和能力。大多网格化管理都把动员或发动群众参与作为重要内容,比如宁夏石嘴山大武口区的网格化管理采用"1＋4＋X"的模式,除了配置网格员以外,每个网格还配备由街道干部、社区工作者、下派干部、社区警员组成的"四员"和由社区老党员、4050人员、低保户、热心公益事业人员组成的"六员",形成广泛而密集的监控。

（五）信息平台

统一的信息平台是基于信息的城市治理的核心机制。网格化管理利用网络信息技术,对分散化的信息进行全面整合、分类处理和开发利用等,形成清晰化的城市社会地图,相关部门根据信息共享、工作协同和流程公开等机制,实现快速反应、主动服务和精准管理等目的。比如,北京市东城区网格化信息平台包括了9大类、64小类的服务信息。网格化信息平台之间相互联通,资源共享,是网格化的发展趋势,比如山西省长治市创新管理服务资源整合方式,建成了"三网合一""三位一体"的大型数据系统。良好的信息平台成为城市治理的重要支柱。

（六）优化服务

城市治理者只有全面而准确地掌握城市各方面的信息和情况,才能因时因地因人制宜提供精准而恰当的服务。这些服务不仅是指提供各种公共设施方面的保障服务,而且也包括根据不同社会人群的需求来提供富有针对性的公共服务,比如浙江省舟山市依托网格化管理打造"组团式服务",为每个网格配备了一支由6至8人组成的管理服务团队,全面覆盖网格内所有

居民的家庭,提供社保医疗就业等全方位的服务,满足群众多元化的需求;①
湖北省宜昌市通过公开考试选聘千名社区网格管理员,对他们进行系统培
训,提高其政策水平和服务能力,每个网格还配备 1 至 2 名调解员,发挥其调
解社会矛盾纠纷的作用。②

第三节　网格化管理的清晰化维度

传统的城市管理以直觉和经验为基础,是粗放式的和散漫式的管理。
对于城市是什么状况,人们不知道;城市中存在什么问题,也说不清楚;许多
问题长期存在,却几乎无从知晓;许多问题没有人管,许多问题有很多人管;
发现问题有快有慢,更多时候是被动应付;问题应对很难明确责任,也缺乏
约束机制;问题处理到什么程度,也没有结果反馈……这样形成了大量管理
上的盲点、死角和漏洞,制约了城市管理的效能。

一、网格化管理的实质及其目标

网格化管理的实质"是政府行政力的强力下沉,将国家政权力量向基层
社会延伸",并且"仍是以社会控制作为目标"。③ 但信息是行动的逻辑前提,
行政权力及其下沉本身并不意味着权力立刻或直接作用于社会事实,而是
首先要摸清社会事实,掌握城市运行的状况。就此而言,网格化管理是城市

---

① 胡重明.再组织化与中国社会管理创新——以浙江舟山"网格化管理、组团式服务"为例[J].
公共管理学报,2013(01):63-70.

② 汪习根,钱侃侃.网格化管理背景下的制度创新研究——以全国社会管理创新试点城市宜
昌为样本[J].湖北社会科学,2013(03):38-43.

③ 田毅鹏,薛文龙.城市管理"网格化"模式与社区自治关系刍议[J].学海,2012(03):24-30.

治理清晰化的工具,进而也是国家权力下沉或扩张的途径。作为对于松散的社会控制的制度性反应,网格化管理的目标就是要使社会事实清晰化,依据充分而准确的信息来实施治理。

清晰化解决的是什么问题呢？一是是什么或有什么的问题,即有没有社会事实的相关信息,城市社会及其运行究竟是什么样的,相关信息表明城市社会存在什么问题,哪些是需要国家行动来解决的问题;二是如何清晰化的问题,即采用什么方法或手段才能获取和搜集相关的信息,如何将社会事实的信息存储起来,如何开发和利用这些信息;三是城市治理体系的清晰化问题,即如何划清或明确权责关系,利用更加简明有效的治理工具,使城市治理体系顺利运转,提高城市治理的效率。

二、网格化管理清晰化的基本要素

网格化管理的清晰化主要体现在哪些方面？网格化管理从哪些方面带来什么样的清晰化呢？

第一,管理单元的明细化。单位制下的组织边界比较明确,各单位虽然规模不等,但都集政治、经济和社会功能于一身。由于管理强度和标准不同,各单位管理和服务的差异性很大,而且还造成了个人对组织的依附。社区制是市民自治的组织形式,但存在着边界模糊、组织松散、责任不清,以及管理不到位等问题。由于承担政府下派的大量管理和服务事务,社区组织大都处于超负荷的运转状态。网格化以社区为基础重新划分可执行的管理单位,将城市空间按照特定标准细分到足够小的程度,建立横向到边、纵向到底的网格体系,覆盖城市的所有区域、组织和人群等,详细划分城市空间的地图,使权力、资源与个人实现最大限度的链接,将社会事实尽可能纳入到城市治理的监控体系,做到人人都在格,处处有人管。

第二,职责权限的清晰化。"网格"说到底是一种"责任区"的划分,①"网格划分并不止于一种空间关系的重置,而是责权利的再落实"②。网格所到之处,就是权力的责任所在。网格化管理不仅给个人和组织规定了明确的职责,而且也形成了条理化的工作机制和流程。网格化管理科学地划分网格,制定和出台相关的制度规范,每个人都在网格化体系的某个点上,每个人都与某个确定的网格捆绑在一起,列出明确的职责权限和工作要求,比如设定问题响应的时间节点,每项工作都规定明确的处理流程,形成流畅的职责关系图。这样不仅可以理顺市区、街道以及社区等层级的关系,明确具体部件和事件的监管责任,还可以避免任务不均、责任不清、边界模糊,以及推诿扯皮等问题。

第三,管理要素的信息化。随着信息技术的广泛应用,人、财、物、事、行等社会事实更多被监控、被观测和被记录,也被纳入到各种社会计算体系中来。但就像是一起没有报警的偷盗、一次街头巷尾旋起旋灭的殴斗和某些没有被正式关注的社会人群等,客观的社会事实如果没有国家权力的介入,就是被遗忘或被忽略的存在。只有经过权威性的定义,进行持续地监控和追踪,社会事实才能转化为国家行动所需要的信息。网格化技术将城市社会的管理要素划分为部件和事件两种范畴,通过常规管理、视频监控和日常巡检(巡逻)等途径,将各种管理要素符号化、信息化、数据化和定量化。管理要素的信息化使社会事实成为可认知、可利用和可管控的对象,也意味着国家权力的进场。

第四,信息形式的可视化。从当前流行的数字化城市管理模式来看,网格化管理大都建立了统一的管理信息平台,利用计算机三维技术、计算机信

① 齐国生,李立明,曹杰峰,朱光宇.城市管理的"网格化"——从政务网格到行业网格再到公务网格[J].中国行政管理,2008(S1):79-81.

② 杨光飞.网格化社会管理:何以可能与何以可为?[J].江苏社会科学,2014(06):37-42.

息分析系统、GIS等技术处理地理坐标、事件编码等处理静态信息,通过信息搜集、录入上报、信息分流、信息调集、问题办理等流程来处理动态信息,不同的数据资源及其信息平台又分门别类显示为业务办公、地理数据、社会管理、社会服务、政民互动等操作平台,①还可以通过数据处理产出静态的图表和动态的问题形势及其走向等可视化的成果。相关数据以及经过处理的信息产品看得见摸得着,面向相关职能部门和社会公众开放,接受外部的监督。这不仅极大地提高了城市治理的效率,也带来一种"一切尽在掌握"的现实感。

第五,管理和服务精准化。精准治理是网格化管理的优势,也是网格化管理的目标。网格化细分管理单位,精准定位社会事实,详细获取相关信息,最终服务于精准治理,实现行之有效的管理,提高城市治理的效率。城市治理的精准化直接对应于社会事实的清晰度,最终取决于能否快速掌握社会事实的变化情况。网格化管理将社会事实纳入管理范围,以网格为单位来锁定社会事实,通过网格直接链接服务对象,构建全面而无遗漏的社会管理体系,管理触角延伸到社会的每一个角落,获取社情民意信息,为社会提供动态化的治理方案,依据相关信息精准定位社会事实,动态跟踪和响应社会变化,精准调度和落实网格内的资源,迅速实施及时、准确和有效的管理和服务。

第六,管理工具的标准化。标准化工具有利于简化认知,减少重复劳动,提升服务水准,方便操作实施。虽然各地网格化管理的制度、机制和技术还有许多差异性,但在城市网格的划分、信息的表示和编码,以及工作流程等方面都实现了高度的标准化。网格化技术无论是在城市治理中网格的

---

① 熊炎.北京市网格化社会服务管理体系的推广与完善[J].北京行政学院学报,2013(03):65-68.

划分和信息编码,还是在网格化管理考核方面都有统一标准,所有城市部件要素根据城市网格管理部事件分类代码表提交城市网格化管理信息系统,按照标准化的格式进行统一编码,纳入数据库。这就降低了信息搜集、整合和处理的复杂程度及其成本,保障了信息资源数据化过程的真实性、规范性和准确性。此外,根据相关的制度安排及其量化的考核标准给予相应的惩罚和奖励,也体现了标准化和规范化的要求。

第四节 网格化技术清晰化的限度

国家治理的雄心越大,就越需要更高程度的清晰性,监控和管理复杂的社会事实,以形成国家行动的信息基础。由于社会事实、社会过程和社会后果等方面的复杂性,现实的国家治理只能是在清晰与模糊的链条上跳舞,满足于适可而止的清晰化。现代信息技术助长了城市治理清晰化的巨大雄心,使得清晰化变得可能和可行,但也不可避免地遭遇到清晰化的瓶颈。网格化作为国家清晰化的治理工具,已经在各个方面带来了更加清晰化的治理,但也暴露出多个方面的局限和限度。

一、城市规模与管理内容的限制

城市是开放复杂的社会生态系统,是各种物质流和信息流的汇聚点,包含了种类繁多的子系统以及数量庞大的要素。随着城市化进程的加速,城市治理的对象或要素不断增多,城市运行过程的复杂性和不确定性程度日益提升,带来了更加艰巨的治理任务。相对于简单的街区制或社区制,网格化管理可以清晰划定城市地图,分出若干边界清晰的多边形块状区域,但实际的网格划分往往会图方便,根据单一标准进行"数量化网格划分",而"不考虑与其他社会管理内容与环节的相互配套和相互衔接",①而且网格以及网格之间的关系并不是一清二楚的。尤其是网格化管理包括的城市基础设施等静态信息和经济社会活动等动态信息,都是数量巨大、结构复杂和类型多样的数据,搜集、整理和利用这些信息本身是非常困难的。网格化管理细化管理单元,尽可能接近社会事实,使社会事实清晰化,但网格内动辄数千上万的人和组织,尤其是复杂琐碎的管理和服务内容,都意味着各种各样的不可能。

二、信息搜集的能力限度

在当前社会治理从管理转向服务的过程中,网格员充当着公共安全巡查员、困难群众服务员、社情民意收集员、工作情况监督员、政策法规宣传员等多种角色,不仅要加强巡查,密切了解社情民意,随时搜集整理相关信息,而且承担来自上级部门委派的大量职责,做好网格内的各项公共服务工作,还面临着上级的监督和检查,工作非常复杂,工作量非常大,很多网格员都面临压力大和激励不足等问题。实际上,大多地区网格员人数众多,素质参差不齐,缺乏社会管理的系统知识,信息处理的主观性很大,加上缺乏专业训练,部分人还存在搜集和处理信息的能力缺陷,②包括应用信息终端设备的能力不足等。对于绿化、市容、环境等方面的具体问题,由于对管理执行标准的认识不一致,网格员通常很难作出明确的判断,很多时候也只能凭印象或感觉来处理。

---

① 余华.社区网格化管理范式的演进与创新略探[J].湘潭大学学报(哲学社会科学版),2014(02):79-82.

② 何瑞文.网格化管理的实践困扰[J].苏州大学学报(哲学社会科学版),2016(01):16-22.

三、信息处理的成本限度

信息的背后是成本,信息越多,成本也越高。现代城市人口和要素的流动性大,城市治理的复杂程度高,信息量巨大,搜索、处理、存储和利用信息的成本非常高。网格化管理的基础是信息技术,网格化管理要顺利运转起来,必须要充分利用电子地图、地理编码、GPS、手机定位、信息安全等十数项数字信息技术,运行和使用这些技术需要大量的人力和资金投入。从各直辖市、各省会城市到其他中小城市等,很多城市连续多年投入数千万甚至数亿的资金进行"平安城市""天网工程""智慧城市"等方面的建设。但即便是建成了比较完善的信息监控系统,海量的信息也需要大量的专业人员和信息技术来进行数据分析。许多城市启动资金充足,建立网格化管理信息平台的热情高涨,但后续却缺乏与之匹配的经费和人员,以至于网格化管理的功能大打折扣。而一般城市或基层政府往往由于资金、技术和人才的匮乏,很难突破网格化管理的成本瓶颈。

四、社会事实信息化的限度

网格化管理的核心是社会事实的信息化,即利用信息技术将城市空间客体化、信息化和数字化。社会事实无穷无尽,不可胜数,有的可准确测量,有的则无法测量。其中,对于城市社会中属于"部件"范畴的事物,如道路桥梁、房屋土地和公园绿地等静态化的社会事实,可以比较容易地将其转化为具体的数据信息,但对于像环境卫生、社会治安、突发事件等属于"事件"范畴的社会事实,由于社会事实具有复杂性、多面性和多变性等特点,就很难将其直接转译为标准化的信息,并纳入统一的信息平台进行处理。而且由于个人和社会组织具有隐瞒或歪曲信息的动机和能力,很多时候会选择性地显示偏好和事实行为等,因此要准确地搜集和处理社会事实的信息是非常困难的。此外,网格员作为网格化管理的核心行动者,也有可能由于疏忽或故意而遗漏或隐瞒某些信息,从而导致清晰化目标严重受挫。

五、职责权限的模糊性

传统社区管理奉行的是"以条为主、条块分割"的管理体制,各层级各部门之间存在着权责模糊不清等问题。网格化管理自下而上地打破社区边界,重构以块为主的属地化管理格局,努力理清和锁定各层级各部门的责任,但这些主要以社区为中心而展开,"未能完全跳出传统的'部门—街道—社区'的层级管理模式"①,结果是管理扁平化的目标并没有成为现实,反而增加了凌驾于社区之上的管理层级,②而且基于层次和职能分化的条块冲突依然如故,部门之间由于观念和利益而产生的冲突也难以消除。就此而言,网格化管理已经起到了使城市地图更加清晰和使权责关系更为条理化的效果,并对于管理静态的城市部件问题显示出迅速和高效的比较优势,但对于涉及跨部门或跨区域等城市事件的问题,网格化管理没有能力提供更好的答案。城市治理中由来已久的"权责分离""功能泛化""推诿扯皮""协调失败"等难题,仍然是网格化管理无法避开和无法解答的问题。

---

① 余华.社区网格化管理范式的演进与创新略探[J].湘潭大学学报(哲学社会科学版),2014(02):79-82.

② 孙柏瑛,于扬铭.网格化管理模式再审视[J].南京社会科学,2015(04):65-71.

六、信息利用的不确定性

搜集和整理信息是为了更好地利用这些信息来锁定社会问题,捕捉社会民众的意愿和需求,明确职能部门及其成员的职责权利,更好地提供精准的管理和服务,提高社会运行的效率。技术是由人来操作的,在信息技术嵌入城市治理的过程中,也产生了大量"为信息而信息"和"选择性关注"①等不良倾向。海量的信息和数据被搜集起来,比如经由视频监控而获得的大量信息,但却并没有得到充分处理和应用,从而造成了大量信息资源的闲置。以监控设备、网格员和民众为中心的信息搜集,源源不断地向管理信息系统输入大量信息,固然提高了网格化管理的灵活性、敏捷性和精准性,但由于个人、事件以及情境的差异,相关信息系统和数据库尚未建立起来,也缺乏专业的技术人才来开发和利用数据,具体问题是否构成城市治理需要解决的问题仍需要由相关的人来作出决策,因此就不可避免带来了很多任意性、变通、违规打擦边球的问题。

此外,模糊性和清晰度都是对于国家治理信息状况的描述,其中必要的清晰度是维系国家治理体系和能力的重要因素,但过高的清晰度可能会导致更严厉的监或管治,从而限制社会的自主性和自治性。网格化治理依靠行政化的组织机构再设置和纵向管理体系的单元化实现了社会治理运行机制的重构,是国家重构社会控制体系的重要途径。在这种治理策略下,城市基层社会的自主空间被大大地压缩了,社会民众也逐渐丧失了参与城市治理的积极性与自主性。

---

① 陶振.社区网格化管理的运行架构及其内生冲突——以上海 X 区 Y 街道为例[J].社会主义研究,2015(04):97-103.

总之,信息是非常重要的。城市社会的清晰化是城市治理的基础,只有获得清晰的社会事实,城市才能得到更好的治理。清晰化的实质是广泛应用信息技术,充分获取和利用社会事实的信息,为城市治理提供更好的知识基础。网格化管理依靠国家力量的下沉而嵌入基层治理,细分城市管理单元,重建城市基层社会的管理格局,及时而准确地掌控社会要素及其动态变化的状况,提高了城市治理的灵敏性和有效性,也提供了精准治理的可能性。

城市网格化治理在治理信息清晰化和治理主体协同化两个方面具有无可比拟的优势,给城市治理注入了新的活力。受到与社会自主空间的抵制以及信息获取限度等问题的掣肘,城市网格化治理的发展同样面临困境,其基本发展思路无非是继续加大技术投入和资源投入,提升信息的持有量,抑或是划清信息获取的限度,分担信息获取成本和服务供给内容,不再由国家大包大揽,激发社会自主活力。从发展趋势与可持续性来看,后者的优势更大,网络化治理逐渐进入学术界和公众视野。

网格化治理是为了实现公共价值、增进公共福利,城市政府部门与城市社会组织、城市居民等众多主体在平等协商的基础上相互合作,共同供给城市公共服务,共同推进城市公共事务治理的过程。[①] 网络化治理在理念上是对网格化治理的发展,不仅仅是自上而下的行政逻辑,更是自上而下的行政逻辑与自下而上的自治逻辑所共同建构的复合式治理逻辑。虽然网格化治理也强调多元主体参与,但在实际运作中仍然以国家力量为主,其制度设计对社会自主力量的天然挤压使得社会力量无法积极参与,网络化治理则强调在价值共识的基础上各个主体间相互合作、相互信任,打破政府、市场和

---

① 王枫云,林志聪,陈嘉俊.从网格化城市管理走向网络化城市治理:必然与路径[J].广州大学学报(社会科学版),2016(02):39-43.

社会之间的藩篱,构筑利益协调机制。

除了网络化治理之外,其它研究主要是针对网格化治理缺陷的部分"补强",如培育自治力量①、强化网格化治理的法治规范②以及发挥城市基层党建③在多元主体之间的"黏合"作用。这些都对缓解城市网格化治理的内在矛盾和推动网络化治理的发展具有一定的作用,却不能从根本上解决网格大小及其能力的问题。如何从根本上克服网格化治理的"阿喀琉斯之踵",还需要进一步研究,城市网格化治理的未来走向需要进一步探索。

网格化管理也广泛面临着"旧瓶装新酒"和"换汤不换药"的广泛质疑。社会事实具有多样性、复杂性和模糊性,许多社会事实实际上是难以描述和测度的,社会生活中到处充满了盲点和死角,也存在着诸多无法治理或难以治理的空间或场所。因此,社会事实的清晰化是相对的,也是有限的。从城市事件的层面来看,网格化管理的信息过程很大程度上也是社会建构的过程,标准化的信息处理技术并不足以刻画城市社会人们生产和生活及其互动的状况,更何况大量基层的网格员也缺乏精准识别和刻画社会事实的能力。

值得警醒的是,信息技术的应用展示了社会清晰化的潜力和远景,也激发了国家干预的欲望和雄心。随着国家权力强势进入基层社会,信息技术的应用更是主张了国家权力的长驱直入,社会的自主性可能会出现某种程度的萎缩。网格化管理的发展带来了更加良好的社会治理效果,但也会导

---

① 井西晓.挑战与变革:从网格化管理到网格化治理——基于城市基层社会管理的变革[J]. 理论探索,2013(01):102-105.

② 梁平.正式资源下沉基层的网格化治理——以河北"一乡一庭"建设为例[J].法学杂志, 2017(05):101-112.

③ 吴锦良.构建基层党建与基层治理良性互动的新格局——舟山市基层党建工作的实践创新 [J].中共浙江省委党校学报,2010(01):5-12.

致社会对国家的依赖甚至依附。此外,清晰化的城市治理不仅意味着巨大的人财物等成本,也导致了许多似是而非的非预期后果。这些也应该是推进网格化管理所需要认真反思的问题。

第十章 城市治理的清晰性及其技术逻辑

当前,人类社会已经进入到大数据时代。现代信息技术的广泛应用,推动了城市治理的转型及其发展,带来了汹涌澎湃的技术化浪潮,信息技术及其治理产品应用到城市治理的不同场景和领域中,比如基于智能平台的城市部件管理,基于智能设施的医疗、教育以及交通等公共服务供给,基于"天网"系统的城市公共安全管理等,技术嵌入的"制度 – 技术"城市治理模式正在生成。① 但信息技术应用于城市治理还仅仅只是个开始,其未来发展前景既令人期待,也让人焦虑不安。既有的研究探讨了信息技术嵌入城市治理的过程及其互动和融合等,也对城市治理中的技术应用进行了人文和伦理反思。

城市是各种要素资源高度密集的空间形态,需要确切的信息来协调和处理各个方面的事务。城市治理是信息技术应用的前沿阵地,形成了各种不同形态的技术治理,比如电子政务、网上政府、数字政府和虚拟政府,以及更加具体的"一站式服务""一网通办""最多跑一次"改革等。智慧城市是

---

① 文军,高艺多. 技术变革与我国城市治理逻辑的转变及其反思[J]. 江苏行政学院学报,2017(06):47 – 56.

技术治理的高级形态,是信息技术应用的集成化体系,通过对社会事实进行编码、赋值、运算和应用等,可以形成清晰可见的城市治理图景,实现城市运行的精细化操作。本书以智慧治理及其运作为分析对象,探讨信息技术如何重塑城市治理的图景,实现了哪些方面的清晰性,包含了什么特殊的技术治理逻辑。

第一节　智慧治理的技术系统及其运作

最早在 2008 年 12 月,美国 IBM 公司率先提出智慧城市的发展愿景,将物联网、云计算、大数据等信息通信技术的应用确定为智慧城市建设的基础性内容。[①] 2010 年,IBM 公司在智慧城市的概念中融入民生、服务、创新、互通以及智能等人本化理念。[②] 随后,一些发达国家陆续出台了推动智慧城市发展的重要战略,比如新加坡的"智慧国家 2025"、英国的"数字英国战略"、俄罗斯和德国的"工业 4.0 计划"。智慧治理奉行连接、收集和理解等理念,以现代信息技术和人工智能技术为核心,全面提升管理和服务的智能化和智慧化水平,成为现代城市治理转型和升级的重要方向。

中国社会的智慧治理始于 20 世纪 90 年代的电子政务,随后经历了政府的信息化和数字化发展阶段,逐渐过渡到当前以智慧城市为代表的智慧治理阶段。2012 年,住房和城乡建设部正式印发了《国家智慧城市试点暂行管理办法》,提出要整合信息资源,提升城市管理能力和服务水平。紧接着,国家各部委、各省市都陆续出台相关的规划,全国近 90% 的地级市都涌入到智

---

①　李云新,韩伊静.国外智慧治理研究述评[J].电子政务,2017(07):57−66.

②　Mcneill D. "Global Firms and Smart Technologies:IBM and the Reduction of Cities"[J]. *Transactions of the Institute of British Geographers*, 2015(04):562−574.

慧城市建设的浪潮中,比如北京、上海、广州、深圳、杭州、南京等城市都出台了智慧城市建设的发展规划,全国预计总投资达3万亿的规模。《国家新型城镇化规划(2014—2020)》也强调,要统筹城市发展的信息资源,推动物联网、云计算和大数据等新一代信息技术的创新应用,促进城市治理的智能化、便捷化和精细化等。

　　作为信息技术的特殊组合形态,智慧治理包含了复杂的技术元素,比如云计算、5G、人工智能以及机器学习等,无论是何种技术元素的组合,信息技术都是其中最基础、最关键和最核心的要素。正如其他的社会行动体系一样,智慧治理的技术系统也包括三种基本要素:行动者、技术要素和规则体系。其中,行动者是技术系统的能动性要素,决定着信息技术的应用及其规则设计,但也受到技术及其规定性的约束;技术是技术系统的设备和构件,是技术系统发挥作用和功能的基础,否则智慧治理将变成无源之水、无本之木;规则体系则是约定技术应用、连接行动者和技术,以及规范行动者的规则,是技术系统中的"软件系统"。

一、智慧治理场域中的行动者及其关系

　　行动者是对行动场域中的参与者及其规则构建有影响的个人、群体和组织。[①] 在智慧治理的行动场域中,主要的行动者包括作为管理和服务者的城市政府、作为服务生产方的技术企业及其技术专家,以及作为管理和服务需求者与评估者的城市居民,三者的关系构成了技术系统的行动者网络。这个网络定位了三者的位置、功能及其角色,也设定了各自的利益及其实现

---

　　① 埃哈尔·费埃德伯格.权力与规则:组织行动的动力[M].张月译,上海:上海人民出版社,2005:203-205.

方式。但三者的地位是不平等的,各自的角色和功能也是不一样的。

其中,城市政府承担着城市治理最为主要的职责,决定着是否使用以及如何使用信息技术,比如决定是不是要应用大数据技术,将大数据应用到城市治理的什么领域,以及怎样利用大数据来提高公共服务的便捷性等。城市政府投入大量资金建立智能化的基础设施,各个职能部门都掌握着海量的数据,拥有着强大的数据优势,也可以根据需要选择不同的技术,为技术应用设定必要的规则,比如确立智慧城市的技术标准,在智慧治理发展进程中发挥着主导性作用,是智慧治理的主宰者。

技术企业以及技术专家是智慧治理体系中的"服务商",主要通过提供技术产品和服务在智慧治理的过程中发挥主力军作用,与城市政府形成了相互合作同时又相互竞争的关系。对于方兴未艾的智慧治理来说,技术企业拥有良好的技术以及创新能力,许多技术企业还拥有丰富的数据资源以及技术专家,具有无可替代的技术优势和潜力。技术企业行动的重要目的是向政府推销技术方案,通过承接政府智慧治理的项目来获取利润,在智慧治理的蛋糕中分一杯羹,也可以为政府提供相关的人才和技术支撑。

城市居民在智慧治理中具有双重角色:一方面,城市居民是智慧治理要描述和刻画的对象,即通过各种感知技术和智能工具来监测、搜集和处理有关个人态度、意愿和需求等的信息,为城市居民进行精准画像,从而实施更为具有个性化、精准化、回应性和有效性的治理行动;另一方面,城市居民也作为信息提供者和治理评估者参与治理过程,包括为智慧治理贡献个人数据,对公共管理和服务反馈态度、偏好和满意度等信息,具体如通过网络信息平台或政务 App 来进行在线交流和服务反馈。

二、技术要素

"政府—企业—居民"的行动者网络是智慧治理中"人"的问题,而智慧治理的关键内容及其根本属性是"技术"的问题。技术是智慧治理的核心,没有先进和发达的现代信息技术,智慧治理也就无从谈起。根据在智慧治理中的角色和功能不同,技术要素具体可分为智能感知技术、信息集成处理技术、辅助决策技术和智能服务技术四大类。

智能感知技术。城市空间中复杂的社会事实只有被感知和读取出来,转化为可加工、可存储和可分析的符号和数据,才能成为智慧治理所需要的信息。智能感知技术着眼于读取和编码社会事实,形成社会事实清晰的数据映射,具体包括:通过地理编码系统、3S技术等获取城市部件以及场所设置等物理空间信息;借助高清摄像头、传感器、人体芯片等获取人的行为及其特征的信息;应用API接口等方式获取网络用户数据信息和流量信息等,比如通过App接口获取用户数据信息等。

信息集成处理技术。信息集成处理主要是对多元异构数据进行的清洗、分类和存储等。首先是数据的清洗,主要包括补值残缺数据、删除重复数据和剔除错误数据等,将杂乱的数据转换为标准的数据;其次是数据信息的分类处理,主要包括信息位置的锚定,信息内容的分块,信息索引的建立,使用户能够快速检索到所需要的信息;最后是信息储存,就是对数据进行融合与关联,根据数据格式、数据分层和表格设计等,将海量数据归入对应的数据仓库,对数据及其价值进行开发和管理。

辅助决策技术。根据决策的问题面向,辅助决策技术可分为实时性决策技术和预测性决策技术。前者是指通过Web3.0对城市的部件设施、道路交通、城市规划,以及基本公共服务供给等进行全方位的指标设计,以镜像模拟和算法设计等技术手段,及时钻取相关数据,从而启动预处理程序;后者是指面向可能发生的社会问题,主要运用 Python、机器学习以及深度学习等技术,通过历史梳理和热点分析,判断出城市社会中高发、频发和可能发生的问题,及时作出具有针对性的预测式决策。

智能服务技术。智慧治理集成新一代信息技术,通过感知、分析和整合城市运行的各项关键信息,准确寻找民生服务的难点、痛点和堵点,作出科学化和智能化的响应。智能服务技术以服务对象为中心,主要包括一站式服务、数字化平台和大数据系统等,目标是优化服务流程,减少管理成本,优化服务质量,提高用户满意度。特别是将数量巨大、操作简便、标准化程度高、数据信息相对完整的城市治理问题交给智慧治理系统,可以提高公共服务的有效性、便捷性和精准性。

三、规则体系

作为现代信息技术与城市治理相结合的人机复合系统,智慧治理不仅需要行动者和技术等"硬件"要素,更需要将各种要素组织起来的"软件"要素,即规则。这些规则主要是解决技术组合的形态、技术系统能做什么、不能做什么,以及如何运转等问题。具体的规则蕴含在法律法规、组织结构、运行流程、技术标准和行业规范等当中,主要包括框架性规则、技术性规则和协调性规则三个方面的内容。

框架性规则。框架性规则是有关智慧治理建设、管理和运行的基础性规则,涉及组织结构、技术框架、运行机制和应用领域等基本问题。根据2018 年全国智能建筑及居住区数字化标准技术委员会发布的《智慧城市顶层设计指南》,其中就包括组织领导、总体设计和框架设计等的框架性规则,具体内容包括指导思想、基本原则、总体框架,以及业务框架、数据框架、应用框架、安全体系等内容。同样,各地出台的智慧城市建设的规划方案,也都对建设原则、总体规划、统筹协调,以及实施机制等作了较为细致的规定。

技术性规则。技术性规则是关于技术如何设计、应用和管理的规则,对应于基础设施、支撑技术、应用平台、管理服务等方面的技术标准等,具体包括三个方面:首先是技术基础规则,主要包括结构、规格、操作语言等国内外通用性规则,比如 RFID 传感器、SSIS 语言等;其次是技术支撑规则,主要包括技术平台架构的规定、技术设备功能的要求与分配等;最后是技术应用规则,主要包括不同技术设备之间的配合、协调、衔接等国内外通用性规则,比如利用云平台、云计算中心、地理信息数据库等实现不同智能终端的无缝衔接等。

协调性规则。协调性规则着眼于调解技术与外部环境之间的关系,具体包括技术安全审查规则、信息保护规则和技术伦理规则。技术安全审查规则,主要是对新技术进行强制安全认证,比如中国信息安全认证中心对新技术的强制认证;信息保护规则,主要是对技术的采集、分类、存贮与应用的硬性规定,比如《信息安全技术 ICT 供应链安全风险管理指南》等;技术伦理规则,是评估和规避技术应用产生的伦理风险的规则,比如微软发布的公平、可靠和安全、隐私和保障、包容、透明、责任等基本原则。[①]

第二节　智慧治理清晰性的基本维度

美国学者斯科特指出:"前现代国家在许多关键方面几乎是盲人。它对

---

① 沈向洋,施博德. 计算未来——人工智能及其社会角色[M]. 北京:北京大学出版社,2018:1-5.

它的统治对象所知甚少：他们的财富，他们所有的土地及产出，他们的居住地以及他们的身份。它缺少任何类似详细地图一样的东西来记载它的疆域和人口。在很大程度上，它也缺少能够将它所知道的东西进行'翻译'的统一标准和度量单位，而这是概括总结的基础。结果，国家对社会的干预往往是粗劣的和自相矛盾的。"①反过来说，对于复杂的城市治理来说，有效的治理首先要解决的问题是信息的问题，从而及时获得充分、全面和准确的信息，最终形成清晰的城市治理图景。

现代信息技术已经广泛应用到城市社会的各个领域，通过"行动者—技术要素—规则体系"的技术系统，可以持续而准确地识别、记录、集成，以及利用有关社会事实的信息，进而导致各种类型的数据喷涌而出，形成取之不尽用之不竭的数据资源，为改进和优化城市治理提供不可或缺的数据支持。智慧治理是基于现代信息技术而建构起来的信息交易系统，通过数据的采集、集成、加工、存储、传递、运算以及应用，可以清晰地呈现城市社会的治理图景，特别是通过大数据技术挖掘社会事实的特性、规律和关系，极大地提高了城市治理的清晰性。具体来说，这包含治理对象、治理主体、治理过程以及治理结果四个方面的清晰性。

---

① 詹姆斯·C.斯科特.国家的视角——那些试图改善人类状况的项目是如何失败的[M].王晓毅译,北京:社会科学文献出版社,2004:2.

表 10 - 1　智慧治理清晰性的基本维度

	问题指向	技术操作	主要内容	评估标准
治理对象的清晰性	社会事实复杂 公共事务繁杂	持续监测 数据采集	获取和处理治理对象的信息	数据的数量质量 数据的利用效率
治理主体的清晰性	治理边界不清 主体权责不明	权责梳理 资源匹配	厘清权责主体 划清治理边界	权责清单细化 规范清单操作化
治理过程的清晰性	治理程序混乱 流程运行不畅	数据处理 流程监控	理顺运行流程 精心设计程序	流程图清晰 数据流动顺畅
治理结果的清晰性	结果的非透明 评估的非标准	信息处理 "可视化"	评估标准明确 评估结果透明	结果预测精确度 结果数据化程度

一、治理对象的清晰性

正如地图是以图像的形式呈现和表达地理信息,智慧治理则是以数字化的方式来描述城市社会及其运行。智慧治理广泛读取城市空间的信息,对社会事实进行数据化编码,形成可读取和可分析的信号或符号,进而对不同数据进行加工、赋值和计算,实现了社会事实从"可见"到"可读"再到"可知"的发展,特别是对大量过去隐形的社会事实进行信息化,用标准化的数据进行全面呈现,解决了治理什么的问题,比如武昌区的"天眼二期"工程,用 2500 个"星光级"的"夜视"摄像头照亮全区,实现全覆盖无死角的城市监控,实时获取社会事实数据,提高了可治理的程度。[①]

在大数据技术的支撑下,智慧治理对不同要素的数据进行充分解读与关联性挖掘,对碎片化的人财物以及社会行为的信息进行集约管理与调度,透视潜藏于复杂现象要素下的城市运行和管理规律,将社会事实的各种联

---

① 湖北武汉:2500 个"夜视"摄像头守护百姓安全[EB/OL]. http://www.chinapeace.gov.cn/2014 - 12/29/content_11164251. htm.

系转化为数据信息的关联和运算,实现了对社会事实信息的语义描述与数据操作,深入挖掘出其中的因果机制与演变机理,推动了对社会事实的认知从主观判断到客观计算的重大转变,可以实现对城市治理要素及其关系的深层次洞见,更好地掌握城市的运行及其治理状况等。

智慧治理通过对城市数据全网、全流量、全视频地集成和计算,可以描述城市社会①事实的关联性及其互动网络等,对城市及其运行进行精准画像,比如以地理位置、行动轨迹、居住信息,以及交往数据等绘制城市生活数据画像,上海市食品药品监督管理局通过网络订餐平台的数据分析,识别出大量存在食品安全风险的"网红"餐厅,生成线下检查的问题餐厅"图像",提升了食品安全检查的针对性与准确性。②

二、治理主体的清晰性

治理主体与城市治理的匹配问题,主要是职责权利的问题,是决定城市治理效能与效率的关键。智慧治理实现了治理对象的清晰性,但这些清晰性的结果能否被应用起来,发挥应有的治理效用,则取决于谁来治理、行使权力以及承担治理责任,也就是权责配置及其运行的问题。特别要指出的是,能不能很好地实现治理对象的清晰性,也依赖于治理主体是否能认真履行其职权和责任,准确地采集、加工和传递相关信息。

首先,理顺政府内部各个部门的权责关系。智慧治理以社会事实的数据化为基础,根据信息交易的性质及其内容来安排、选择和锁定对应的治理

---

① 汪锦军.城市"智慧治理":信息技术、政府职能与社会治理的整合机制——以杭州市上城区的城市治理创新为例[J].观察与思考,2014(07):50-54.

② 上海市食品药品监督管理局发布本市2018年第3轮网络餐饮服务监测信息结果[EB/OL].http://www.shanghai.gov.cn/nw2/nw2314/nw2319/nw12344/u26aw55251.html.

主体,合理地确定数据治理的责任部门,将各政府部门嵌入到不同的治理环节中去,推动政府部门的组织、结构和流程调整,有效解决职责交叉、职责不清与职责重叠等的问题,比如杭州市上城区建立三大信息化平台和十个信息化应用系统,使每一项事务都有对应的责任部门。

其次,在数据平台的支持下,智慧治理可以依据政府部门的权责体系、资源储量以及运行效果等数据,计算各政府部门的实际治理能力,从而明确不同政府部门的职责任务,合理配置治理资源,保证资源利用的效率。此外,通过理清政府、市场以及社会的边界,也可以将政府部门做不到和做不好的事务交给市场和社会,这样就可以拓展和盘活治理资源,提高城市治理的弹性、适应性以及能力。

最后,通过描绘新问题和新情况的基本特征,抽取其中的数据元素进行计算和检验,与既有的信息平台和数据库进行比对和匹配,不断通过"自我学习"的方式确定社会问题和需求的权责归属,以及不同阶段不同主体的职责要求,比如上海市开发的 6 个人工智能创新应用示范区和 60 个人工智能的深度应用场景,用 AI 的"深度学习"来适应复杂的社会情境需求。① 但这种"自我学习"的精确性也受到数据的稀疏性和算法的有限性等的制约。

三、治理过程的清晰性

有效的治理不仅取决于谁来治理,也取决于如何治理。如何治理的展开就是治理过程的问题。良好的治理不仅需要产生看得见摸得着的良好结果,也需要以看得见摸得着的方式来达成良好的治理结果。特别是民主治

---

① 上海打造智慧城市 三年推动 60 个人工智能深度应用场景［EB/OL］. http://sh. sina. com. cn/news/m/2018 – 12 – 13/detail – ihqackaa8298563. shtml.

理的发展,提出了开放性和透明度的要求,比如"每个人都有这样的权利,即可以公开得到或可以得到足以充分显示用于他的裁决程序是可靠和公平的信息,他有权利得知他是在受某种可靠和公平的体系处理"①。

　　智慧治理通过治理对象与治理主体的靶向匹配,在对象与主体之间控制流程节点、整合冗余程序、优化内部流程、强化流程衔接转换,②将政府的治理行动和社会问题的治理需求进行拆解细分,排列重组,以问题为基本单元,梳理出城市社会问题解决的标准流程与步骤要求,绘制出治理过程的具体流程图,使城市政府治理行动的每一步都清晰可见,比如用"数字账本"形成的定人、定事、定责、定标准的智慧管理制度。

　　权力的运用留下了特殊的"印迹",比如文书、档案和信任感等。完整地记录和测量这些足迹和痕迹,也就可以清晰地展示出治理的过程。智慧治理着眼于强化对权力过程的记录和监测,形成政府及其官员行为"数据档案",由此可以呈现治理过程的完整图景,比如上海市自 2018 年开始投入使用的立法信息平台,对规章制定的过程进行全程留痕,实现了立法过程的清晰性。③ 但数据留痕的要求也容易滋生不正当的"痕迹主义"。

　　治理过程的清晰性也意味着治理过程的可视化、标准化和可回溯等,即通过在线的信息平台,可以清晰观测到治理过程的情形,留下治理过程的文字、图像,以及音视频资料等,从而积累和提升治理经验,特别是经由标准化的数据处理流程,治理过程的过错或纰漏可以被及时被发现,也就可以给予快速响应,减少了过错行动的代价。随着治理过程的数据化程度越来越高,

――――――――――

① 罗伯特·诺齐克.无政府、国家与乌托邦[M].何怀宏等译,北京:中国社会科学出版社,1991:108.

② 何继新,何海清.城市社区公共服务智慧化供给治理:基本特质、标靶方向和推进路径[J].学习与实践,2019(04):100 – 109.

③ 上海率先建成政府立法信息平台,打通运用法制大数据的"任督二脉"[EB/OL]. https://www.jfdaily.com/news/detail?id = 79318.

对权力的监督和评估也变得更为可行。

四、治理结果的清晰性

在智慧治理无所不在的监控和透视下,城市治理的过程及其结果都具有了高度的透明性。无论是对于政府决策者来说,还是对于城市居民而言,都不仅应该知道治理什么、谁来治理以及怎么治理,更需要知道治理的效果如何,这样才能对治理活动进行持续地监测和改进,形成良性的城市治理闭环系统。通过各个领域涌现海量的数据资源,智慧治理可以清晰地呈现治理效果,可以全面监测治理状况的变化及其程度,也可以精确地评估治理结果,进而对治理结果进行更精确的预测、评估和反思等。

智慧治理对城市空间的治理是全方位的,包括对治理结果的规划、设计、预测、控制以及评估。由于智慧治理需要投入巨大的资金,需要用良好的治理结果来证明其自身,因而智慧治理始终是着眼于目标或结果来选择和设计治理的机制、过程和方法等。治理结果的清晰性实际上是治理过程理性化的合理延伸,即通过理性化的设计和操作来达成明确的目标或结果。由于智慧治理的过程具有可见性、可控性和可追溯性,因此治理的结果很大程度上也是可预期的、可控制的和可分析的,这也是智慧治理能实现精准治理的技术优势所在。

智慧治理立足城市治理的数据化表达,借助于模拟决策等大数据技术,可以精心、精致和精确地治理。治理的结果及其呈现是循序渐进展开的,因而也是随时可以控制、评估和校验的。特别是当实际结果与预测或设计的结果偏离时,可以及时进行技术改进和优化,比如深圳市打造 SMART 智慧城区新型技术架构,实现了 14 个城中村的动态监测,可以根据不同城中村的人口、基础设施、安保等状况提出资源配备方案,通过机器学习等不断加以改进。①

　　无论是城市治理实践生产形成的标准化和数据化知识,还是经由数据分析和挖掘而形成的知识,智慧治理的过程也是知识积累的过程,治理知识的生产既是智慧治理的结果,也为智慧治理提供不可或缺的知识资源。那么应用这些知识来解决治理问题,也就为城市治理提供了良好的合法性和正当性辩护,进而形成了城市治理与治理知识再生产的良性循环。

　　清晰性究竟解决什么问题呢? 清晰性首先是解决了治理什么的问题,即城市治理的问题是什么,在哪里,怎么样,从而精准定位城市治理问题;其次是城市如何治理的问题,即如何厘清权责边界,提升治理体系及其运行的清晰度,依赖于大数据提供的洞见和知识,提升治理的精准性;最后是治理效果的问题,就是要让治理的效果看得见摸得着,可以进行客观地评估和校验。

第三节　城市治理清晰性的技术逻辑

　　城市是人口和资源等要素高度密集的空间形态,也是政治、经济和社会等因素高度复合的生态系统。城市治理主要是以城市政府为中心的社会多元主体互动的过程,以城市政府为主的权威性行动者需要反复地和持续地读取与计算社会事实,从而形成是否干预以及如何干预等决策。什么样的社会情况能够成其为问题,什么问题构成需要立刻着手解决,应该用什么样的方法来解决这些问题? 这些问题说到底是信息及其计算(以及作为计算

---

① 深圳市福田区智慧城市指挥中心启动[EB/OL]. http://sz. people. com. cn/n2/2018/0623/c202846-31735265. html.

结果的知识)的问题。

复杂的城市系统需要更加精确和有效的治理,而这必须要以充分和准确的信息为基础。传统的城市治理主要是通过各级管理人员来采集、记录和筛选社会情况的信息,然后根据官僚体制的权责链条逐级将信息汇总到较高层级的决策者手中,可谓是城市治理信息处理的"手工作业阶段"。由于信息技术还比较落后,信息处理缺乏严格的标准化规范和流程,信息处理的过程包含了大量失真、缺损甚至歪曲的情形。特别是由于数据的类型、格式、维度以及粒度等都千差万别,很难成为可以有效利用的信息资源,也难以从中发掘出有价值的知识。这也不同程度地导致了城市治理的失灵和偏差等问题。

"信息技术已经成为时代的基础技术,成为推动社会变革的杠杆。"①作为信息技术应用于城市治理的典型形态,智慧治理是现代信息技术与城市治理相互嵌合的人机复合系统,是绘制城市治理数据画像的技术画笔。各种传感器、摄像头、智能终端已经成为不可或缺的信息技术工具,跨数据库、跨平台的数据计算也已经广泛应用于城市反恐以及其它公共安全事件等领域的治理。②智慧治理立足社会事实的全面数据化,系统整合城市空间中的数据资源,努力实现基于全数据的社会计算,逐步推动城市治理的清晰性,推行高度数理化的治理方案。

如上所述,作为现代信息技术密集应用的治理形态,智慧治理带来了城市治理对象、主体、过程和结果的清晰性,建构了高度清晰的城市治理图景,但这种清晰性究竟是如何做到的? 包含着什么样的技术逻辑呢? 下面将从社会事实的再组织化、信息的扩大再生产、社会计算方式的重构、信息处理

---

① 张康之.论信息技术应用中的社会及其治理[J].武汉科技大学学报(社会科学版),2017(04):349-357.

② 张海波.大数据驱动社会治理[J].经济社会体制比较,2017(03):64-73.

流程再造以及社会事实的"可视化"五个方面来揭示其中的技术逻辑。

一、社会事实的再组织化

　　社会的本质是由语言、文字、图像等符号建构的意义世界,不同类型的符号和信息是对社会事实客观处理的结果,也是客观社会事实的人为度量。固定姓氏的创建、人财物度量单位的确定,以及语言文字和法律规定的标准化等,都是国家用符号对不同的社会事实进行重新定义与度量,以呈现社会事实的存在状态、客观表征及其运行逻辑。从记日历法到地图,从户口调查、土地登记到资源调查等,①国家依靠垄断性的权力关注和透视社会,对社会事实进行符号化的度量和描画,对社会生活进行规划、组织、设计和干预,不仅重构了社会事实及其呈现方式,也带来了权力运行方式及其话语的转变。

　　现代信息技术创建了记录和测量社会事实的全新方式,革命性地重构了社会的信息空间,实现了信息的生产和扩大再生产。智慧治理对城市社会进行数字化呈现,这些符号的信息化程度更高,映射更加精准,维度更多,粒度更细,从而系统地构建出了"万物皆数"的符号化世界,用数据及其关联刻画城市社会的真实情景,实现了对城市社会及其治理的数字化再组织。这具体包括社会事实的数字化呈现,不同社会事实之间关系的重新定义,城市治理实践的梳理和安排等。这不仅意味着更为深刻地描画和阅读治理情境,也意味着可以理性地设计治理活动,匹配治理资源。

---

　　① 瞿同祖.清代地方政府(修订译本)[M].范忠信,何鹏,晏锋译,北京:法律出版社,2011:203－225.

二、信息的扩大再生产

良好的信息是有效治理不可或缺的基础,治理结构的信息交易决定了治理体系及其运行的效率。"信息是我们这个时代最为重要的社会资源,不仅各种生产和经营活动,而且社会治理,能否取得令人满意的业绩,都在很大程度上取决于对信息资源的应用。"①城市治理必须要面对复杂多样的社会事实,尽可能获得社会事实的全息数据,以深度描绘、定义和定位复杂的社会事实。城市政府获取社会信息的过程,既是权力不断渗透城市社会脉络的过程,也是对城市社会事实进行定义、描述和编码的过程,从而将尽可能多的城市社会事实纳入到智慧治理体系,给予合理的编码、计算和操作等。

这个过程也是信息生产和再生产的过程。通过大数据技术、感应技术、认知学习技术以及机器学习等的应用,城市政府一方面向社会各个领域伸展权力的触角,持续地记录和测量琐碎而繁复的社会事实,不断获得和积累有关社会事实的数据,结果就是数据量越来越大,数据维度越来越多,数据库也越来越大,而且记录和测量社会事实的过程本身也构成了城市治理需要处理的信息,比如人口调查的组织和实施过程也是重要的数据;另一方面通过深入分析、挖掘和利用海量数据,更多的社会事实得以进入智慧治理的计算范围,可以更好地获得治理什么、如何治理以及治理得怎么样的知识,这些知识为改进和优化治理注入了新的元素。信息的(扩大)再生产因而具有了更加深刻的治理含义。

---

① 张康之.论基于信息的社会治理[J].中共杭州市委党校学报,2017(02):4–12.

三、社会计算方式的重构

对于多源异构的海量数据,只有建立相应的运算模型,进行准确的算法设计与分析,确定对应的数据和指令,进行高度繁杂的社会计算,形成相关的治理知识,才可以"更好地监测社会运作、洞察社会规律、预测社会趋势、规划社会生活"①。传统的社会计算是以精英为中心的人工计算,少数的官僚精英控制着数据信息、测算指令、计算规则、运算模型以及相关工具等,计算的内容和方式由官僚精英来决定,计算的过程充满了"黑箱"和"任性",计算的结果很容易形成争议。比如在国民经济统计数据中,经常出现中央与地方的 GDP"打架"现象,大大影响了中央对于国民经济形势的预判、规划与调整等。

在智慧治理的技术框架中,数据的泛在性及其开放共享,建构了新的社会计算格局,云计算以及分布式计算(边缘计算)等多元化的计算方式也提高了社会计算的算力。首先是相对于"精英的计算",越来越多的普通人可以参与社会计算的过程,比如消费者在消费过程中进行满意度评分,最终可以汇总成为对商家及其商品和服务的质量评价;其次是任何人都可以根据计算模型与运行程序对运算结果进行"交叉检验"与"回溯分析"等,倒逼其它社会计算模式采取更加客观科学的计算方法,使计算结果更加接近事实原貌;最后是利用大数据平台的海量数据及其计算优势,更好地对城市治理的需求进行技术"验算",确定城市治理的轻重缓急,合理进行资源配置。

---

① 冯仕政,陆美贺.社会计算如何可能?[J].贵州师范大学学报(社会科学版),2016(06):27-30.

四、信息处理流程的再造

不同的信息技术形成了特定的信息处理流程，构建出了特殊的信息交易体系，比如官僚体制的信息交易主要是在封闭的体系内，根据权责划分、专业分工、级别高低以及个人偏好，来记录、存储、分配和交换信息。在依靠手写笔画和口耳相传的时代，信息搜集的成本很高，可传递的范围很窄，信息处理主要是通过手工作业方式来完成，很容易导致信息不全面，缺乏统一性，信息集成的质量不高，信息交易的效率很低。缺损性和碎片化的信息拼接成混乱模糊的治理图景，导致了大量的治理失当和失灵，这样的信息处理结构及其运行机制是不可能实现智慧治理的。

"今天的信息技术已经整合了包括计算机技术、网络技术、通信技术、沟通技术、管理技术，形成了一个信息搜集、加工和利用的集成系统。"[1]智慧治理以高度发达的信息技术为手段，以集中统一的信息化平台为依托，拥有强大的信息记录、存储和运算的能力，可以即时采集和获取有关城市社会运行的数据，根据标准化的信息处理流程和方法，对海量数据信息进行赋值、处理与计算等，为治理实践提供即时的洞见和知识。这就在很大程度上减少了信息处理过程中的干扰、损耗以及不确定性等，形成更为清晰、准确和有用的城市图景。此外，信息处理流程的变革也将带来官僚体制组织机构及其运行流程的创新。

---

① 刘炳辉,郭晓琳.速度、结构与情感:信息技术与社会治理的复杂互动——以当代中国流动人口治理问题为例[J].新视野,2018(06):110-116.

五、处理结果的"可视化"

从社会事实的再组织到信息的扩大再生产,从社会计算方式的重构到信息处理流程的再造,智慧治理的重要目标是实现社会事实的"可视化",也就是将社会事实的呈现及其处理结果变成看得见和摸得着的东西。人们不但可以清楚地看到城市治理的结果,洞悉城市治理的过程,还要理解城市治理的理由和依据等。这里的"可视化"不仅仅是技术上看得见和可理解的问题,也意味着智慧治理应该追求更为开放和透明的治理。相反,在传统的城市治理形态中,"暗箱操作"是比较普遍的情况,社会事实及其处理过程只有低度的"可视化",人们对于治理的过程和结果,以及治理活动的信息基础都不甚明了,基本被排斥在城市治理过程之外。

随着人工智能、机器学习以及深度学习等的发展,现代信息技术推动了社会事实从模糊的复杂性向清晰的可读性转变,①实现了从数据、信息和知识到决策的发展,其分析、处理和应用的各个环节都有相应的技术可视化框架。② 结果的"可视化"首先是信息的高度压缩和高效表达,通过图形变化、颜色深浅,以及动态模拟等实现高度直观化的表达;其次是语义增强与知识整合,通过叠置展现等技术增强数据表达的维度,提高语义理解的能力,不仅是让人看得见,还要让人看得懂,比如通过对出租车行使轨迹进行"可视化",分析城市经济活动和人口出行的状况;最后是人机的"可视化"交互,通过引入人机复合的信息技术系统,进行人机"可视化"交互操作,将技术的运

---

① 陈晓运. 技术治理:中国城市基层社会治理的新路向[J]. 国家行政学院学报,2018(06):123-127.

② Hargittai E. "Is Bigger Always Better? Potential Biases of Big Data Derived from Social Network Sites"[J]. *The Annals of the American Academy of Political and Social Science*, 2015(01):63-76

用与人们的认识、判断和处置行为结合起来。[①]

　　信息是社会事实的人为量度，是社会现象的客观表征，也是城市治理活动的基础。以现代互联网、物联网、大数据、云计算、机器学习以及人工智能技术等为载体，智慧治理实现了对社会信息的多维挖掘、复杂运算与精确应用，推动了城市治理对象、主体、过程与结果的清晰性，建构出了高度清晰的城市治理图景，带来了更好的城市治理的可能性，其中包含了社会事实的再组织化、信息的扩大再生产、社会计算方式的重构、信息处理流程的再造，以及处理结果的"可视化"等多重逻辑。智慧治理正是通过这些途径和机制而发挥作用的。

　　智慧治理依赖于信息技术，推动了信息技术的发展，激发了对善治的美好期待。信息技术对城市治理进行全面的数据化解构与重构，用数据标准代替语义语言，以数据计算代替个人判断，用智能化操作取代手工作业，但也可能会导致广泛的数据治理风险，比如社会事实的数据化会弱化社会事实的丰富内涵，标准化的操作规程往往很难应对偶发性和随机性问题的挑战，全息数据的不可能性影响了社会计算及其结果的可靠性等。因此，在不断提高城市治理的智能化程度的同时，也需要深入反思和防范智慧治理的弊病、隐患和危机。

　　需要注意的是，智慧治理才刚刚开始，城市治理的清晰性有些是已经完成的任务，更多则是要继续探索和试验才有可能实现的目标，因此需要投入大量的治理资源，审慎地思考和评估相关投入的必要性和可行性，谨慎地试错和摸索。清晰性很重要，日益复杂的城市治理情境需要更清晰的治理，但也要关注和警惕清晰性可能引发的伦理和道德冲突。提高城市治理的清晰

---

　　① 孙轩,孙涛.基于大数据的城市可视化治理:辅助决策模型与应用[J].公共管理学报,2018 (02):120－129.

性需要强大的技术支撑,但如果过度关注技术及其应用,也会导致对人及其需求多样性的忽略。因此,如何平衡社会事实不可避免的模糊性与孜孜不倦的清晰性追求,也是未来城市治理必须关注的战略性议题。

第十一章 城市治理中的信息技术及其反思

科学技术是第一生产力！20 世纪以来,科技革命突飞猛进,不断取得科学技术的辉煌成就,其中信息技术就是现代科学技术发展的重要成果。信息技术的快速发展,将人类社会带入到缤纷多彩的信息社会,深刻地改变了国家、社会和个人。随着信息技术的更新迭代,当今社会已经迈入到"大数据"时代,比特(BIT)的"统治"已经成为现实,人类正在昂首阔步地迈向人工智能社会。相应的,技术治理的浪潮惊涛拍岸,席卷社会的各个领域,包括企业管理和政府管理等,也渗透到社会生活的各个环节。

信息技术的发展及其应用,推动了技术治理的蓬勃发展,给城市治理带来无限的可能和希望,也暴露出多方面的隐患和危机,比如信息技术的效率面临着政府部门壁垒的限制、监控技术的大量应用威胁着个人隐私、公众方便参与的同时也更加远离政治……信息技术及其规则以精确的方式描述和解释世界,带来了多方面的技术治理幻象,具体包括技术万能的幻象、技术替代的幻象、技术赋权的幻象和技术共赢的幻象等。面对技术治理的热潮,迫切需要厘清技术治理的幻觉和想象,给城市治理的信息化打上一支"清醒剂"和"镇定剂"。

第一节　技术万能的幻象

经过改革开放四十多年的持续发展,中国社会的工业化和城市化快速推进,各种资源要素也不断向城市集中,取得了经济和社会发展的巨大成就。其中,城市不断延伸和扩张,推动了城市文明的兴盛和发展,但各种城市病也不断滋生和蔓延,包括能源紧张、交通拥堵、环境污染、贫富分化,以及公共服务短缺等。城市是人口和资源等要素高度聚集的空间形态,是国家治理的中心舞台。城市日益变成光怪陆离的综合体,城市治理变得更加重要,也变得更加复杂。

一、技术渗透于城市治理各层面

虽然城市治理的范围及其深度也不断拓展,城市治理的技术越来越多,但却难以避免治理失灵的事实,这具体包括各种形式的政策偏差、制度低效、规制失败、服务质量差以及群众不满意等问题。其中,许多具体问题不是最近才出现的新问题,而是长期存在的老大难问题,比如交通拥堵、秩序混乱和脏乱差等问题。广泛的治理失败暴露出治理的缺陷,也提出了对治理变革的要求,特别是提出了专业性、精确性、科学性和有效性等方面的要求。由此,城市治理开始向科学技术尤其是信息技术靠拢,寻找解答社会问题的技术答案。

自古至今,政府肩负着大规模管理的艰巨任务,需要解决社会共同面临的问题,既有着应用新技术的迫切需要,也拥有开发和应用新技术的人力和财力。从造纸术、火药、蒸汽机到复印机、计算机和互联网,再到物联网、大数据和云计算等,政府始终站在技术革命的前沿,也是新技术重要的消费大户。在信息技术革命尤其是智慧治理的潮流下,城市治理积极运用信息技术来解决问题。比如,当今中国近90%的地级市已经涌入了智慧城市建设的行列,预计投资达到约3万亿的规模,①物联网、云计算、大数据、移动互联网、智能终端、空间地理信息集成等新一代信息技术建设,已经成为当前中国城镇化建设的重点内容。②

在城市治理的各个领域,信息技术俨然已经成为解决问题的“万能药方”。比如,建立大数据共享平台,为提升行政审批服务效率提供基础数据,甚至发展到“不见面审批”;建立基于“城市大脑”的智慧城市系统,为科学管理、智慧决策和精准服务提供强大的支持,包括可以根据人流量以及拥堵情况自动规划最优交通路线;建立城市管理一体化信息平台,通过物联网技术对城市基本部件(如井盖、路灯和护栏)等进行实时监测管理,实施主动的和提前介入的管理;建构庞大的“平安工程”和“天网工程”等,提供公共安全以及维稳等方面的管理和服务。

相对于传统的管理信息系统及其信息处理方式,信息技术的广泛应用取得了巨大成效,主要包括提升了信息处理的效率,促进了公共决策的理性化和科学化,提高了公共服务的智能化水平,增进了公共管理的透明化程度,给社会民众带来了看得见摸得着的实惠和福利,比如更加贴心、精准和便捷的服务等。特别是信息技术的应用延伸了权力的触角,提高了权力运行的效率,也拓展了公共服务的自信心和想象力,带来了某种技术无所不能的幻象,即无论是什么性质的问题,无论问题有多么严重,都可以通过发展

---

① 智慧城市投资规模3万亿 未来将呈现四大发展趋势[EB/OL]. https://www. sohu. com/a/260017038_100233513.

② 国家新型城镇化规划(2014—2020年)[EB/OL]. http://www. gov. cn/zhengce/2014 – 03/16/content_2640075. htm.

和应用信息技术而得到解决。

技术万能的幻象包含了多层次隐而不宣的内涵:首先,信息技术是有用的,也是有效的,信息技术具有改变世界的巨大潜力,信息技术的发展是无限的,信息技术的应用也是无限的,正如许多新闻报道的题目所显示的:"信息技术手段成为城市治理首选方案""信息技术让现代城市治理趋向精细化""运用现代信息技术,破解城市治理难题",人类应该以自信而乐观的姿态发展和应用先进的技术,热情拥抱信息技术及其应用所带来的结果,所有城市治理的问题在信息技术的面前也都不成其为问题。

其次,作为人类智慧的重要结晶,信息技术及其运行规则都包含了严密的理性思维和科学精神,根据这种思维和精神,"人类社会的大部分现象和行为都遵循着某种规律、模型和原理法则,而且都可以通过技术重现与预测"①。相应的,所有城市治理的问题都有技术上的软肋或命门,都可以从技术上找到突破口,也可以寻找到解决问题的科学方案。通过运用信息技术来解决城市治理的问题,人们就可以更加理性、功利而自信地规划城市的现在和未来,掌控城市发展的前途和命运。

最后,技术就是技术,技术是中立的,信息技术也是中立的,可以为任何人所利用,不偏袒任何人的利益。城市治理中的信息问题无所不在,比如政情民意的测量及其计算充满了不确定性,因此信息技术是解决城市治理问题的关键,所有的问题都包含了技术不足的问题,都有信息技术可以发挥作用的地方,那么更多更好的信息技术也就必然能带来更加良好的治理。应该努力发挥信息技术的优势,为城市治理提供强大的技术支持,为优化城市治理提供智慧方案。

---

① 刘永谋,兰立山.大数据技术与技治主义[J].晋阳学刊,2018(02):75-80.

二、技术治理的乏力性与两面性

作为一种"人工物",技术不是完美无缺的,而是充满了缺陷和漏洞的。每一种技术的进步及其应用,也都包含了可能的危机和纰漏。现实世界是高度复杂的,不可能放到显微镜下给予仔细观察,也不可能被任意地操弄于股掌之间。技术的作用并没有想象中那样理性、精确、科学和有效,技术万能的信念只是虚无缥缈的幻象,隐藏着走向反面的因子。

第一,技术治理强调数据为王,但必须要承认的是,将复杂而微妙的社会事实转化为简单可操作的信息符号,往往导致大量有价值信息的流失,而用数据之间的表面相关性替代事物之间的因果关系,往往只能是雾里看花,并不能深入洞彻事物的本质,如每年在雾霾监测和治理的技术上的大量投入能够短暂降低 PM2.5 的数值,却至今难以发现雾霾的源头所在,进行根源治理。①

第二,社会问题的数量很多,错综复杂,涉及面广,也充满了偶然性和随机性,新问题和新需求层出不穷,对于新出现和即将出现的问题,特别是很多结构性、制度性以及个人等方面的问题,绝不是信息技术所能解决的。这就好像是说,智能交通系统可以根据实时的流量"指挥"通行,但是却很难保证每个驾驶员都能专心致志地开车,也无法避免意外交通事故的发生。

第三,技术进步是一柄双刃剑,信息技术的进步在提高社会管理效率的同时,也带来了大量需要解决的问题,比如信息的安全性问题、信息技术的高昂成本问题、技术应用的知识和技能问题、数据资料的保密问题、技术人

① 雾霾为何总是无法根治? 权威环保专家道出真相[EB/OL]. http://www.sohu.com/a/107467831_131990.

员的能力问题,以及技术对人的削弱和压制等问题,而且技术越是发达,越是嵌入到城市的肌体中去,需要解决的问题往往也越多。

第四,技术万能的信念强化了技术的功能和角色,使信息技术仿佛成为决定是非成败的关键变量,这不仅带来对城市治理问题的误读和误解,也使得城市治理问题的责任主体更加模糊,技术甚至成为政府等治理主体转移治理责任的工具,"技术短缺""技术不成熟""改进技术"等借口就成为公众难以辩驳的"正当"理由,助长了政府的任性和失责。

现代社会是高度复杂的生态系统,先天地存在着失序的"基因",容易出现技术漏洞和脆弱性风险。[①] 信息技术为城市治理提供了科学的工具与载体,但这并不代表信息技术是万能的,是绝对高效、精确和有效的。技术只是为社会问题的应对提供了辅助工具,具体运用何种技术、运用到什么程度,以及技术在整个治理体系的功能定位等都是复杂的问题。技术及其应用都是社会建构的结果,信息技术的应用及其积极效应带来了技术万能的幻象,这种乐观主义进一步推动了追求技术进步的努力,但也容易导致系统性的认知偏差,尤其是对城市治理逻辑的误读和歪曲。

第二节　技术替代的幻象

传统的治理体系以专业分工的科层制结构为基础,主要依照既定的规则来进行管理和服务。政府根据专业领域将社会分为不同的领域,建立起相对应的管理机构和规则体系,最终形成了纵向层次化和横向区域化的混

---

① 唐皇凤.我国城市治理精细化的困境与迷思[J].探索与争鸣,2017(09):92-99.

同结构。① 当出现新的管理事务时,就通过增加或调整(纵向的)层级或者(横向的)部门来予以应对,当管理和服务出现问题的时候,就通过调整或修改规则来加以解决。其中,制度、机制和规则建构了治理的框架及其行为,也是改进和优化治理的关键要素。

制度经济学的核心观点认为,制度是非常重要的。作为社会行为的规范体系,制度的性质、内容及其品质是影响治理好坏的关键变量。有关制度的认识和理解,是探讨治理问题的起点。正如邓小平所指出的,制度好,可以使坏人无法任意横行,制度不好,使好人无法充分做好事,甚至会走向反面。② 所以通常的治理思维应该是:如果什么事情做得好,那是因为制度合理,运行得好;而如果有什么事情出了问题,那是因为制度不合理,运行得不好。相应的,有关治理的思维始终是以制度为中心的,是围绕制度的好坏及其变革来寻找解决治理问题的答案。

从改革开放到全面深化改革,当代中国社会推进了各个领域各个层面的改革,改革包含观念、制度和技术等全方位的变革,但主要都是制度变革,没有制度变革,也就没有经济发展的成就,也就没有社会的进步。③ 党的十八大报告指出,当前改革进入到攻坚区和深水区,需要以更大的政治勇气和智慧,不失时机地深化重要领域的改革。改革是发展的前提,也是进一步发展的要求。改革是系统工程,涉及方方面面,但归根结底都是制度的改革,是利益关系的调整。否则,改革就只能是形式主义的表面文章,也就没有什么意义了。

李克强谈到全面深化改革时表示,"改革会触动利益,会动'奶酪'"④。

---

① 何哲.国家数字治理的宏观架构[J].电子政务,2019(01):32-38.

② 邓小平文选(第二卷)[M],北京:人民出版社,1994:333.

③ 来自与凤凰网《政对面》第9期对话北京大学姚洋教授的话。

④ 李克强:改革会触动利益会动"奶酪",但我们义无反顾[EB/OL]. http://cpc. people. com. cn/n/2014/0313/c164113-24626615. html.

所以正是因为改革是真刀实枪的利益博弈,是动一些人奶酪的过程,所以虽然人们能清醒地看到问题的所在,也深知改革的必要性和重要性,但要想触动现有的体制机制,打破既有的利益格局,却并不容易。由于政府考核更加注重短期和外显绩效,①制度变革需要较长的时间与官员相对较短的任期制度难以匹配,②因而安于现状往往就成为政府的首选项。

一、城市治理化约为技术问题

经过数十年的转型和发展,各个领域的制度化程度越来越高,规则体系更加严密和健全,利益格局也日趋稳定和定型,但制度变革也越来越难,改革的成本和代价也越来越大,正如习近平所指出的,全面深化改革进入了新的阶段,改革将进一步触及深层次利益格局的调整和制度体系的变革,改革的复杂性、敏感性、艰巨性更加突出。③ 吊诡的是,正是在当代中国改革再出发的重要节点,信息技术也以张扬的姿态进入到城市治理体系中来,嵌入到城市治理的各个领域和各个环节中去,描绘了城市治理的技术图景,甚至是以技术遮掩了制度。

信息技术应用到城市治理中来,尤其是各种令人震撼的智能化技术,给政府过程蒙上了技术的亮丽面纱。经过信息技术的装饰和改造,城市治理实践具体呈现为各种各样的信息活动,包括信息的采集、处理、加工、分析、存储以及利用等。在城市治理的决策、执行、监督和评估等过程中,获取、处理和利用什么样的信息,都成为至关重要的因素,很大程度上决定着做什么

---

① 周黎安.中国地方官员的晋升锦标赛模式研究[J].经济研究,2007(07):36-50.

② 姚洋,张牧扬.官员绩效与晋升锦标赛——来自城市数据的证据[J].经济研究,2013(01):137-150.

③ 习近平:全面深化改革进新阶段,将触及深层利益格局调整[EB/OL].http://news.china.com.cn/2018-03/29/content_50765230.htm.

以及怎么做。随着以信息为中心的技术逻辑的普遍化,城市治理的结构性问题、制度性问题以及程序性问题,都化约为了纯粹的技术问题,将事关利益分配以及价值关怀的制度性问题都转化为成本 - 收益问题,①以及怎么做的操作性问题。

城市治理权力不断延伸到社会的各个角落,也将技术治理的逻辑辐射到社会的各个层面,其积极方面是增加了城市治理的可治理性、理性化程度以及信息处理效率,但技术的运行也化解甚至是消解了总体改革的压力。②信息技术的应用虽然也会带来行政流程的重新设计,但这只是触及了科层制体系的手段方面,而并没有改变权力的结构、边界及其机制。信息技术将总体性的问题分解为简单的操作性事项,利用信息化手段来监测和计算以及交流信息,用技术的任务逻辑替代官僚体制的程序逻辑。

如此一来,城市治理变革谨慎地超越了制度性问题,避开了强大的改革阻力,寻找解决问题的技术要素,形成了增量改革的格局,因而具有良好的可行性。这适应了城市治理复杂化的现实需要,开辟了技术路径的城市治理新探索。在日趋技术化的治理思维下,困扰城市治理的问题不再是权力的问题,也不是制度的问题,而只是信息技术多一点还是少一点、差一点还是好一点的问题,是工具和方法以及计算和效率的问题。传统治理思维的逻辑通常是,只有改革机构、权力和制度,才能解决问题。但信息技术给出的答案却是,只要能更多地应用更好的信息技术,所有的问题都可以迎刃而解。

根据信息技术的运行规则,信息技术将城市治理的问题都转换为测量和计算的问题,数据以及更多更好的数据成为行动的重要目标。信息以及数据用最简约直接的方式打通政府的边界,重新塑造政府内部关系,用信息

① 黄晓春,嵇欣. 技术治理的极限及其超越[J]. 社会科学,2016(11):72 - 79.
② 渠敬东,周飞舟,应星. 从总体支配到技术治理——基于中国30年改革经验的社会学分析[J]. 中国社会科学,2009(06):104 - 127.

流动替代层级关系。① 政府内部的制度冲突、权责不清以及运转失灵问题,都可以通过建立跨部门的信息平台而得以打通任督二脉:强大的信息技术击穿了政府部门的牢固壁垒,专业的和科学的技术标准取代了复杂繁琐的行政协调,标准化的信息法则征服了基于利益的部门逻辑,如上海市的"一网通办"平台及其 App,整合了不同部门的信息,实现了行政审批一站式办理。

二、技术治理的临时性与越位

技术终归是实践的方法和手段,以技术为核心的治理思维及其实践,都具有典型的"替代性"含义:首先,单任务的问题解决思路难以形成系统性变革,信息技术主要是围绕单一目标推进,不注重跨任务、跨系统的衔接,久而久之更加难以融合,如海关的"金关"和公安的"金盾"等都推动了部门的信息整合,但"专网"和"专线"等却形成了比"信息孤岛"更加难以跨越的"电子孤岛";② 其次,信息平台的设计并没有直面权责设置、制度机制以及行政协调等制度性问题,而是绕开既有的权力结构及其协调形式,开辟了新的协调路径,而没有从根本上解决问题,反而增加了大量的信息工作;最后,信息技术的深入应用会将技术设备、运行标准及其要素之间的关系以制度化的形式固定下来,久而久之也会形成新的制度性问题,而这又需要新的信息技术来解决,比如用清晰度更高的摄像头代替清晰度较低的摄像头,从而导致技术的持续循环。

与调整政府职能、重组政府部门以及修正法律制度等相比,信息技术的应用诚然具有立竿见影的治理效果,也很大程度上修正和弥补了体制机制

---

① 陈剩勇,卢志朋.信息技术革命、公共治理转型与治道变革[J].公共管理与政策评论,2019(01):40-49.

② 黄晓春,嵇欣.技术治理的极限及其超越[J].社会科学,2016(11):72-79.

以及能力方面的问题。但信息技术的作用却具有短暂性、临时性和易替代性等特征,其稳定性、持续性与可靠性都难以保证,一旦信号以及算法发生改变,治理技术便难以发挥任何作用,避重就轻的技术策略充满了风险性和不确定性,技术的进步永远无法取代体制、制度的革新。[①] 相反,如果体制机制等制度性问题漏洞百出,信息技术的应用反而造成了既有制度与技术更为严密的耦合,这不仅会强化既有的制度性弊病,还会导致制度变革付出更大的代价。

信息以及信息技术无疑是非常重要的,但并不是唯一重要的。当城市治理全身心投入信息化的潮流中去,通过信息技术来回答城市治理的问题,技术的身份及其理念就变得越来越重要,技术的发言权就越来越大,技术的逻辑也成为支配性的逻辑,比如在城管执法中,通过执法记录仪等技术设备将执法全过程记录下来,固然有利于清楚识别和处理各方的争议和矛盾,却也意味着人们对于执法主体以及相应的规则失去了信任。不得不承认,在高度"麦当劳化"的世界中,人们对需要艰难的努力才能推动的制度变革已经失去了耐心,也对通过良好的制度设计来改善公共生活失去了信心,因而都转入到利用立竿见影的信息技术来解决问题,技术的发展及其应用替代了对制度的期许和想象。

第三节　技术赋权的幻象

在传统的城市治理结构中,政府强,社会弱,两者关系是高度不对称的。其中,政府就像是巨大的"利维坦",垄断着权力、信息与资源,高高在上,发

---

① 刘永谋,兰立山. 大数据技术与技治主义[J]. 晋阳学刊,2018(02):75-80.

号施令,到处挥舞着权力的大棒,随心所欲地支配着社会和个人,在城市的地图上任性地涂抹描画;社会公众主要是城市管理的对象,处于城市治理体系的边缘地带,缺乏参与的渠道、机会和能力,更多是被动接受政府的管理与服务。在动辄数百万上千万的人口规模中,个人不过是微不足道的存在,很难对城市治理发表自己的意见和看法。政府与个人之间存在着严重的信息不对称,公民个人对城市治理缺乏发言权,也难以产生实质性影响,充满了无力感和挫折感。

一、技术为社会各主体赋权

科学技术是人类智慧的结晶,是人类社会的组成部分,各种技术嵌入在社会肌体中,但技术并不是独立于人类之外的,而是受到社会、经济、政治以及文化的广泛约束,并推动社会的发展。说到底,技术是人类的技术,是社会的技术,具有两种相互依存的社会属性,即赋权与监管。其中,赋权意味着技术的出现及其应用使得社会主体的权力和能力等得到了提升,可以更好地影响他人和环境。信息技术能够给社会各方面都带来诸多现实的和潜在的机遇与福利,也就是既向国家赋权,也向社会赋权,[1]还给个人赋权。"互联网给政府和社会都增加了权力",是促进国家和社会等相互转型的有效技术手段。[2]

改革开放以来,随着社会利益关系的调整,社会的矛盾纠纷显著增加,公民的权利意识逐步发育,政治参与的意愿更加强烈。其中,许多社会矛盾纠纷不断酝酿和激发,最后演变成后果严重的群体性事件等,引发强烈的社

---

① 张丙宣.政府的技术治理逻辑[J].自然辩证法通讯,2018(05):95-102.

② 郑永年.互联网给政府和社会都增权[EB/OL].https://tech.sina.com.cn/i/2015-12-19/doc-ifxmttme5816349.shtml.

会关注和反响,这些很多是与利益表达机制的不健全密切关联在一起的,是公民与政府之间缺乏有效的信息沟通所导致的结果。因而,赋予公民知情权、表达权、参与权和监督权,开辟更多公民参与的渠道,保证公民的有序政治参与,成为民主政治建设的重要内容,其中的关键就是如何保证政情民意之间的有效互动。

现代信息技术的发展及其应用,对社会进行了全方位的赋权,带来了丰厚的信息红利,但也促逼社会主体适应信息技术的要求和挑战。其中,对政府而言,信息技术降低了信息传递的成本,提高了行政活动的效率,推动了政府的透明化,特别是提高了政府信息化的能力,进而提高了科学决策、社会监管和精准服务以及实时监控和快速响应等能力;对于公民来说,信息技术打破了政府垄断信息的格局,提供了公民知情和表达的便捷手段,也提高了公民参与和监督的能力。各级政府以互联网为依托,搭建信息平台,开辟信息通道,促进政情民意的双向互动,具体包括政务论坛、网络问政、互联网征集民意、政务服务 App 等。

信息技术给公众带来更加丰富的信息资源,更加便捷的参与渠道,更加高效的参与平台,以及更加有效的监督手段等。从个人诉求的表达到公共决策的参与等,都可以通过以门户网站等为核心的互联网技术和以 App 为代表的移动通信技术等轻松完成。"在互联网平台上,任何一个有着良好的互联网知识的中国公民,事实上现在都能参与任意事件的相互讨论。"①公民从各个方面注视和围观政府,从不同的立场表达其角度和诉求,如通过大数据技术 Python 抓取政府行为基本脚本信息来分析其行为意图和逻辑。② 这样将政府置于民意或舆论的剧场中,大大地柔化了政府权力的锐度和强度,

① 郑永年.技术赋权:中国的互联网、国家与社会[M].北京:东方出版社,2014:55.
② 丛宏斌,魏秀菊,王柳,朱明,曾飀婷,刘丽英.利用 PYTHON 解析网络上传数据[J].中国科技期刊研究,2013(04):736-739.

也提高了民意自我实现的概率。

二、技术治理赋权的有限性

技术给政府赋权,但也让政府受到信息的约束,比如承受公开、透明以及监督问责的广泛压力。技术也给公民赋权,让公民可以更好地表达个人的意愿,甚至也有更大的可能集体地发出更大的声音。但技术赋权具有不对称性。在相对稳定的权力结构下,由于政府拥有制定规则和标准的权力,因此信息技术提供了政府塑造社会的重要手段,允许政府根据信息法则来测量、监控和支配社会,因此这种赋权是"以我为主"的赋权,是非常强大的赋权;相对而言,公民虽然也可以借助信息技术来更好地知情、表达、参与和监督,但信息技术对公民赋权的前提是公民必须要遵守政府以及技术企业的信息规则,否则就会被限制甚至剥夺接触信息的权利,而且还是在各级政府部门的组织结构和行政流程中来展开的,因此这种赋权是被多方规定的赋权,因而是非常有限的赋权。

信息技术及其运算逻辑具有标准化的性质,基于信息技术的权力运作过程包含了鲜明的专制色彩,隐藏着"技术霸权"和"数据暴政"的隐患。信息技术将权力意志以标准化的形式传递给社会,也强制性地规定了公民表达和参与的内容及其形式。信息交流的技术规定着信息的形式、数量、速度以方向。在表达的"语法结构"已经限定的情形下,所谓的民意很多时候只能是权力意志所偏好或所需要的民意,而真正的民意却未必能得到准确和自主的表达,甚至是没有表达的机会。与直接面对政府机构及其执法者的情况不同,面对无所不在的信息技术编织的天罗地网,公民根本没有"不接受"的替代手段,也缺乏"不服从"的反击能力,而只能被动地接受网络技术给自己安排好的一切。

信息技术带来了全民的狂欢,也创造了网络民主的想象。但"民主与治理技术是两种分离的逻辑,技术只能推动民主,而不能妄想通过技术实现民主"①,治理技术并没有实现基于政治控制和政治平等原则的民主。② 对于少数技术专家来说,信息技术的发展赋予了他们更多主导的权力,但对于普通社会民众而言,信息技术却制造了大量的"信息弱势群体",带来了信息鸿沟的问题。信息技术的不断发展使得广大公众逐渐被边缘化,变得更加无关紧要。③ 由于更多的公共服务项目采用了网络化、信息化、数字化和智能化等方式,许多公民由于教育水平、科技能力,以及生活状况等因素的限制,而被隔离在技术壁垒的高墙之外。由此,信息技术不仅没有很好地普遍"赋权",反而造成了部分人信息权利的相对剥夺和净流失。④

信息化的浪潮汹涌澎湃,将一些人推向智慧治理的风口浪尖,成为技术治理的弄潮儿,也将一些人无情地淘汰和过滤。在既有的权力结构之下,没有技术使用能力的公众被排除在政治参与的游戏之外,或是被彻底淘汰出局,或是成为沉默的旁观者,从而进一步加剧了信息弱势群体的边缘化、无能感和无力感。他们无法享受到信息技术带来的快捷和便利,也不能触及、理解和利用数字化时代的信息资源,从而成为智慧治理中被遗忘的角落。随着城市治理变得更加信息化和智能化,不仅大量无法测量和编码的社会事实被合法地忽略,而且大量社会民众也被技术化地屏蔽了,甚至变成了大数据上的"无"。

---

① Bruce Gilley. Technocracy and Democracy as Spheres of Justice in Public Policy[J]. *Policy Sciences*,2017(01):9 – 22.

② Michael D. Barr. Singapore:The Limits of a Technocratic Approach to Health Care[J]. *Journal of Contemporary Asia*,2008(03):395 – 416.

③ 张成岗,张仕敏,黄晓伟. 信息技术、数字鸿沟与社会公正——新技术风险的社会治理[J]. 中国科技论坛,2018(05):136 – 144.

④ 杨嵘均."技术索权"视角下信息弱势体公共服务供给的偏狭性及其治理[J]. 中国地质大学学报(社会科学版),2018(06):123 – 130.

同样,就像个人行动只是大数据中无足轻重的"足迹数字",拥有技术使用能力的公众也大多是不起实质性作用的可怜分母,被挤压在海量数据包毫不起眼的缝隙中。技术话语的理性法则及其算法逻辑重构了城市治理的专业性和科学性,也制造了神秘性、排他性以及距离感。在公民与政府几乎具有必然性的信息不对称格局中,过去的问题主要是公民无法接触到和不了解政府的信息,但现在的问题是看不懂政府的信息。信息技术并没有迎合公众的需要,而是积极满足了政府管控的目的。这就像是结果早已设定的填字游戏,需要做的只是将预设的结果以看似合理的过程展现出来。

第四节 技术共赢的幻象

利用信息技术打造(新型)智慧城市,已经成为信息技术发展的时代潮流,也成为城市治理发展的现实选择。自 2008 年美国 IBM 公司率先提出了智慧城市概念以来,智慧城市的发展已经成为全球趋势,全球启动或正在建设的智慧城市已达 1000 多个。而早在 2015 年,中国已有 95% 的副省级以上城市,76% 的地级城市,总共有超过 500 座城市,(占世界智慧城市创建总数的一半以上),明确提出或正在建设智慧城市。作为城市治理发展的新阶段,智慧城市建设正在深刻地改变和影响着城市及其治理。

智慧城市是以信息技术为中心的城市治理的系统化形态。随着物联网、云计算、大数据,以及人工智能技术的发展和应用,智慧城市已经成为信息化领域的新高地。智慧城市是技术密集的城市,其中技术设备的安装与使用、信息技术的升级与迭代,以及数据的开发和利用等,都离不开强大的资金支持。各地智慧城市建设的投入也动辄以亿元为单位。而资金问题也往往是建设智慧城市的最大挑战。从 2012 年开始,包括北京和上海等在内的大城市都大力投入智慧城市建设。2018—2022 年均复合增长率约为 33.38%,2022 年将达到 25 万亿元。①

一、多主体共享技术发展成果

作为以现代信息技术全面集成城市管理和服务的高级化形态,智慧城市的发展响应了城市治理的现实需要,也为信息技术及其相关产业的发展开辟了广阔的通道。面对席卷全球的智慧城市浪潮,各级政府都展现出踊跃而积极的姿态,争先恐后加入建设智慧城市的行列,制定和出台智慧城市建设规划纲要和行动计划,在城市治理方面已经取得了显著进步和成效,推动了城市治理的透明化、精准化和智能化,具体包括公共服务便捷化、公共决策科学化、城市管理精细化以及基础设施的智能化等多个方面,其中政府的权力触角不断地向社会各个角落延伸,导致以政府为中心的城市治理权力的实质性的扩张,但同时也衍生出更多信息治理的任务以及更为庞杂的监管和服务责任。

以云计算、物联网、大数据和移动互联网等新一代信息技术为基础,智慧城市的深化发展形成了某种共赢的美好愿景,比如 2014 年国务院出台的《关于促进智慧城市健康发展的指导意见》提出,"智慧城市建设要突出为民、便民、惠民,推动创新城市管理和公共服务方式,向城市居民提供广覆盖、多层次、差异化、高质量的公共服务……使公众分享智慧城市建设成果"。各地出台的有关智慧城市建设的文件也都明确强调了智慧城市建设的共赢性质,比如 2015 年出台的《绍兴市智慧城市建设规划纲要》强调了

---

① 智慧城市到底有多牛? 全国 95% 副省级城市,超过 500 城市报建[EB/OL]. http://www.so-hu.com/a/250011052_458471.

"惠民、强企、优政"的宗旨,2018 年出台的《无锡市推进新型智慧城市建设三年行动计划(2018—2020 年)》明确了"优政、惠民、兴业"的宗旨,2018 年印发的《郑州市新型智慧城市建设三年行动计划工作推进方案的通知》强调了"善政、惠民、兴业"的目标。

　　信息技术发展及其应用的影响是全方位的,不同社会主体在其中扮演着不同的角色,信息技术的发展更是带来了你好我好大家好的"分蛋糕叙事",似乎所有的社会主体都成为信息技术的大赢家。其中,企业作为信息技术的主体,从不同的路径切入城市的信息化工程,创造和捕捉城市治理的巨大商机,也成为城市治理的能动性利益主体;政府投入巨额资金,利用信息技术来监管城市及其运行,大大提高了城市治理的效率,也实现了权力扩权的隐蔽冲动;信息技术尤其是智能化技术的应用,使社会民众获得更加便捷的服务,更加舒适的体验,包括大量差异化和个性化服务也开始进入人们的生活。

　　在信息技术的网络框架中,主要的行动者包括技术企业、政府和民众,三者的性质是不同的,效用函数也是不同的。技术企业是信息技术的生产者和提供者,其目标是兜售技术方案,获得利润;政府是技术企业的监管者,是技术规则的制定者,也是技术的购买者,主要目标是利用信息技术来优化管理和服务,维护城市秩序,促进城市发展;民众主要是信息技术的消费者,其主要目标是享受技术带来的便利,比如更加顺畅的交通、更加整洁的社区环境以及更加快捷的证照办理等。

二、技术红利分配的不均衡性

　　毫无疑问,信息技术的蛋糕很大,而且将来会越来越大,但蛋糕从来不可能是均匀分配的,有的人吃到的是营养丰富的奶油,有的人却连碎屑也沾不上边。首先，各个技术企业投入巨资进行研发，寻找城市治理的智慧化方案，又策略性地制造对信息技术的需求，引发社会对智慧城市的竞相追逐，特别是夸大智能化技术解决问题的能力，将各种看似完美的解决方案推销给政府，把城市治理的难题和问题当作是发财的机会，不惜代价从政府手中拿下巨额项目，以期在智慧城市建设的浪潮中分一杯羹，挤入和占领智慧城市大大小小的细分市场，实现资本增值的目的。

其次，面对城市治理的复杂需求，尤其是层出不穷的治理失败，各级政府及其官员不得不承受来自社会各方面的压力和批评，于是转向在信息技术的"神话"中寻找出路，自觉或不自觉地成为技术治理的"粉丝"，不惜斥巨资上马各种信息化建设的工程项目，但也就此陷入技术的路径依赖，更成为信息技术永不停息的更新迭代的"俘虏"。通常的情况是，刚刚装备好的技术设备还没有得到充分应用，甚至还没有完全搞清楚管理系统的运行，又不得不花钱去购买所谓新一代技术产品，又去学习和应用新的操作平台和管理系统，从而成为资本"围猎"的对象。而且智能技术的普遍应用，并不总是能够带来良好的效益，比如"智能技术在法院、行政机关的应用并没有提高效率，并且产生更多的问题"①。

最后，信息技术的应用，巩固了资本与权力联盟。这不仅放纵了技术的任性，激活了资本的谋利冲动，也诱发了权力的肆意延展，带来了大量的过度治理。在享受到技术红利的同时，社会民众也不得不承受高昂的成本和代价，这不仅指信息技术的巨大经济成本，每一块 LCD 屏幕、每一个摄像头和每一个数据包等，而且随着电子产品和智能设备的广泛应用，个人的一举一动都处于别人的监控之中，给个人隐私保护带来巨大的隐患和挑战。此外，在信息技术生产的过程中，技术专家将个人的价值和资本的意志植入技

---

① 刘永谋. 技术治理、反治理与再治理：以智能治理为例［J］. 云南社会科学，2019（02）：29－34.

术,进一步导引和规训着人们的行为,操控着社会秩序。

信息技术主要呈现的是资本的力量,贯彻的是权力的意志,而不是民众的力量。在信息技术的收益上,企业、政府与民众之间的分配是不均衡的,从事信息基础设施建设和技术研发的大型企业获益最多,作为消费者的政府部门和社会公众则承担着大部分的治理成本和治理风险。① 所谓的技术共赢,只提供了似是而非的愿景,不断推动权力与资本的进一步结盟,用过度的技术生产源源不断地创造出企业的利润,用繁杂的技术供给麻痹公众的视线,繁华的技术共赢图景掩盖了利益得失上的悬殊差异。

值得指出的是,信息技术大都具有理性、客观、中立、进步和便捷等丰富的内涵。企业不断制造出对信息技术的需求,也提供了问题解决的技术方案,努力创造出惊人的利润。政府努力适应信息技术的挑战,通过信息技术来达到控制、管理和服务的目标,逐渐成为身不由己的技术控。社会民众俯仰浮沉于信息技术的浪潮中,虽然也享受到了信息技术所带来的便利和舒适,但更需要为自己实际上可能永远也无法触及和享受的技术红利买单,也要承受信息技术失灵可能导致的灾难性后果。

很显然,自工业革命以来,科学技术日新月异,推动了社会的巨大进步,增进了人类社会的福祉。科学技术的发展及其应用,蕴含着人们对于美好生活的追求、对良好社会秩序的期待,以及对掌握人类自身命运的坚定信念等。信息技术的巨大发展及其深入应用,史无前例地改变了信息生产及其传播的方式,也深刻重塑了社会生产和社会生活以及人们的价值观念等。城市治理作为国家治理的重要舞台,正在成为信息技术尤其是智能技术发展和应用的巨大试验场。

技术是非常重要的,但技术不是万能的,而且任何技术都具有两面性。

① 张丙宣.政府的技术治理逻辑[J].自然辩证法通讯,2018(05):95-102.

基于信息技术的现代城市治理体系,既产生了大量促成有效治理的积极成果,也潜藏着许多隐约可见的消极后果。在信息技术无孔不入的时代,必须既要看到信息技术对于城市治理的巨大支持,也要清醒意识到信息技术及其应用的限度。随着信息技术以及智能技术日益成为城市治理的主流话语,当人们沉浸在信息技术编织的便捷而舒适甚至虚实莫辨的生活世界时,我们亟须理性而冷静地澄清和评判某些虚幻的、想当然的,以及似是而非的判断,避免信息技术的霸权主义及其对于日常生活的过度凌驾和宰执。

当今时代,拒绝和逃避信息技术以及智能技术都是天真的,更是不切实际的。在城市治理的技术化浪潮中,权力与资本已经结成了牢不可破的同盟,两者也是各得其所,携手前进。社会民众则被信息技术的洪流裹挟,被动地接受基于信息技术的城市治理方案,既享受到信息技术的红利,也承受着不确定的风险和不均衡的代价。未来的城市治理固然仍需要大力应用和优化信息工具,但更要注意祛除信息技术尤其是智能技术的华丽外衣,思考当代中国城市治理的基础性问题,从制度和人的立场去寻找优化城市治理的方案,而不能单纯沉湎于信息技术的幻象,而失去了改进城市治理的反思性、想象力和执行力。

第十二章 群众闹大与领导批示及其治理效率

中国人自古就有"会哭的孩子有奶吃"的说法。在当代中国经济社会快速发展的过程中,许多社会领域都形成了"大闹大解决、小闹小解决、不闹不解决"的问题解决逻辑,许多社会问题都通过"闹大"的途径而得到了解决,而这个过程中又往往有领导作出批示或指示等富有戏剧性的活动。可以说,群众闹大与领导批示是中国公共治理中的经典叙事,也是一种特殊的治理技术组合,具体的社会问题经常经由两者的隔空对话而得到较为高效的处理。进一步说,两者都是特殊的治理机制,在信息处理上具有独到的优势,从上下和内外向官僚制支付了解决问题的信息,开启了问题解决的引擎。这两种机制的"组合拳",体现了中国特色的治理逻辑,也蕴含了理解中国之治的钥匙。下面主要以 2018 年震惊全国的长春长生疫苗事件为例,来分析群众闹大与领导批示的信息机制及其治理效率。

第一节 长春长生疫苗事件的来龙去脉

疫苗是人类医学领域的伟大发明,是人类预防传染病等疾病的绿色屏障。最早从接种牛痘预防天花开始,每一种疫苗的诞生都是人类战胜某一类疾病的伟大胜利,是 20 世纪最伟大的公共卫生成就之一。随着近现代医学技术的进步,人类使用疫苗来预防和控制传染病不断谱写出辉煌的篇章,世界各国都积极通过让国民接种疫苗来保障人们的健康,也形成了庞大的疫苗生产、接种以及监管体系。

疫苗安全关系到个人的健康和生命,关系到国家的未来,是社会民众较为关心的问题。作为特殊的药品,疫苗的安全性标准非常高,出不得半点差错,需要实行最严格的监管。但从 2005 年的安徽泗县疫苗事件到 2010 年的山西疫苗事件再到 2016 年的山东疫苗事件,各地问题疫苗事件接连发生,刺痛社会公众的敏感神经,引发了强烈的舆论反响,"类似事件波及范围在扩大,平息纠纷的难度在加大,政府部门面临的压力也在增加"[①]。

下面让我们进入长春长生疫苗事件的发展脉络中去。早在 2017 年 11 月 3 日,长春长生公司百白破疫苗在抽样检查中,就被检出效价指标不符合标准规定。有关部门对事件展开调查,但调查结果并没有通报,也没有对注射疫苗者出台处置意见。长生生物 2017 年发布年报等公告,也没有披露被立案调查的情况。就这样,长春长生疫苗的问题基本上就等于"沉没"下去了。

2018 年 7 月 15 日,国家药品监督管理局发布《关于长春长生生物科技

---

① 袁端端,蒋昕捷,汪韬.乙肝疫苗风波的冲突和反思[N].南方周末,2014 - 01 - 28.

有限责任公司违法违规生产冻干人用狂犬病疫苗的通告》，指出在对长春长生开展的飞行检查中，发现冻干人用狂犬病疫苗生产过程中存在记录造假等严重违反《药品生产质量管理规范》的行为。长春长生疫苗发布公告，实施召回，公开发表声明，承诺质量保证。7月18日，吉林省食药监局给长春长生开具《行政处罚决定书》，长春长生的百白破疫苗不符合规定，按劣药论处。但这距离2017年10月27日立案调查已经过去了近9个月。

从2010年的山西疫苗事件到2016年的山东疫苗事件，近年来各地频频爆出的疫苗事件，不断刺痛社会的神经。2018年7月21日，一篇自媒体文章《疫苗之王》在网络上大范围传播，成为引爆舆情的导火索，关注度很快突破百万。《人民日报》、新华社、《光明日报》、《新京报》、澎湃新闻、《南方都市报》等权威媒体都进行了报道，要求查清相关问题疫苗的流向。网易、凤凰、新浪、搜狐、今日头条等网络媒体对事件进行了跟踪报道，微博、微信、贴吧、论坛等社交媒体以及公众号、"大V"也纷纷声援响应，引发强烈的舆论风潮。大量惊慌的家长都翻找自己家孩子的接种登记本，在QQ群和朋友圈晒出孩子的接种记录，表达出强烈的焦虑和愤怒，舆情汹涌，全民声讨。

7月16日，国务院总理李克强就疫苗事件作出要求彻查的批示，7月22日，李克强总理再次批示，"此次疫苗事件突破人的道德底线，必须给全国人民一个明明白白的交代"。7月23日，正在国外访问的中共中央总书记、国家主席、中央军委主席习近平也作出重要指示，指出疫苗问题性质恶劣，令人触目惊心，有关地方和部门要高度重视，立即调查事实真相，一查到底，严肃问责，依法从严处理等。国务院建立专门工作机制，派出调查组进行立案调查，对所有疫苗生产和销售等全流程全链条进行彻查，查处问题疫苗的情况和有关部门及干部履行职责的情况。

中共中央政治局常务委员会8月16日召开会议，听取关于长春长生问题疫苗案件调查及有关问责情况的汇报，包括7名省部级领导在内的42人被问责,受到免职、责令辞职和要求引咎辞职等处理。问责速度快,力度大,问责对象级别高,人数多,不仅有关地方政府和主管部门要担责,而且该负责任的前任也都被追责。吉林省委也对履行监管职责不力、履行属地管理职责不力,负有直接责任和领导责任的相关人员 12 人作出组织处理。

根据国家市场监督管理总局的通知,长春长生疫苗事件暴露出原食品药品监管总局、药监局相关工作中存在着日常监管不到位、监督指导不力、审查把关不严、失察失责等诸多漏洞。8 月 17 日,国家市场监督管理总局对原国家食品药品监督管理总局药品化妆品监管司司长、食品药品审核查验中心主任丁建华等 7 人进行问责。继长春长生疫苗案问责结果发布后,武汉生物问题百白破疫苗事件中的相关责任人也被进行了严厉问责,湖北省食药监局副局长邓小川等 11 名履行监督失责失职官员受到处分。

回顾 2008 年 9 月,三鹿奶粉事件爆发后,网络和媒体上掀起了谴责三鹿奶粉的舆论浪潮,国家领导人连续作出指示批示,中央政治局常委会和国务院多次召开会议,对事件处置工作进行研究部署,国务院启动了重大食品安全事故(一级)应急响应。事件导致 30 多名官员被问责,包括原国家质检总局局长李长江引咎辞职,8 名部委官员、7 名省级官员、9 名市级官员受到处分等,三鹿奶粉高管杭志奇和田文华被判刑。事情震惊海内外,也间接推动了中国奶业的改革和重塑。

长生疫苗事件和三鹿奶粉事件等都是极端事件,是小概率事件。问题直接的受害者是婴幼儿,是任何社会都特别关爱的特殊群体,直接刺激了人类最柔弱最敏感的神经,性质非常严重,影响非常恶劣,引发强烈的社会愤慨。舆论爆发后,人民群众异常关切,激发出排山倒海般的舆论浪潮,最后领导人作出重要批示,使问题得到顺利解决,形成了问责的结果。实际上,诸如灾难性事故和群体性事件等,很多都是按照这种逻辑而得到解决的。那么群众闹大与领导批示究竟意味着什么? 两者是如何相互建构起来的,并怎样推动社会问题得到解决的？这些提供了什么方面的借鉴和启示？

第二节　闹大与批示的关系及其理路

自古至今，中国都是大国，人口众多，疆域辽阔，相应的，社会问题也很多，具体的矛盾纠纷更多。在当前中国社会的转型时期，由于利益格局的深刻调整，社会的矛盾纠纷错综复杂，影响了社会的和谐，维稳便成为党和政府工作的重头戏。很多时候，为了推动相关问题得到解决，社会民众想方设法"把事情闹大"，形成具有影响力的社会事件。面对万众瞩目的舆情事件，政府领导人往往会快速作出批示或指示，督促相关职能部门去解决问题。这就形成了中国特色的治理逻辑：群众闹大了，领导批示了，问题也就顺利得到解决了。

国家治理的过程就是不断解决社会问题的过程，解决问题的过程是集体行动的过程，依赖于信息来协调不同主体之间的关系，因此说到底是信息的生产、表达和传递及其利用的过程。很显然，群众从来不可能自己直接去解决困扰他们的问题，政府领导人也不亲自处理具体的社会问题。那么应该解决什么问题呢？谁来提供相关的信息？问题信息如何得以利用，且怎样才能转变为问题解决的行动？作为国家治理的重要基础、资源和工具，信息贯穿在国家治理的各个环节。国家治理的过程就是以信息为中介的社会互动的过程，信息的生产方式及其是否得到权威性的利用，决定了问题是如何被识别并得到解决的。

对于当代中国社会中此起彼伏的闹大现象，近年来出现了许多有影响的研究成果。研究者认为，闹大是社会抗争的形式，是公民维权的策略，是社会民众理性选择的结果，具有引发他人关注和重视的技术优势，传递了公共治理危机的信号;①古代的小民百姓采用"谎状"和"聚众"等"小事闹大"的诉讼策略,通过夸大事实和虚张声势,达到耸动官府和给官府施压的目的;②现代社会的"小事闹大"要想达到效果,就必须要以特殊的方式制造出引人瞩目的效应,将具体的矛盾纠纷"问题化"为政府及其官员必须要重视的问题;③农民通过"闹大"将社会冲突转化为政府必须及时应对的政治事件,政府则选择"兜底"的方式来化解社会矛盾冲突;④个别人尝到了"闹大"的甜头,就通过"闹大"从地方政府手中捞取好处,谋求不当利益;⑤政府越害怕事情"闹大",民众就越把"闹大"当作手段,当作要挟政府的有力筹码;⑥闹大俨然变成了可变现的资源。

领导人对已经或正在发生的闹大事件作出批示,是独具中国特色的政治现象,其实质是以领导人为中心的信息交流过程。作为应急决策的基本形式,政治生活中批示随处可见,内容涉及所有社会领域,为问题解决提供了行之有效的工具;⑦批示提醒某些人员或部门注意解决哪些问题,或者要求提出处理建议和进一步的情况,或者对提出的建议表示意见;⑧批示不是正式的公文,规范化程度也不高,但是"制度约束下自由裁量权的运用",以

---

① 韩志明.行动的选择与制度的逻辑——对"闹大"现象的理论分析[J].中国行政管理,2010(05):110-113.

② 徐忠明.小事闹大与大事化小:解读一份清代民事调解的法庭记录[J].法制与社会发展,2004(06):3-25.

③ 韩志明."大事化小"与"小事闹大":大国治理的问题解决逻辑[J].南京社会科学,2017(07):64-72.

④ 杨华."政府兜底":当前农村社会冲突管理中的现象与逻辑[J].公共管理学报,2014(02):115-128.

⑤ 田先红.当前农村谋利型上访凸显的原因及对策分析——基于湖北省江华市桥镇的调查研究[J].华中科技大学学报(社会科学版),2010(06):100-105.

⑥ 饶静,叶敬忠,谭思."要挟型上访"——底层政治逻辑下的农民上访分析框架[J].中国农村观察,2011(03):24-31.

⑦ 王学辉.行政法秩序下行政批示行为研究[J].政治与法律,2018(05):76-85.

⑧ 胡乔木.中国领导层怎样决策[A]//党和国家重大决策的历程[M].北京:红旗出版社,2010:270-277.

领导职位权力和个人权威为后盾,具有很强的执行力;①领导批示是意志表达、信息交流和权力运用的重要方式,各级领导人的批示在处理具体问题上的"决定性作用"已然是中国政治的重要特色;②作为中国官僚系统中的信息交流的一种重要方式,③领导批示开启了灾难性事故后公共组织学习的道路;④也成为领导人交换意见和形成共识的重要方式。⑤

现有的研究成果,或是从公民的角度探讨"闹"的行为逻辑和演化过程,或者是专门分析领导的批示是如何在政治生活中发挥作用的,但这些对群众"闹大"和领导"批示"这两种现象的分析是割裂的。需要进一步去思考的是,作为颇具中国特色的矛盾纠纷解决逻辑,"闹大"现象是国家治理过程的特殊行动,"闹大"的重要目的就是要引起党和政府及其领导人的重视,而领导的"批示"很多就是针对"闹大"现象而作出的,两者实际上是相互呼应的。作为信息呈现的机制,群众闹大和领导批示公开表达了各自的态度、意志和要求,能够打破官僚体制的控制格局,拷问官僚体制的责任和能力,创造解决问题的契机。正如研究者所指出的,"闹"的实质是为了解决问题的信息支付,只有其所具有的信息支付能够激活党和政府相应级别的权威性行动,相关的社会问题才能获得解决的契机。⑥

所以说群众闹大和领导批示都是特殊的信息机制,具有呈现问题、识别

---

① 孟庆国,陈思丞.中国政治运行中的批示:定义、性质与制度约束[J].政治学研究,2016(05):70 - 82.

② 王学辉,林金咏.行政执法中"个案批示"行为研究[J].江苏行政学院学报,2018(05):129 - 136.

③ Michel Oksenberg, Methods of Communication within the Chinese Bureaucracy[J]. *The China Quarterly*, No. 57, 1974.

④ 陶鹏.灾害批示与公共组织学习演进机制:以安全生产管理制度为例[J].公共行政评论,2016(01):39 - 54.

⑤ 陈玲,赵静,薛澜.择优还是折衷?——转型期中国政策过程的一个解释框架和共识决策模型[J].管理世界,2010(08):59 - 72.

⑥ 韩志明.信息支付与权威性行动——理解"闹决"现象的二维框架[J].公共管理学报,2015(02):42 - 54.

问题、资源配置以及形成解决问题的激励等功能,其中群众闹大主要是个人痛苦(私人信息)的显示机制,也是社会民意的聚合机制,主要解决的是说真话和问题识别的问题;而领导批示是公共决策的问题识别机制,解决的是资源分配问题,即所谓"按闹分配",也是督促官僚体制行动的激励传导机制。两种机制的组合匹配,构成了制度交易的前提。而且信息是可见、可测量、可监控和可操作的要素,是社会行动的依据、介质和结果,因而也是理解国家治理运行过程的重要元素。

接下来,我们将主要在"群众—领导"关系的框架下,将社会问题的解决过程定义为多元社会主体之间信息交换的过程,分别以群众闹大和领导批示及其关系为研究对象,探讨其信息生产逻辑、表现机制以及互动逻辑,然后探讨官僚体制在其中所扮演的角色,从而勾勒和揭示大国治理的信息逻辑。

第三节 群众闹大的信息逻辑及其技术优势

改革开放四十多年来,是经济社会快速发展的时期,也是矛盾纠纷多发和高发的时期。随着改革日益进入到深水区,各种社会问题尤其是深层次矛盾凸显,迫切需要全面实现国家治理现代化,提高解决社会问题的效率。很显然,大多数矛盾纠纷都在党和政府的日常管理中得到了妥善解决,但也有许多问题在推诿扯皮中逐渐演变成老大难问题,还有许多并不严重的问题由于得不到及时解决而酝酿为复杂难解的问题。这些问题给利益相关者造成了麻烦,也带来了巨大的社会成本。

一、群众闹大加速信息放大化

每个社会都存在这样那样的问题，不同问题的严重性程度也不一样。许多现实问题由于没有表达，得不到外界的关注，而成为"沉下去"的问题，但也有许多现实的问题经由两种途径而"浮上来"，成为众所周知的问题：一方面，由于制度化的利益表达渠道不通畅，个别群众通过"越级上访、网络发帖、自杀、罢工、堵塞交通、围攻政府"①等方式，公开表达其遭遇和困境，向党和政府提出解决问题的要求；另一方面，个别问题由于进入社会舆论场，受到社会公众尤其是新闻媒体的广泛关注，而演变成具有巨大影响的舆情事件，比如雷洋事件和山东疫苗事件等，要求党和政府予以回应和处理。

正所谓"大闹大解决，小闹小解决，不闹不解决"，"'闹大'是指公民个人或集体通过激烈的行动或运用网络、媒体等问题化工具把矛盾冲突公开化，引起社会各方面的高度关注的行动过程，或者说是使社会问题由小问题发展成大事件，进而推动社会力量特别是（上级）政府来解决这些问题的演变过程"。② 闹大现象广泛出现在业主维权、劳资纠纷、环境抗争、征地拆迁等矛盾纠纷比较集中的领域，形成了大量的群体性事件或（网络）舆情事件，推动了相关问题得到关注和重视，但也造成了维稳政治的恶性循环，破坏了社会的是非观和公正观，③给政治和社会带来大量的负面影响。④

作为一种"不按套路出牌"的公民抗争，群众闹大涉及社会生活的各个领域，表现形式也各不一样，从网络伸冤到街头抗议等，差异性很大，但都是

① 杨道."闹大"现象与议程设置[J].新闻传播，2014(13):18-19.
② 韩志明.闹大现象的生产逻辑、社会效应和制度情境[J].理论与改革，2010(01):58-62.
③ 清华大学课题组.以利益表达制度化实现长治久安[J].学习月刊，2010(23):28-29.
④ 王中汝.利益表达与当代中国的政治发展[J].科学社会主义，2004(05):39-42.

对于矛盾纠纷的直接表达,其实质都是"为了解决问题而进行的信息支付,是在向社会公众、党和政府提交关于矛盾纠纷症候的信息,表明社会问题是存在的,是非常紧急和重要的,是需要党和政府立即采取行动去加以解决的","信息支付"是闹大中共同的和一般性的东西。这里的"大"对应于信息支付的量度,通常由信号的强度、持续的时间、参与的人数、影响的范围、接触到的党和政府及其领导人的级别等指标体现出来。[①]

就其信息属性而言,群众"闹大"首先是一种行动者自主掌控的"痛苦显示机制",直接呈现出有关当事人惨痛经历和遭遇的信息,通常是包含了个体或群体遭遇的不公正待遇的"故事",特别是包含了伤亡等方面的情形,比如征地拆迁或劳资纠纷所带来的恶性后果;其次,这些信息不仅仅是文字的或话语的信息,也是通过行动体现出来的信息,尤其是抗争性行动(比如跳楼跳桥或游行示威等)就包含强烈的信号,还包括复杂的情感要素;最后,信息内容不仅来自于有关利益相关者的意愿和要求,也融合了其他社会公众(非直接利益相关者)的态度和心声,包含了非常复杂的转化和磨合过程,这就使得信息内容更加立体和丰富,但也充满了弹性和可变性。

从信息形式而言,闹大的信息是矛盾纠纷的信息,是个人偏好和意愿的信息。信息生产的过程对应于矛盾纠纷演进的故事,刻画和描述了利益相关者的困境、难题和痛苦。由于问题长期得不到解决,故事就不断持续和积累下来,最终以非常规化的方式表现出来。信息的量级很大,吸引社会的眼球,牵动人心。这些信息是高度不规则的信息,包含了主观的和客观的信号。以行动显现的信息是未经修饰和整理(未经编码和难以编码)的信息,信号是嘈杂的、粗糙的和混乱的,没有统一的格式和程序,具有主观性、个性化、

---

① 韩志明. 信息支付与权威性行动——理解"闹决"现象的二维框架[J]. 公共管理学报,2015(02):42-54.

多样化和差异性等特点,信息相互之间充满了矛盾性,是充满噪音的信息。其中,有关情感的信息既是闹大的工具,也是闹大的结果,是生产性的力量。①

二、群众闹大的低门槛限制

信息是社会事实的符号,具体的社会问题是由信息来定义的,如果相关的信息并不足以给予问题以恰当的定义,也就无法获得他人的认可和关注。具体的问题通过不同的信息而建构起来。很多问题被认为是无关紧要的,得不到党和政府应有的关注和重视,是因为论证问题存在及其重要性的信息是不存在的,是无力的。就此而言,闹大无论是有意设计的还是意外发生的,都可以说是组织问题信息的方式。人们以高度凝练而集中的方式表达和传递了最为吸引眼球的信息,形成巨大的舆论风暴,从而重塑人们的认识,触发党和政府的权威性行动。而不同信息及其生产方式之间的竞争,也提供了党和政府识别社会问题的遴选机制。

虽然具体闹大的方式值得商榷,过激的或非理性的闹人甚至可能导致适得其反的结果,但闹大成为社会问题的甄别工具,为问题解决创造了机会。相较于制度化的利益表达渠道的繁文缛节,尤其是当还存在渠道不通畅的情况时,闹大在信息的生产和传递方面具有相对的技术优势。闹大以"弱者身份"等为武器进行抗争,以极端的方式——包括暴力手段进行动员,通过简便易行的网络技术集聚社会公众的同情心理,加速问题信息的生产、传递和扩散,快速形成强大的舆论场,制造出轰动的社会效应,获取社会的同情和支持,能增加引起党和政府及其领导人关注的概率。闹大通过"问题

---

① 刘涛.情感抗争:表演式抗争的情感框架与道德语法[J].武汉大学学报(人文科学版),2016(05):102-113.

化"策略,将当事人的困境建构成党和政府必须要重视的问题,比如政治稳定问题或官员责任问题等,能使矛盾问题突破官僚体制层级节制、条块分割的束缚和限制,加快进入政府议程的速度。①

信息是客观世界的主观化量度。信息是社会活动的基础,也是社会活动的表征。"只有通过某种信息,世界万物才能表明自己的存在。"②社会问题从来不是不言自明的,而必须要通过一些指标、焦点事件、灾害、危机与符号来推动公众和政府决策者对某些问题的关注。③ 个人问题或公众问题要变成政策问题,需要"触发机制","一种触发机制就是一个重要的事件(或整个事件)"④。触发机制引发公众普遍的消极反应,并形成要求变化的政治压力。相比于程序化的汇报和报告,闹大作为典型的"焦点事件",快速表明了问题及其严重性,成为公共决策的甄别机制。具有高信息生产能力的人也将获得由信息生产而带来的收益。

从信息的赋值及其计算而言,闹大既有可能是诚实地表达个人的诉求,也有可能虚张声势夸大其词,"制造出问题,给予戏剧性的夸大,引起人们的注意,给政府施加压力以解决此问题"⑤。有些"实际内容与原始信息很不相同"的问题信息,也可能存在着失真和被扭曲的现象。⑥ 在舆论的聚光灯下,由于不同问题之间充满了竞争性,个体化的闹大具有越来越多的表演性和戏剧性,过度放大个人甚至是想当然或不存在的痛苦,而群体性的闹大很容易

① 韩志明.行动的选择与制度的逻辑——对"闹大"现象的理论分析[J].中国行政管理,2010(05):110-113.
② 毛寿龙.信息与政策及其制度分析[J].中共宁波市委党校学报,2003(01):44-49.
③ 约翰·W.金登.议程、备选方案与公共政策[M].丁煌等译,北京:中国人民大学出版社,2004:113-123.
④ 拉雷·N.格斯顿.公共政策的制定——程序和原理[M].朱子文译,重庆:重庆出版社,2001:23.
⑤ 戴伊.理解公共政策[M].孙彩红译,北京:北京大学出版社,2008:33.
⑥ 安东尼·唐斯.官僚制内幕[M].郭小聪译,北京:中国人民大学出版社,2006:127.

陷入群体极化,形成暴力性后果。闹大也包含了不真实的信息生产及其传播。

第四节　领导批示的信息维度及其治理优势

群众闹大具有可见性,各种形式的街头抗议,往往群情激奋,万众瞩目。领导人在神秘的办公室里,或是神情肃穆,对有关情况作出重要批示;或是严词厉色,对有关官员发出指令,也是国家治理过程中常见的情形。实际上,党和政府的领导人很少亲自处理具体的矛盾纠纷,其主要工作就是给下级官员或相关部门发出指令等。批示是领导人履行职权的方式,既有文字的,也有口头的,自上而下地表达和传递领导人的意志和要求,下级官员或相关部门必须严格落实。

权力是国家治理活动的内核,国家治理需要权力来解决问题,而解决问题首先需要获得有关问题的信息。信息贯穿国家治理的主线,是国家治理体系的神经系统。[①] 庞大的官僚体系必须要依赖于某些明确的信息来协调上下级之间、各个部门之间以及个人之间的活动。其中,领导者居于官僚体系的顶端,批示是领导部署工作、安排任务和下达指示的重要形式,[②]是政府中较高层级的决策者对上报的各类公文签署书面意见,以表达个人意愿和行使权力的一种工具。[③] 批示具有特殊的生成机制,包括批示的督办与处理等多个环节,领导批示是中国政治权力运行回应性的体现。[④]

---

① 韩志明. 在模糊与清晰之间——国家治理的信息逻辑[J]. 中国行政管理,2017(03):25-30.
② 郑戈. 从领导批示看中国法治[J]. 领导文萃,2012(14):25-26.
③ 孟庆国,陈思丞. 中国政治运行中的批示:定义、性质与制度约束[J]. 政治学研究,2016(05):70-82.
④ 朱德米,杨四海. 领导批示:个体权力与体制运行[J]. 中共福建省委党校学报,2017(04):54-64.

在大一统的中央集权政治制度建立之后,中国很早就形成了"以文书御天下"的治国传统。官僚政治依照成文法典和文书档案进行管理,对有关书面材料作出批示,是各级政府官员日常工作的重要组成部分。制度化的公文系统与国家权力的集中相辅相成,形成了古代国家治理的基本流程。"文书上行下达的运行过程,也就是情报信息和指使命令的流动过程。"①随着国家规模的扩大,治理的难度日益提升,公文的数量随之骤增,信息的传播和管制也更加严格。现代政府建立起更加标准而规范的公文处理制度,其中公文包括决议、公报、通告、请示、批复、议案、纪要等十五种类型,建立起不同的公文格式、行文规则和办理流程以及管理规范等。

一、领导批示信息的差别化

批示更是领导人意志的集中体现。领导批示或者不批示以及怎么批示,都是领导人兴趣、旨趣、意志和要求的直接表达,是"最典型的个体权力行为"②。领导者在接收到特定事件的信息之后,根据经验、记忆、阅历和价值观以及政策和法律等,以书面或口头的形式对特定问题作出回应,表达对事件的关切和重视,也包括明确提出处理意见。领导批示通常比较精简和简练,由语言或文字组成,或自上而下逐级传递,或直接向社会公众公开,比如"给人民群众一个满意的交代"和"办成经得起历史检验的铁案"等,具有高度的原则性、笼统性和政治性,确立应对和处理相关问题的原则和方向,比如有关事故或灾害的批示强化了对事故分析和责任追究的强度,为整个

---

① 李全德. 文书运行体制中的宋代通进银台司[A]//邓小南主编. 政绩考察和信息渠道:以宋代为重心[M]. 北京:北京大学出版社,2008:291.
② 朱德米,杨四海. 领导批示:个体权力与体制运行[J]. 中共福建省委党校学报,2017(04):54－64.

事故调查确立技术、制度以及理念认识层面的基本导向。① 由于领导者也只能间接了解相关情况,因此批示的信息也只能是指导性的。这些需要下级官员或职能部门在实践中具体把握和落实。

　　领导批示的信息维度主要与下述因素息息相关:①作出批示的领导人级别或地位的高低,领导的级别或地位越高,批示的影响越大;②作出批示的领导人的数量以及批示的数量,领导批示的人次越多,说明问题越严重;③批示内容的详略以及是否严厉,批示的字句越多,语言越严厉,比如从严重判、绝不姑息或一查到底等,说明领导关切的程度;④批示是否及时快速,批示越及时,说明领导的响应能力越强,效果也越好;⑤得到主流新闻媒体的报道情况,尤其是报道的频次等,表明受关注的程度;⑥批示的情形或时机等,比如某某领导人亲笔批示。

二、领导批视的权威性与有效性

　　相对而言,群众闹大信息的生产者通常是诉求难题的当事人,其他社会公众间断地集体参与,包括新闻媒体的积极卷入,从而形成了信息共同生产的局面。闹大需要细节性的信息、吸引人的情节和引发共鸣的诉求等,由此形成的信息往往是多元互动的杂乱信号,甚至都无法分清究竟谁是最重要的信息生产者。而领导批示是领导者个人的行动,主要是领导者个人意志和要求的表达。能够作出批示的领导人通常是党和政府的主要领导人,是合法地拥有重要决策权的人,因此批示是具有权威性的信息,具有很强的针对性、实效性和约束力,而不只是随意的评论或点评。这些信息由新闻媒体

---

① 　陶鹏.灾害批示与公共组织学习演进机制:以安全生产管理制度为例[J].公共行政评论,2016(01):39-54.

发布,由党和政府逐级传递,构成了问题解决的重要环节。

个人的注意力具有稀缺性,是分配有限的信息处理资源的结果。领导人的注意力是有限的,是国家治理中的能动性资源。作为领导人偏好的表达,领导批示显示了领导人注意力的分配。注意力资源的再分配将重新定位官僚体制的任务和方向。面对纷至沓来的治理任务,大国治理面临着严重的信息问题,包括信息短缺或信息超载,其中"信息的丰裕导致了注意力的贫困"①。大国治理的规模衍生了漫长的"委托-代理"链条,导致信息不对称问题非常突出。② 各种社会问题竞争有限的治理资源,迫切需要领导人抉择下一步着手去解决的问题。其中,问题信息本身的特性决定了其可能受到关注和重视的程度,领导人的偏好决定了注意力以及治理资源的分配。问题能不能得到解决,领导批示具有决定性作用。

虽然官僚体制按照层级节制机制形成了严格的支配关系,但由于官僚体系越来越多掌握了日常管理的权力,官僚体制的日常管理与领导人的决策权力之间存在着严重的紧张关系,其中就包括下级"虚报浮夸""欺上瞒下"或"报喜不报忧"等信息问题。作为"焦点事件"(focusing event),闹大的问题信息打破了官僚体制的信息封锁,提供了领导人权力出场的触发机制。领导人通过对问题信息作出回应,击穿了官僚体制部门分工和层级管理形成的组织壁垒,对官僚体制形成问责的压力,迫使官僚体制整体性地响应问题,从而大大地提高了问题解决的效率。

当然,领导对群众诉求的批示,属于"个案批示"的范畴,包括对普通群众来信来访的文字批示,对群众闹大事件的反应,大多是事后的反应,包括对新闻媒体报道的语言或文字的反应。很显然,不是所有的群众闹大都能

---

① 安东尼·唐斯.官僚制内幕[M].郭小聪译,北京:中国人民大学出版社,2006:25.
② 周雪光.从"黄宗羲定律"到帝国的逻辑:中国国家治理逻辑的历史线索[J].开放时代,2014(04):108-132.

得到领导的批示,由于群众闹大的信息支付比较少,不足以引起领导者的关注和重视,也就不可能触发领导的批示。但即便是领导人没有批示,也不表明领导人就没有关注,没有采取应对措施。这其中存在着很大的不确定性。

第五节　官僚体制的信息机制及其矫治途径

自古至今,中国都是世界上为数不多的大国。"大国治理作为中国历史性难题的基本特征一直得以长期延续。"①国家治理的规模问题是非常重要的,区别于小国的规模,大国治理的任务千头万绪,矛盾冲突此起彼伏,利益关系错综复杂,国家治理面临的一个重要挑战就是治理规模及其产生的治理负荷。② 规模问题是大国政治制度设计所面临的共同情境。无论是单一制大国还是联邦主义大国,政治设计的出发点都是为了解决规模障碍。③

公共治理的过程就是解决社会问题的过程,党和政府作为国家权力的中心,在社会问题的解决中具有权威性的优势。④ 但在实际的国家治理过程中,存在大量推诿、扯皮、失责、不作为以及权力的缺位、越位和滥用等问题。政府领导人也经常承认,政府管了很多不该管、管不了和管不好的事情。⑤但为什么有些事情被提上了议事日程,而另一些却没有?"政策窗口"什么

① 唐皇凤. 大国治理:中国国家治理的现实基础与主要困境[J]. 中共浙江省委党校学报,2005 (06):96 - 101.

② 周雪光. 中国国家治理的制度逻辑:一个组织学视角[M]. 上海:上海三联书店,2017:14.

③ 谢岳. 联邦主义:大国繁荣的政治抉择[J]. 探索与争鸣,2012(09):67 - 71.

④ 顾培东. 试论我国社会中非常规性纠纷的解决机制[J]. 中国法学,2007(03):3 - 19.

⑤ 比如2006年9月4日,时任总理温家宝在加强政府自身建设推进政府管理创新电视电话会上的讲话中就指出,"政府及其部门仍然管了许多不该管、管不了也管不好的事情";李克强总理在2017年十二届全国人大五次会议的中外记者见面会上,在回答记者提问的时候也说道,"政府确实管理一些不该管、也不应属于自己管的事情"。

时候才能打开?① 政府及其官员什么时候去解决什么问题,通常是按照官僚体制既定的行动议程依次进行的。"议程的建立是一个竞争的过程",受到时间、资源、信息和意愿等因素的限制,政府官员们无法同时考虑所有问题甚至是大部分问题,最终只有一小部分问题能被提上政策议程。②

一、自下而上且层层缩减的信息汇总

官僚体制的运作是围绕信息而展开的,政治过程很大程度上就是"包括信息和情报的收集、储藏和传播在内的庞大的沟通过程"③。在不同层级和不同性质的政府(部门)共同参与的治理过程中,国家治理的过程就是信息的呈现、传递及其利用等过程,相关行动者必须要充分了解和掌握相关的信息,才能作出恰当的选择和行动。在正常的信息沟通情形中,"缩减信息是官僚部门的信息沟通程序中的核心部分"。否则,最高层级的领导人会被大量的信息所淹没。④ 各级政府(部门)将矛盾纠纷简化为不同类型或不同等级的信息,通过科层制的正式渠道逐级上报,直至最高权力等级的中央政府。比如,根据公文处理的常规,各级政府一般不得越级行文,决策者依赖正式渠道逐级传递的信息来作出判断和反应。

官僚体制的正式信息沟通大多也是不完善的。⑤ 虽然公众参与的空间在不断扩大,党和政府部门的回应性也在提升,但因为政策资源的稀缺性和

① 王绍光.中国公共政策议程设置的模式[J].中国社会科学,2006(05):86-99.
② 詹姆斯·E.安德森.公共政策制定[M].谢明译,北京:中国人民大学出版社,2009:97-106.
③ 戴维·米勒,韦农·波格丹诺.布莱克维尔政治学百科全书[M].邓正来译,北京:中国政法大学出版社,1992:547.
④ 安东尼·唐斯.官僚制内幕[M].郭小聪译,北京:中国人民大学出版社,2006:126.
⑤ 安东尼·唐斯.官僚制内幕[M].郭小聪译,北京:中国人民大学出版社,2006:124.

有限性,许多政策议题还是很难进入政策议程,相关问题依然得不到解决;①
压力型体制下向上负责的行为逻辑,使得政府对来自上级政府的信息较为
敏感,而对于民众的诉求则不以为然,形成了策略主义的运作逻辑;②政府及
其官员有着特定的价值偏好和利益倾向,倾向于接受其喜欢的政策议题,排
斥不喜欢的政策议题,这就导致许多矛盾纠纷久拖不决。③ 因此,官僚制治
理的信息局限性不仅是无法找到需要解决的问题,而且还会排斥、压制甚至
是纵容已然存在的问题。

　　大国治理的社会事实复杂多样,利益关系盘根错节,相关信息具有多样
性,信息的类型和格式繁多,分散在社会的各个角落,个人信息的整合存在
巨大的难题,不同层级的政府和不同的政府部门根据其职责权限而掌握大
量的信息,利用这些信息来达到特定的目的,比如巩固权力等。在层级节制
的官僚体系中,信息不对称问题广泛存在。在科层制度下,"个体官员往往
对通过他们的信息进行歪曲"④,下级政府及其官员具有策略性传播信息的
内在激励。特别是当面对具体矛盾纠纷的博弈时,地方政府及其官员具有
显而易见的信息优势。为了规避风险和责任,地方政府及其官员往往有选
择地提供信息,导致信息失真、偏差和误导等问题。相关问题信息被压制和
被扭曲也导致了相关问题得不到进入政策议程的机会。

　　"管理的基础建立在决策所需的信息或者数据之上。"⑤由于大多数管理
者都不直接处理具体的人事物等,所以管理实质上就是对人事物信息的处
理。所有的政府部门及其官员都接受信息,也传递信息,既要对下级传递来

---

　　① 王雄军.政策议程设置与群体性事件的治理机制[J].中共浙江省委党校学报,2009(01):
43 - 46.

　　② 欧阳静.资源匮乏、目标多维条件下的乡镇政府运作[J].改革,2011(04):136 - 143.

　　③ 杨华,罗兴佐.农民的行动策略与政府的制度理性——对我国征地拆迁中"闹大"现象的分
析[J].社会科学,2016(02):77 - 86.

　　④ 安东尼·唐斯.官僚制内幕[M].郭小聪译,北京:中国人民大学出版社,2006:124.

　　⑤ 小约翰·谢默霍恩.管理学原理[M].甘亚平译,北京:人民邮电出版社,2005:25.

的信息进行筛选,也要对需要向上提交的信息进行加工,包括对信息的简化、编辑和包装等,尤其是减少对自己不利的信息。面对可以说是无所不在的信息歪曲,官僚体制也广泛建立起反信息歪曲的机制,以避免陷入信息歪曲的陷阱和泥潭。这其中除了应用更为灵敏而高效的信息技术,提高信息处理和传递的效率,就是建立竞争性的或多样化的信息渠道,比如历史上的东厂、西厂和现代的新闻媒体,以获取不同来源和属性的信息,降低信息歪曲或失真的程度。

一个政府的有效运作也取决于对于信息流动的仔细掌控。[①] 官僚机构并不具有千里眼,能够穿透一切,掌握所有的情况,也不具有源源不断的资源和能力,可以及时响应纷至沓来的社会问题。具体的社会问题嵌入在社会事实中,通过社会过程而体现出来,但问题成其为问题,必须要以信息来表现和证明自己,从而获得他人的认知和理解,比如疫苗问题就需要疫苗记录造假和行政处罚通知等信息以建构起来。大国治理本身就面临着繁重的治理负荷,这些治理负荷在决策者眼里就是严重的信息超载,因此敏感性强的信息也就可以进入优先序列,构成领导人决策的依据。当官僚体制常规化的信息机制已经失灵,相关的问题无法通过正式渠道引起决策者的关注和重视时,那么社会必须要寻找到其他的方法来生产和传递信息。

二、闹大与批示的直接对话

在当前中国国家治理的现实背景下,社会问题构成了政府与民众互动的场域,而"国家与民众的关系很大程度上是通过官僚体制来连接和实现

---

① 孔飞力. 叫魂:1768 年中国妖术大恐慌[M]. 陈兼等译, 上海:上海三联书店,2012:169.

的"①。从信息的角度看,官僚组织就是一个高度封闭的信息交互系统,充当了领导人与民众关系的纽带和桥梁。领导人和民众分别居于官僚体系的两端,通过官僚体系提供的信息进行互动。当官僚体制的信息机制失灵,甚至成为矛盾纠纷的制造者时,领导人和民众就需要以自己的方式来交流和互动,围绕具体的矛盾纠纷表达各自的态度和意见。这样就在官僚体制之外形成了公开的双向交流过程,两者相互指向,遥相呼应,在拷问、质疑和抨击官僚体制上获得了一致性,进而扩大了同仇敌忾的社会氛围。

官僚体制是国家治理的基本工具,但官僚体制并非全知全能,有时甚至还是制造问题的工具。一方面,社会矛盾纠纷此起彼伏,社会民众的权利诉求日益增长,比如对于公共服务的刚性需求,但官僚体制却疲于应付,心有余而力不足;另一方面,许多社会矛盾纠纷背后都存在着权力乱作为或不作为的问题,比如矿难事故和疫苗事件等,部分矛盾纠纷甚至最终演变成官民性质的冲突。官僚体制由于其内在的信息歪曲机制,提供了社会矛盾纠纷产生的温床,尤其是利益表达渠道的淤塞,直接导致许多矛盾纠纷小事拖大,大事拖炸。由于地方政府及其官员负有责任,他们也更有动力去压制和歪曲信息。

群众闹大通过信息的再生产,推进和实现了社会权力的扩大再生产,闹大的敏感性也提高了社会的反馈水平,领导批示是国家权力的响应机制,也再建了领导与官僚体制的联系,两者相互指向,构筑了独特的社会集体决策,具有显著的治理含义。虽然领导批示的来源多样,但针对群众闹大的领导批示,往往直接涉及具有重大舆论影响的社会问题,是典型的应急性决策。领导批示作为个体决策的方式,必须要有来自相关问题的文本或事件,才有领导的批示或指示,然后才能督促官僚体制去快速执行。在这个过程

---

① 周雪光.中国国家治理及其模式:一个整体性视角[J].学术月刊,2014(10):5–11.

中,闹大和批示打通了官僚体制的阻隔,构成了零距离的政治沟通过程,建构了解决问题的氛围和力量。

研究者认为,"上下来去"是中国公共政策过程的重要特征,可以解释重大政策的实践过程。[①]"从群众中来,到群众中去",作为中国共产党的根本工作路线,要求领导与群众紧密互动,这是保证政策质量及其实施效果的关键。在汇聚民情民意、化解矛盾纠纷和改善党和群众的关系等方面,以领导干部为中心的群众路线不仅具有现实可行性,而且也具有显而易见的效率优势。[②]群众闹大形成强有力的显著信号,激发社会公众与新闻媒体等积极参与,进而引起党和政府领导人的关注和重视,实现了各方意见的交流。

大国治理离不开有效的官僚体制,官僚体制良好的信息能力是影响治理的关键,但官僚体制也存在着难以消除的信息陷阱和信息黑洞,甚至直接充当了社会矛盾纠纷中的一方。在具体的矛盾纠纷持续演进的过程中,由于获取和处理信息的难度越来越高,官僚体制日益面临不可治理的挑战,矛盾纠纷的当事人与官僚体制的紧张性也日益凸显。任何社会都需要解决矛盾纠纷的有效机制,群众闹大和领导批示正是为了补救官僚体制常规治理及其信息机制的内在缺陷,而由官僚体制之外的行动者去寻找解决问题的答案。两者之间直接"对话"的沟通方式,避免了官僚体制层级沟通可能的损耗、歪曲和失灵。

必须要指出的是,就问题解决而言,群众闹大以当事人"自力救济"的途径提供了问题解决的信息,告诉人们需要解决的问题究竟是什么,是如何产生的,是不是很严重,是不是急需解决;而领导批示则给出了领导人权威性

---

① 宁骚. 中国公共政策为什么成功?——基于中国经验的政策过程模型构建与阐释[J]. 新视野,2012(01):17-23.

② 韩志明,顾盼. 民意技术的形与质——群众路线与协商民主的技术比较[J]. 河南社会科学,2017(08):8-15.

的指示,要求下级政府及其官员认真落实,形成了解决问题的动力。不得不承认,领导批示往往是解决底层问题最直接的手段。① 相反,没有群众闹大,没有领导批示,相关问题就可能不会被提上议事日程。

再回到管理学的历史中去,"管理学之父"泰勒最早提出了例外原则,即具体的职能化的权力交给各个职能部门,实行常规性管理,领导者保留和处理例外事项的决定权,进行例外管理。西蒙也提出,决策可以分为常规化决策和非常规化决策,领导者的职责主要是对偶然的或突发的新情况或新问题进行决策,解决难题和危机。这些理论界定了领导人与职能部门负责人的区别,尤其是阐明了领导人独特的行使权力的领域和方式。但这些大都是从组织内部来解释领导人的决策和行动,不足以解释国家与社会关系范畴内的例外机制。

在选举等民主机制缺位的条件下,群众闹大与领导批示都是国家治理所需要的,两者都是意志表达的重要方式,生产并传递了特定的信息,对于解决特定的矛盾纠纷提供了高效的信息机制。两者在社会空间中进行"远距离对话",突破了官僚体制的组织壁垒,重建了群众与领导人之间的虚弱联系。群众自下而上和领导自上而下相结合,以批示为中心串联官僚机构,动员和整合社会资源,形成了推动矛盾纠纷解决的民主性力量,也敲打和淬炼了僵化和懈怠的官僚体制,倒逼其及时和快速解决迫在眉睫的现实问题。

必须要承认的是,在日益复杂的现代社会,官僚体制是解决大规模管理问题的高度组织化的工具,在应对和处理日常的矛盾纠纷方面具有很高的效率,但官僚体制高度分化的权力体系及其层级化的信息处理机制,也是制造社会问题的制度性根源,因此需要外在于官僚体制的力量去遏制官僚体制生产社会问题的潜能和趋势。其中,群众和领导就是其中重要的行动者,

---

① 胡贲."领导批示":微妙技巧与传阅逻辑[J].共产党员,2010(15):54.

两者从不同的向度对官僚体制提出要求，施加了内外和上下双重的约束和限制，从而有利于维持官僚体制与社会之间的动态均衡。

最后，大国治理任务繁多，错综复杂，牵一发而动全身，庞大的官僚体制是国家日常管理的基石，在搜集、处理和利用常规信息方面具有无可比拟的专业优势，但也由于各种各样的原因而存在着反应迟缓、无能为力和无所作为等弊病。面对巨大的治理负荷，要想切实解决错综复杂的矛盾纠纷，必须要综合利用常规和例外机制，充分发挥多元社会主体的自主性和能动性，积极为解决现实问题提供尽可能多的个人知识，包括党和政府领导人的批示，从而切实提高国家治理体制的效率和效能，进而提高官僚体制的制度效率。

在高度网络化的时代，群众闹大建构了灵敏而便捷的信息机制，在表现和定义社会问题上具有良好的自我激励优势，在触发权威性行动上具有信息优势，也弥补了其他民主机制失灵的空白。由于闹大的过程不仅是利益相关者努力追求的结果，还包含了其他社会成员尤其是新闻媒体的积极参与，因此具有广泛的民主性。而领导批示通过对其进行回应，集中表明领导人的意志和要求，激活和利用领导的权力资源，推动官僚体制解决相关的问题，也是民主治理的特殊形式，在实现个案正义方面具有标杆价值。

第
十
二
章

"树典型"及其政治和技术逻辑

近年来,党和国家高度重视功勋荣誉表彰工作。党的十八大以来,在党中央的部署和安排下,《关于建立健全党和国家功勋荣誉表彰制度的意见》《中华人民共和国国家勋章和国家荣誉称号法》《中国共产党党内功勋荣誉表彰条例》《国家功勋荣誉表彰条例》《军队功勋荣誉表彰条例》《"共和国勋章"和国家荣誉称号授予办法》《"七一勋章"授予办法》《"八一勋章"授予办法》和《"友谊勋章"授予办法》等一系列法律制度相继出台,构建了我国功勋荣誉表彰制度体系的"四梁八柱",确立了统一、规范和权威的中国特色功勋荣誉表彰制度。

在中西方社会漫长的历史进程中,无论是和平时期还是战争年代,各个国家都会根据特定阶段的治理需求树立起一些典型、英雄和模范人物(下面统称为"英模人物"),以实现特定的政治需要和社会目的。作为一种重要的国家治理技术,"国家荣誉是价值权威性分配的重要途径,发挥着政治社会化、价值观塑造和规训公民行为等方面的作用"①。国家荣誉是社会建构起

---

① 韩志明,史瑞杰.国家荣誉的社会认知——基于问卷调查数据的实证分析[J].中国行政管理,2015(10):64-68.

来的,是历史的和文化的产物,也是社会行动者的利益和需求及其相互作用的结果。英模人物既是国家意志的符号化表达,也是社会民众意愿的存在方式。

第一节　国家视角下的"树典型"及其性质

根据《说文解字》,"典,五帝之书也","型,铸器之法也"。在中国古代汉语中,"典型"也有"模子"的意思。清代文字训诂学家段玉裁注为:"以木为之曰模,以竹曰范,以土曰型,引申为典型。"在中国古汉语中,典型或典刑主要指规范、模型等恒常模式,典型的希腊文是"Tupos",原意是铸造用的模具,后来衍生出"模范"的含义。典型最早是美学和文艺学中的概念,一种典型就是一种类型,典型就是类型化的结果,而且是特定的和细化的类型。在日常话语中,典型与典范或模范通常有异曲同工的效果,意指某种具有鲜明特征并值得学习或效仿的人物或实践类型。人们通常根据各种典型来理解和内化社会规范,自觉或不自觉地同他们比较,向他们看齐,跟他们学习。

一、"树典型"的多元举措

"在任何政体,荣誉性质的奖励都广泛存在。"[1]中国社会很早就出现了"树典型"的政治活动。国家建立各种形式的表彰制度(旌表制度),将某些社会成员树立为榜样和模范,来引导和规范个人的观念和行为。[2] 历史上的

---

[1]　姚东旻.荣誉、地位的最优分配:组织中的非物质激励[M].北京:中国人民大学出版社,2015:5.
[2]　常金仓.礼治时代的中国监察制度[J].政治学研究,1999(04):65-71.

各个朝代都表彰了大量"忠""孝""节""义"方面的典型人物。"旌表制度在中国古代是一种政治褒奖行为,是一种高尚的荣誉。它体现了封建统治者实施教化的执政思想,是儒家思想对民众渗透的结果。"①其实质上是以"忠""孝"伦理为核心的政治评价模式,目的是"把有利于维持统治秩序的思想、理论灌输给全体社会成员,把整个社会成员的思想、言论、行动纳入大一统的轨道"②。

　　从过去高度集中的计划经济时代到如今的社会主义市场经济时期,我国各地区、各行业和各领域以及各部门、各单位等,都曾普遍应用"树典型"的做法来开展工作,具体就是举行各种表彰、评比、评优、争先和达标等活动。被评选为优秀的、获得表彰的或被称为先进的个人、集体或组织就是所谓的典型,"这些典型由于得到官方媒体和文件的认可,具有政治属性,是名副其实的政治典型"③。可以说,在当代中国特色的历史和现实语境中,许多国家荣誉现象的运作过程就是"树典型"的活动过程。"树典型"是国家治理的技术,具有认证、表彰、补偿和规训等丰富的治理含义。

　　"树典型"是国家荣誉的实施机制,国家荣誉是"树典型"活动的结果。"树典型"古已有之,但作为一种自觉的、得到广泛遵从和应用的国家治理方式,典型政治是最近几十年才出现的事。④"树典型""是中国共产党延伸政治权力和政治文化的一种重要方式"⑤。从延安时期开始,中国共产党逐渐掌握了塑造英模的机制,将其作为发展生产、动员民众和思想政治工作的重要形式。一些研究者则将中国共产党通过"树典型"来推进革命工作和国家

　　① 张树华,潘晨光等. 中外功勋荣誉制度[M]. 北京:中国社会科学出版社,2011:24.

　　② 苗春凤. 当代中国社会树典型活动的文化传统探析[J]. 河南大学学报(社会科学版),2011(06):83-90.

　　③ 董颖鑫. 从理想性到工具性:当代中国政治典型产生原因的多维分析[J]. 浙江社会科学,2009(05):24-29.

　　④⑤ 冯仕政. 典型:一个政治社会学的研究[J]. 学海,2003(03):124-128.

建设的做法定义为"典型政治"①。"纵观中国共产党的发展历史,树典型活动始终是党进行政治整合、社会整合和文化整合的一种重要机制,是党的政治优势和长期坚持的主要思维方式、工作方法,在革命战争年代与社会主义建设时期都发挥了积极的作用。"②

荣誉是根据党和国家的需要建构起来的,与特定的时代背景、社会任务和政治使命等密切相关。但国家的意志和偏好也是逐步变化的,也通过不同时期不同的英模人物表达传递给社会民众,比如在革命战争时期,中国共产党的"树典型"主要以战争需要为中心,重点是树立英勇杀敌、奋勇牺牲的战士典型和拥军家属典型,以及后方发展经济以支持战争的农民和工人模范;新中国成立初期,为了恢复和发展国民经济,推动国家工业化建设,树立了大量具有"平凡性和奉献性"的典型人物,比如生产能手或技术骨干等;改革开放后,国家的主要任务转移到经济和社会发展上来,需要充分调动全社会的力量投入到现代化建设事业中去,教育、科技、文化、经济、意识形态等各个领域,都相继推出了一大批的典型人物。③

当代世界各国都建立起与其历史传统和政治体制相适应的功勋荣誉表彰制度,而且大多种类繁多、层次分明,制度性和程序性程度都很高,许多国家都设置了专门的功勋奖励管理机构。个别功勋荣誉具有很高的权威性、公信力和影响力,得到社会民众的广泛认可,比如英国的嘉德勋章、法国的荣誉军团勋章以及美国的总统自由奖章等。这些功勋荣誉制度有着很强的历史传承性,具有鲜明的民族特色,比如俄罗斯的勋章和奖章大部分源自于沙俄和苏联,形成了特殊的文化符号。国家级的荣誉通常由国家最高领导人颁发,大多只有精神鼓励,没有物质奖励。以国家或政府名义实施的荣誉

---

① 董颖鑫.冲突与困境:市场经济对乡村典型政治影响分析[J].青海社会科学,2013(01):19-23.

②③ 苗春凤."树典型"活动的历史演进及其引申[J].重庆社会科学,2012(03):117-122.

制度,构成了国家政治制度的重要组成部分。

二、"树典型"的性质及意义

在当代中国,国家颁发和授予了数量繁多的荣誉,其中最有影响力的国家级荣誉有"共和国勋章""全国劳动模范""全国道德模范"等。国家还有大量由各级机关和部门设立的奖章、证书和嘉奖,给各行各业的劳动者授予荣誉,具体包括"全国三八红旗手""全国优秀人民警察""新长征突击手""中国青年五四奖章"等。这些中国人耳熟能详的崇高荣誉,成为激励几代人奋斗拼搏的精神武器。国家荣誉具体体现在各种评选、评比和表彰等活动。随着国家需要的变化,"树典型"活动的领域更宽了,目的性更强了,制度化水平更高了,英模人物的数量更多了,各种待遇保障也更好了。那么从国家的视角来看,"树典型"具有什么性质呢?

第一,"树典型"是一种国家认证技术。国家治理不可避免地要面对复杂多样的社会要素,其中人是国家治理的核心要素,如果不能了解个人及其行为的信息,就不可能了解和掌握社会事实,也难以有针对性地行使权力,实现有效的国家治理。因此,如同给某种产品贴上"国家免检"标志一样,"树典型"是给英模人物授予荣誉,是国家根据意识形态标准而实施的认证形式之一。但区别于一般性的道德荣誉或市场荣誉,典型政治下的"树典型"是对个人品行的国家认证。如果说人口调查等技术所处理的是人们的自然信息,如性别、年龄、婚姻状况和受教育程度等,那么"树典型"则是根据国家标准对人们的品行进行"打分"或"赋值",是将那些具有特殊品行表现的人给甄别出来,比如"爱岗敬业"模范等,并给他们颁授荣誉称号。

第二,"树典型"是柔性的权力控制技术。通过评选英模人物,国家将社会民众纳入权力主导的评估体系,对个人(以及组织)的品行进行鉴定和评判,内在地具有支配和控制的含义。正如通过法律制度实施社会控制一样,通过树立典型来规制社会民众也是国家治理的技术。如果说法律制度是从"惩戒"的方面来监管民众的行为,那么树立典型则主要是从"激励"的方面来强化民众的行为。"实际上,政府对道德生活的控制和干预,除了运用惩罚的手段外,还常常会采用奖赏手段来激励美德的行为,褒奖是促进公民服从的激励手段。"①相对于行政命令、权力强制和法律法规等硬性的治理技术而言,"荣誉奖赏是激励和促进民众自愿作出设立者所期望的行为的重要手段"②。通过引导民众的价值观和行为,实现国家的意志和需要。因此,国家颁授荣誉不仅是一种得以普遍应用的国家治理之道,也是一种柔性化的治理技术。以国家荣誉为核心的"激励措施和奖赏制度的运行及其实践,事实上形成了对于国家管理体系的有力补充"③。

第三,"树典型"是国家进行道德干预的手段。从运作上说,典型政治主要是通过对基本的伦理道德价值进行分配来实现对个人或组织的权威性认证。定义荣誉称号的规则及标准为国家干预道德生活提供了工具,表明国家有权力并有能力来界定国民的优劣或好坏,给个人及其社会关系都打上权力的烙印。通常,道德问题处于国家的权力系统之外,是个人自治或社会调解的对象。但如何引导和塑造自己的国民,却是每个国家都不能忽视的问题。国家荣誉作为个人品行的评价机制,就是由国家来对个人和社会组织进行评价,从而获得了道德评价的决定权。与此同时,建构荣誉的过程表达了国家的立场和关切,重建了国家与社会的联系,具有社会整合的重要意义。

第四,"树典型"是国家动员的工具。向个人颁授荣誉,给予其物质和精

---

① 丁大同. 国家与道德[M]. 济南:山东人民出版社,2007:207.
② 张树华,潘晨光等. 中外功勋荣誉制度[M]. 北京:中国社会科学出版社,2011:前言 2.
③ 孙云. 中共英模表彰制度的肇始及演变[J]. 党的文献,2012(03):71－76.

神的奖赏,是国家激励和动员社会民众的重要手段。国家荣誉在肯定个人的品行、成就和贡献的同时,也给他们带来巨大的声誉、财富和权力等,从而激励更多的人。竞争荣誉的过程使得民众被逐步纳入国家的意志系统,国家意志就得以作为普遍公认的标准而影响人们的选择。在现实生活中,人们可能不会时刻以英模人物的标准来要求自己,也有一些人不愿意选择英模人物的生活方式,但英模人物却为社会树立了恰当行为的"活标本"。英模人物形象而鲜活地表达了国家荣誉的丰富意涵,也构筑起看得见的恰当行为的模板和标杆,从而有利于动员国家所需要的资源。

第五,"树典型"是社会规训的技术。国家荣誉带有权威性的色彩,具有巨大的光环效果和示范效应。获得国家荣誉不但能激起个人的自我认同感,同时又能赢得社会公众的尊重和效仿,发挥出"带头作用""骨干作用"和"桥梁作用"。正如托克维尔所言:"荣誉,在它最受人们重视的时候,比信仰还能支配人们的意志;而且,在人们毫不迟疑和毫无怨言服从信仰的指挥时,也会基于一种虽然很模糊但很强大的本能,感到有一个更为普遍、更为古老和更为神圣的行为规范存在。"①相对于法律制度从最低标准来要求人们的遵从,国家荣誉则从最高标准来引导和规范人们。

作为公共利益的维护者,党和政府也承担着维护价值体系的责任。就此而言,政府绝不是价值中立的。在社会多元化的诉求体系中,党和政府通过荣誉的"指挥棒"来树立正确的价值规范,引导社会公众的观念和行为,可以协调各种价值体系之间的紧张关系,避免严重的价值冲突及其导致的对社会的分化和撕裂,实现对社会的价值整合。这是政府不可推卸的责任。同时,由于必要的价值共识是社会凝聚力的源泉,是社会顺利运转的润滑剂,是民族精神的重要基础,因此对于顺利实现国家治理的其他目标也具有

① 托克维尔.论美国的民主[M].董果良译,北京:商务印书馆,1988:775.

重要意义。

颁授荣誉也意味着无可替代的权威地位。人们认可并接受甚至努力争取这种荣誉，表明了对国家及其权威性的认可和接受。就颁发和授予荣誉来说，"它不但会为获得者带来荣誉，也会为提供者带来荣誉。它将表现和证明授予者有正确的价值观；从这个具体意义上说，授予荣誉比获得它更神圣"①。国家向英模人物颁授荣誉，给予他们各种资源和待遇，同时也强化了自身的合法性与权威性。而且颁授荣誉并不需要多少投入，也没有很高的技术门槛，操作上也非常方便，但其产出或收获却是巨大的，尽管多是隐性的。

第二节　国家荣誉实践的结构性要素

荣誉是一种古老的社会现象。作为独特的国家治理技术，国家荣誉是国家对于具有优良品行、做出巨大贡献或取得杰出成就的个人或集体所给予的表彰和奖励。② 对于多样化的国家荣誉实践，从结构的视角来理解，就是哪些主体依据什么标准并采用何种方式将国家荣誉颁授给什么人或组织。相应的，国家荣誉实践的结构性要素是指国家荣誉活动的参与者及其相互关系，具体包括荣誉颁授的主体、表彰的对象、分配的客体以及评选的标准等基本要素。

---

① 埃米尔·涂尔干. 社会分工论[M]. 渠东译，上海：上海三联书店，2009：582.
② 韩志明，史瑞杰. 国家荣誉的社会认知——基于问卷调查数据的实证分析[J]. 中国行政管理，2015(10)：64-68.

一、颁授主体

《中华人民共和国宪法》第六十七条第十七款规定,全国人民代表大会常务委员会可以"规定和决定授予国家的勋章和荣誉称号";第八十条规定,中华人民共和国主席可"授予国家的勋章和荣誉称号"。《中华人民共和国国家勋章和国家荣誉称号法》第六条规定,"全国人民代表大会常务委员会决定授予国家勋章和国家荣誉称号"。《地方各级人民代表大会和地方各级人民政府组织法》第四十四条第十四款规定,县级以上的地方各级人民代表大会常务委员会可以"决定授予地方的荣誉称号"。实际上,各级党和政府及其职能部门以及许多具有(半)政府性质的社会团体、工会、基金会等,都在举办各种表彰评比达标项,并授予荣誉称号。就此而言,国家荣誉的颁授主体是多样化的。

荣誉评选工作的筹备委员会通常由多个党和政府部门负责组织实施,比如"中国杰出(优秀)青年卫士"的评选和授予工作由共青团中央、公安部、司法部、最高人民法院等12家主体共同组织,具体事宜则由设在共青团中央的评选活动组委会办公室负责。虽然很多时候需要多个主体联合负责具体荣誉的评选工作,但也有牵头或单独负责的主体。比如,国务院负责"全国劳动模范和先进工作者"的评定,全国妇联负责"全国三八红旗手"的评定,中华总工会负责"全国五一劳动奖章"的评定等。

评选国家荣誉的主体曾经出现过混乱和冲突的情况。比如,1951年北京市人民委员会和各界人民代表会议协商委员会联席会议把"人民艺术家"的荣誉奖状授予作家老舍;1953年文化部把"人民艺术家"的称号授予画家齐白石;2004年国务院把"人民艺术家"的荣誉称号授予豫剧表演艺术家常香玉;2004年武汉市政府把"人民艺术家"称号授予给"顶碗皇后"夏菊花。

这就出现了中央或地方多个主体授予同一个荣誉称号的问题。

二、表彰对象

荣誉的表彰对象是获得国家设定的荣誉的个人或组织。《中华人民共和国国家勋章和国家荣誉称号法》第四条规定,国家荣誉称号是授予"在经济、社会、国防、外交、教育、科技、文化、卫生、体育等各领域各行业作出重大贡献、享有崇高声誉的杰出人士"。我国的荣誉表彰对象呈现出个人和集体并重的局面,一般重要的国家荣誉会同时对个人和集体进行表彰,比如全国劳动模范既有授予个人的"全国劳动先进工作者"和"先进生产者",也有授予集体的"全国劳动先进集体""先进单位"和"先进企业"等。

集体也是颁授荣誉的重要对象。这是对集体成员共同努力所取得的成就进行的认可和表彰,比如2014年授予"网络计算的模式及基础理论研究"国家自然科学奖一等奖,就是对研究团队取得的成就的重要认可;2002年至2013年间,中央电视台的"感动中国年度人物"评选,"群体奖占总奖项数的13.7%,个人奖占86.3%"[①],给集体颁授奖项是中国特色的集体主义价值观的表达,具有激发集体凝聚力和团体自豪感等作用。

根据奖励的领域及其专业化程度,国家荣誉可以分为综合性的国家荣誉和专业性的国家荣誉。综合性的国家荣誉涵盖的社会成员较为广泛,如"共和国勋章""全国劳动模范"和"全国五一劳动奖章"等,评选对象包括全体国民,没有专业、行业、成就、身份、地位等方面的明确要求,只要是具有相关的品行表现或显著贡献等,都可以成为此类国家荣誉的表彰对象。

---

① 王炎龙.社会荣誉分配的公益表达与价值诉求——基于2002—2013《感动中国》评选分析[J].现代传播(中国传媒大学学报),2014(05):68-72.

专业性的国家荣誉的表彰对象是特定专业或行业领域中符合荣誉标准的个人或集体,其中对行业、技能或成果都有较为明确的要求,只有在专业领域内具有较高的技能水平或做出了重要贡献的人,才能成为此国家荣誉的授予对象,例如科技领域的"国家科学技术奖"、公务员领域的"人民满意公务员"和电影行业的"华表奖"等。

三、分配客体

国家荣誉分配的客体是指党和政府给予英模人物哪些方面的回报或报偿。荣誉的内容是名声和名誉,那么党和政府所给予的首先是公开的认可和尊重。崇高的荣誉本身就意味着对获得荣誉的人所给予的回报和奖赏。但区别于社会其他主体颁授的荣誉,国家荣誉是根据法律制度而建构起来的对权威性的认可和尊重。这些是无形的,也是难以测量的。

所有的国家荣誉都包含了物质奖励和精神奖励两个方面,这些内在地具有资本的含义,可以给荣誉获得者带来其他更多的好处,包括尊重和利益等。其中,"物质奖励指以各种物质待遇作为奖励手段的一种奖励形式,包括奖金、奖品、晋升工资、休假疗养、改善住房条件、提供研究经费等等,旨在满足获奖者的物质需要。精神奖励则是指授予荣誉为主的一种奖励形式,如勋章、奖章、奖杯以及各种荣誉称号等,旨在满足获奖者的精神需要"[1]。当然,国家荣誉所包含的认可、尊重和褒奖等是最为重要的精神元素。

大部分国家荣誉都确立了"精神奖励和物质奖励相结合,以精神奖励为主"的评选标准,对获奖者的政治待遇、生活待遇和工作待遇等都有相应的规定,但精神和物质的比重则依具体情况而定。比如,国家最高科学技术奖

---

① 左高山.论国家功勋奖励制度的内涵与结构[J].科技进步与对策,2007(07):14-17.

有500万元的奖励,但规定其中450万元用于科研经费,50万元归个人所有。国家荣誉制度很少明确规定应该给予英模人物多少物质奖励,并且大多只是有限的物质奖励。但国家荣誉也意味着相应的政治待遇、经济优待和福利保障等,尤其是在工资、晋升、住房等方面的优待,比如杨利伟2003年飞入太空时刚被授予上校军衔,成为"航天英雄"后,2004年就被破格提拔为大校,2008年又跨入少将序列。

国家荣誉的表彰形式主要有授予荣誉称号、勋章、奖章、奖状、证书和嘉奖令等,还包括设立功勋薄记载国家勋章和国家荣誉称号获得者及其功绩,享受受邀参加重大庆典或节日集会等活动的礼遇。其中授予荣誉称号是国家荣誉的主要形式。一般而言,在授予英模人物荣誉称号的同时,都会授予相应的奖章或证书,这也可以用于不同场合的证明,进而由相关部门根据荣誉级别而给予相关待遇。

四、评选标准

国家荣誉种类繁多、名目各异,评选标准也很不一样。总体上说,国家荣誉主要是根据个人或组织的品行标准或成就标准(包括贡献度)来进行评定的,不同的评选标准之间很难有可比性和通约性,比如见义勇为的品行标准与取得重要科技进步的贡献标准之间,就具有不可比性。这些又可以细化为名次、知名度、前沿性、影响力、经济效益等指标。

由于主要是对品行和成就进行评价,评选标准不可避免包含了大量定性的语言,具体有"重要的""显著的""突出的"或"前列的"等模糊概念,比如《中华人民共和国国家勋章和国家荣誉称号法》里的评判标准主要是"作出巨大贡献""建立卓越功勋""作出重大贡献""享有崇高声誉"等词语,这些都很难转化为量化的或指标化的标准体系。大体来说,各种评选标准可分为政治法律标准、社会伦理标准、经济效益标准和成就贡献标准。

政治法律标准主要着眼于参评者的政治立场以及是否遵守法律等,基本要求是"政治立场坚定""坚持四项基本原则"等;①社会伦理标准主要是注重参评者的道德品行,这些基本上是社会主流价值体系中的基本道德品质;经济效益标准是较为客观的或可测量的标准,具有较大的能见度,也有很强的可比性;成就贡献标准主要是围绕个人的技能、成就和贡献水平来制定的,具体如取得重要的发明创新、科技进步和赢得竞技赛事等。

表 13 – 1 国家荣誉评选的基本标准

政治法律标准	热爱祖国,信念坚定,为国争光,遵守法律法规,没有犯罪记录,服从党的领导,忠于社会主义事业,坚持四项基本原则,拥护改革开放的方针和政策。
社会伦理标准	爱岗敬业,诚实守信,正直勇敢,孝亲爱老,扶危济困,艰苦朴素,无私奉献……为社会主义伦理道德、精神文明建设及其宣传和推广起到了积极的作用。
经济效益标准	保护了国家财产,在发明创新、技术革新或节能减耗等方面做出了突出贡献,提高了行业领域的技术水平、竞争能力和创新水平,获得了巨大的经济效益。
成就贡献标准	自强不息,百折不挠,艰苦卓绝,追求上进,创造了显著的工作业绩,取得了杰出的个人成就,对文化、科学、技术的发展产生了重要的推动作用等。

既然有获得荣誉称号的标准,当然也有不能获得荣誉称号的标准,具体如受到过刑事处罚的(因犯罪被依法判处刑罚或者有其他严重违法、违纪等行为)、偷税漏税的、受到党纪政纪处分的、违反计划生育政策的以及违反环境保护、安全生产、劳动用工等方面规定的等。此外,也规定了撤销荣誉称

---

① 2005 年以来,国家在劳动模范评选的推荐程序上设置了事前监管环节,要求被推荐的企业负责人须经工商、税务、人力资源以及纪检监察等部门签署共 8 个部门意见,私营企业负责人还要征求统战部门和工商联 2 个部门的意见。

号的条件,比如伪造或编造虚假事迹骗取荣誉的、受到党纪或政纪处分、受到刑事处罚等。

第三节 国家荣誉实践的动态过程

事物运行的过程是观察事物的切口,是理解事物的重要基础。颁授国家荣誉的过程始终是一个上下各个层级互动、不同阶段环环相扣的过程。每一个阶段都有其主要任务,也具有不同的特点。具体来说,国家荣誉实践主要包括如下五个阶段。

一、宣传启动

评选国家荣誉首先是拟定和颁布评选章程,发布评选通知,组织临时性的评委会,召开筹备工作会议。评委会由党和政府领导人、职能部门负责人、相关行业领域的专家或代表等共同组成。评委会下面设立办公室等,由职能部门的工作人员组成,负责初评和评奖活动的日常工作,比如全国劳动模范评选由全国总工会的经济技术部负责。

在自下而上的推荐过程中,各级政府启动荣誉评选的时间是不一样的。通常基层和地方都必须要早于中央,提前进入评选阶段。不同荣誉项目启动和延续的时间各不一样,但也基本形成了固定的规律,①比如全国劳动模范和

---

① 历史上看,国家荣誉评选的节奏和时间是灵活变动的,比如广播影视"华表奖"始于1957年,其前身是文化部优秀影片奖,每年评选一次。中断了22年之后,1979年继续进行评审。除1986年与1987年、1989年与1990年合并评奖外,仍为一年一届,1994年开始使用"华表奖"名称,2005年确定为每两年举办一次。根据第十五届"华表奖"章程,"华表奖"在2013年7月份评选,8月份举行颁奖典礼。但受到党的十八大以来"晚会节俭令"的影响,颁奖典礼直到12月26日才得以举行。

先进工作者表彰每五年评选一次,在五一国际劳动节之前予以公布和表彰。

宣传启动阶段最重要的工作就是发布章程或通知,通常先由中央下发《关于做好××评选表彰工作的通知》,对荣誉项目的名称、目的、范围、标准/条件、名额分配、推荐程序、组织领导、评选要求、奖励内容以及时间安排等进行详细的规定,并附上领导小组名单和申报审批表。① 随后,地方政府结合中央要求和地方情况,自上而下逐级出台通知或细则。

宣传启动阶段通常要举办启动仪式或动员会议,电视、广播、报纸、网络等媒体反复宣传《通知》的内容及要求,引起全民关注和讨论,烘托荣誉评选的舆论氛围,扩大公众的知晓度和参与度。② 一些荣誉评选还通过网络投票来吸引公众参与。此外,相关负责人还会通过对荣誉评选工作进行公开解读,以阐明评选的精神、规则和要求等。

二、推荐申报

在评选工作正式启动后,各地方党委和政府、职能部门以及基层单位将落实通知的要求,细化评选的各项规则,进行名额分配,宣传考察评选政策和规则,物色合适的人选,组织申报或推荐。个人能否受到推荐,除了考察个人的表现是否优异、成绩是否突出和事迹是否动人等客观因素之外,还取决于两个决定性的因素,"一是有没有'名额';二是能不能得到基层单位的推荐"③。

各地的名额主要是根据地方人口总数或行业职工总数等情况来计算。

---

① 关于做好第八届全国"人民满意的公务员"和"人民满意的公务员集体"评选推荐工作的通知[EB/OL]. http://www.fjrs.gov.cn/xxgk/cszy/khjcpxc/bzjl/201306/t20130608_595887.htm.

② 第四届全国道德模范评选表彰活动电视电话会议召开[EB/OL]. http://www.jhnews.com.cn/wmw/2013-04/15/content_2743245.htm.

③ 游正林. 我国职工劳模评选表彰制度初探[J]. 社会学研究,1997(06):18-25.

根据具体的国家荣誉项目,评选的比例结构通常会综合考虑中央或地方、先进地区与落后地区、领导与群众、农民与工人、男性与女性、汉族与少数民族等各方面的差异,并且通常会就领导干部、企业负责人、女性、残疾人和少数民族等名额或比例作出明确规定,比如评选劳模通常都要坚持向一线倾斜,2015 年评选出了 2968 名全国劳动模范和全国先进工作者,其中企业一线职工占企业人选的 67.5%,比上届提高 5.1 个百分点。

推荐通常由基层单位或是群众通过信函、电话、电子邮件等多种方式进行民主推荐。其中,大多数国家荣誉评选都不接受个人申报,比如大众电影百花奖直接向各电影制片单位发出通知,各电影制片单位按照规则和要求提出候选名单;有些也允许民众参与,比如中华环境奖规定了填表自荐、他人推荐和单位推荐等参评方式,既可以是个人和集体推荐,也可以是自荐。

申请人或是被推荐人需要填写固定表格,其中包括姓名、年龄、性别等基本信息以及学习和工作经历、主要事迹、重要贡献和成就状况等栏目。申请人或被推荐人的材料经过遴选之后,要广泛征求相关部门及人员的意见,在本单位内部进行公示,最后把没有异议的拟推荐人加盖公章后上报。

三、评议审核

在建议人选确定后,先要进行资格审查,然后进行评审。评议审核阶段的主要任务就是鉴定和确认英模身份。评议审核主要包括三种情况:①组织或系统内部的逐级审核评选,一般要经过多个层级的审核和报批;②成立专家评审委员会或工作小组负责评审,包括初审和复审两个步骤;③通过报纸、电视和网络平台等进行公示,根据公众投票来决定最终结果。

在国家荣誉评选的章程或规则中,大多强调要走群众路线,要求自下而上,逐级审核,层层把关,逐级上报。但除了一些通过网络投票方式来进行的评选之外,普通群众主要是以组织调查、职工全体大会或代表大会等形式进行参与,参与的广度和深度是非常有限的,主要是提供程序上的合法性支持。①

公示是评议审核阶段的重要环节,荣誉评审的过程越来越多地强调公示环节,而且公示也是加强社会监督、扩大英模人物影响力的重要手段。比如,从 2005 年开始,全国劳动模范的评选就实行"两审三公示","两审"是指初审和复审,"三公示"是指在本人所在单位、所在地区或行业和全国进行公示。

公示的时间有长有短,并没有统一的规定,一般以 5—7 天为比较常见,比如省市级评选劳动模范或先进工作者通常公示期为 7 天(也可以算作是 5 个工作日),较长的有 20 天甚至 30 天的,比如 2012 年国家能源科技进步奖终审评审结果公示期为 30 天。

国家荣誉由基层推荐上来,由中央机关审核和通过,因此也存在被撤销的问题。一些被推荐人会因为各种原因而被刷下来,比如 2015 年全国劳模评选就从公示名单中刷下来 18 人。②

四、表彰授勋

在评审结果公示无异议之后,获得荣誉奖项的人选就确定了下来,接下来就是由评选机构或活动组委会等下发表彰决定或获奖名单,公布获得表彰的个人和集体。一些荣誉奖项颁发有比较固定的时间,比如国家勋章一般每五年授予一次,在中华人民共和国成立逢五逢十周年时进行,"全国劳动模范"主要集中在"五一劳动节"期间颁发(平时也有少量颁发),其他荣

---

① 游正林.我国职工劳模评选表彰制度初探[J].社会学研究,1997(06):18-25.

② 那些被连夜撤销的"全国劳模"[EB/OL]. http://politics.people.com.cn/n/2015/0430/c1001-26930461.html.

誉奖项颁发的时间则不太固定,根据需要可以及时授予,比如见义勇为奖。

为了显示国家荣誉的权威性和庄重性,授予国家荣誉一般都要召开表彰大会,举行勋章、奖章、奖状、奖牌、证书、奖品等的授予仪式。重要的表彰大会通常选择在人民大会堂举行,一般流程是先由国家领导人宣布名单,发表致辞,然后由领导人向英模人物颁发奖状或授予勋章,最后是集体合影等。党和国家领导人还为英模人物题词等来表彰英模人物,比如先后有 13位中央领导人为雷锋题词,号召人们学习雷锋精神。

授予国家荣誉的过程还包括了大量相关的庆贺活动,比如奖励大会之前与国家领导人见面,奖励大会之后与领导人握手、交谈、合影或共同进餐等。这些也都被视为英模人物享有的荣誉。对于受到中央表彰的英模人物,地方党委和政府还会组织隆重的迎接活动,召开小范围的座谈会等。

一般来说,荣誉的级别高低直接体现在出席颁奖的党和国家领导人级别的高低上。如果是最高级别的国家荣誉,比如国家科学技术奖等,通常需要国家主席和国务院总理等国家领导人共同出席,其他党和国家领导人根据职务高低,分别承担主持、讲话和颁奖等工作。

在颁奖典礼上,英模人物只会拿到勋章或荣誉证书等,奖金等在表彰仪式结束之后再陆续办理。不同荣誉称号的奖金也会不一样,少的数千数万元,多的数百万元,比如国家最高科学技术奖是 800 万元。

五、宣传学习

"绝大多数公众是通过表彰大会或颁奖典礼等了解到国家荣誉的。"[①]在

---

① 韩志明,史瑞杰.国家荣誉的社会认知——基于问卷调查数据的实证分析[J].中国行政管理,2015(10):64-68.

对英模人物的认定结束后,最重要的是开展宣传活动,号召人们向英模人物学习。对英模人物的宣传是一场铺天盖地的舆论攻势,包含了一套复杂而又程序化的"组合拳"。其中,宣传主要由党和政府的宣传部门以及国家荣誉的主办机构(如文明办或总工会等)来组织和实施。

发布评选通知到网络推荐候选人再到英模人物的社会公示等各个环节,新闻媒体都参与其中,发挥着平台、桥梁和中介的作用。在信息化和网络化的时代,英模人物的宣传方式越来越多,具体的宣传手段不一而足,包括利用新闻媒体宣传英模人物的故事、事迹和成就,比如在电视、报纸或网络上开辟专栏;打出或张贴宣传英模人物的横幅、标语和口号;利用电子滚动屏播出英模人物获得的荣誉称号;通过文艺创作——如诗歌、相声或舞蹈等——来宣传英模人物等。

对英模人物的宣传具有强烈的"运动式"色彩,这集中体现在诸如"(××先进事迹)宣讲团"或"(××模范)宣传(教育)月"等活动上。"宣讲团"一般由宣传部门或文明办等组织,宣讲团成员由英模人物数人组成。如果英模人物已经过世,那么就要由了解英模人物事迹的人(如同事、工友、下级或亲人等)来宣讲。宣讲团到地方或基层单位进行巡回宣讲,基层单位要组织学习和讨论。

基层单位学习英模人物的形式很多,主要有技能竞赛、演讲比赛、专题座谈会、专题片播放、文艺演出、宣传图片展以及卫生和健康服务等配套性活动,并要求学习者进行个体学习或集体学习,提交学习心得或发表感想等。对英模人物的宣传既增加了他们的荣誉感,也能引导和带动人们的学习。

第四节　社会行动者对荣誉的竞争和消费

在社会建构主义的视角下,国家荣誉的制度安排不仅是政府政策的主体行为,也必须要适应民众的理性选择。只有在得到民众的参与和认可,并且在满足民众的有些需要之后,国家荣誉的制度安排才能生根发芽,具有生命力。国家荣誉既可能是个人内在满足的目标,也可能是满足个人其他目标的手段。事实上,虽然国家可以根据自己的意志和需要去分配荣誉资源,但个体也可以决定是否以及如何去竞争、消费国家荣誉。

一、国家荣誉诱发竞争的混合动力

人类不仅努力追求资源和物质利益,"同时对于无形的地位、荣誉等可用以区分个体差异、对群体进行排序的象征物也分外热衷,这些非物质激励大都和名誉、声望、尊严相联系"①。可以说,荣誉作为一种高层次的精神需求,与其他方面的需求一样不可或缺,构成了人类行为选择的一个非常重要的内驱力。尽管每个人对荣誉的兴趣不尽相同,但荣誉是人的一种必不可少的需要却是无从否认的。在所有类型的荣誉当中,国家荣誉具有最高的权威性和能见度,能够满足人们特定的心理需要和价值期待,同时也会引发激烈的竞争。

荣誉具有强大的正向激励功能,也具有潜在的负向惩罚功能。"成为典

---

① 姚东旻.荣誉、地位的最优分配:组织中的非物质激励[M].北京:中国人民大学出版社,2015:9.

型的过程中必然充满竞争。这种竞争也许不是树立典型的初衷,但却是价值极大的副产品,因而被大力提倡。在竞争情境下,竞争的参与者'都有争取达到有限目标的强烈愿望和动机,同时也具有一定的压力,促使人们你追我赶,争取好的工作成绩'。"①甚至学习典型的活动也是具有竞争性的,因为学习的过程和效果也可以被树立为新的学习典型,并获得相关的政治和经济待遇等,比如学习雷锋先进模范个人。

荣誉并不只是简单的称号,还包括了各种看得见或看不见的福利和特权。要想让荣誉具有吸引力,国家在给予英模人物以公开认可和权威认证的同时,必须注入或捆绑必要的利益元素。就大多荣誉称号管理的文件来看,虽然没有对获得个人荣誉称号者予以重用或优先的规定,但事实上,荣誉本身就是一种耀眼的符号资本,在一定条件下可以转换成政治资本、经济资本和社会资本等。对于荣誉获得者来说,荣誉背后的利益包括"增加工资和福利;提高知名度和社会声望,提高社会地位;扩大交往圈和社会关系网络,特别是增加同上级接触和交往的机会;获取政治资本,巩固政治地位"②等。

二、荣誉竞争的市场逻辑及其控制机制

"官员的仕途很大程度上取决于上级的态度,但上级不可能及时地、完整地掌握每个下级的政绩。因此,面对不可避免的信息不对称,在政绩的管辖范围内尽可能多地树立典型,就成为作为下级的政府官员仕途竞争的重

---

① 董颖鑫.从理想性到工具性:当代中国政治典型产生原因的多维分析[J].浙江社会科学,2009(05):24-29.

② 刘林平,万向东.论"树典型"——对一种计划经济体制下政府行为模式的社会学研究[J].中山大学学报(社会科学版),2000(03):110-115.

要策略。"①例如,许多地方政府都热衷于参与"全国文明城市""全国卫生城市""全国文明单位"等评选活动。一旦得到权威性的认可,随之而来的就是财政拨款、社会消费、城市投资等各种经济利益。同时,对于政府官员来说,争取并获得这些荣誉称号的相关工作,就成为他们领导水平、业务能力和工作业绩的表征,能让上级或领导看到他们的努力和付出,从而激发了他们追求荣誉的动力。

包括企业在内的社会组织也是荣誉名利场中的重要行动者。如同个人一样,各种组织为了获得生存与发展的资源从而展开激烈的竞争。作为一种无形资产,国家荣誉可以为社会组织带来大量潜在的或显性的利益,比如一些企业想方设法给自己"贴金",致力于获得诸如"中国名牌""国家免检产品""中国驰名商标"等称号,以获得市场竞争的优势地位。一些企业还通过对国家荣誉称号进行冠名来建立社会形象,履行社会责任,如宝山钢铁股份有限公司向中华环境保护基金会捐赠 5000 万元人民币,专门用于"中华环境奖"评选,"中华环境奖"也随即更名为"中华宝钢环境奖"。

荣誉是稀缺资源,不可能每一个人都能获得荣誉,都能成为英模人物。"公共荣誉总以不平等的方式分配。只有不平等地加以分配,公共荣誉才能使我们受到鼓舞。"②这是荣誉的价值所在,但也使荣誉在某种程度上与日常生活割裂开来。当人们为了荣誉而竞争的时候,可能说明人们对荣誉的珍视,但也暴露出荣誉及其包含的利益所具有的市场逻辑。从另一个角度看,竞争的隐性效果则是施加了无处不在的规训,对参与者的言语和行为产生约束力,并带来应和国家意志和意识形态需要的互动。政府通过人们对荣誉的追求,达到了对社会的动员、规训和控制。正如有学者所指出的,"在传

---

① 冯仕政. 国家、市场与制度变迁——1981—2000 年南街村的集体化与政治化[J]. 社会学研究,2007(02):24-59.

② 莎伦·R. 克劳斯. 自由主义与荣誉[M]. 林垚译,南京:译林出版社,2015:9.

统社会中名誉是社会控制的主要机制之一,在现代社会中控制变得更为复杂,但名誉仍不失为一种手段"①。

三、民众对国家荣誉的消费性参与

对于社会中大量的"追星族"来说,追星的过程是情感透射和自我认同的过程,这些心理也同样体现在对荣誉获得者的关注和认同当中。如果说有竞争资格的行动者是基于名声和利益的混合诉求,而积极参与到国家荣誉的生产过程中来,那么作为旁观者的普通群众其实并不能从荣誉获得者的利益中分得一杯羹,那他们热衷于围观和追捧荣誉的动力又是什么呢?

我们知道,明确的好名声可以帮助一个经济人减少交易成本,克服信息不足,促进有效的契约关系。国家荣誉的价值不仅体现在为英模人物提供名誉、福利和特权,同时通过一种公开的方式向社会宣布某种由国家认可的价值结构或排序。社会公众通过这种价值排序,降低了价值选择过程中的信息搜索成本,简化了对复杂世界的认知过程,同时也对自身和他人行为的后果产生相应的预期。

公众对国家荣誉的关注和参与,隐藏着深刻的心理动机,即参与者和社会所提倡的价值理念、行为标准是一致的。公众对荣誉符号的消费,并非简单地消费荣誉本身,而是消费一种"梦想"与"符号"。通过对荣誉符号的消费,人们"想象这些价值有助于创造和维持他们对自己的看法、形象和认同感"②。既然榜样的力量是无穷的,国家荣誉就能把多数政治冷漠的群众从听众或者旁观者转变成政治活动的行动者和参与者。最终荣誉的获得者也

---

① 郑也夫.信任伦[M].北京:中信出版社,2015:112.

② 黄果.中国媒体消费主义的研究取向[J].东南传播,2011(08):8-11.

许只是少数人,但荣誉的生产过程却将大多数人吸纳了进来,起到社会动员的目的。

在当前高度网络化的时代,国家荣誉的运作过程越来越多地需要民众的参与。公众行使参与权、知情权、表达权和监督权的空间越来越大。人们通过联合推选候选人、网上投票、新闻评论和话题讨论等方式,参与到荣誉评选的过程中去,从而促成人们对于荣誉的集体围观、鉴赏和消费。随着公民个人自由的拓展,与国家之间的关系也有了更多可选择的空间,荣誉不再是一种外在的和异己的东西,而更多成为个人参与和选择的结果。

第五节　典型政治运作中的国家逻辑

"赏以兴公","赏赐知其所施,则勇士知其所死"。赏罚之道,是国家治理的重要技术。所有国家都要通过赏罚来进行治理。"在国外一些国家的行政实践中,'功勋荣誉制度'作为一些国家行政奖励体系的重要组成部分,是政府实现行政目标和预期的重要手段之一。"①因此,只有从国家的立场和治理的视角去考察其中的荣誉现象和英模人物,才能更好地把握"树典型"的价值和功能,弄清典型政治实施过程中的本质问题。

一、德育教化手段

儒家传统是伦理政治,强调政治教化。《论语》指出:"见贤思齐焉,见不贤而内自省也。"圣贤是学习的对象,"圣人,人伦之至也";"圣人,百世之师

---

① 张树华,潘晨光等.中外功勋荣誉制度[M].北京:中国社会科学出版社,2011:前言第2页.

也";"圣人者,道之极也";"圣人者,道之管也"。向圣贤学习是个人自我发展和提升的必经之路。儒家倡导"教者,政之本也",教的含义是"上所释,下所效也"。所谓"政者,正也。其身正,不令而行,其身不正,虽令不从",政治必须要重视教化,身教重于言教,认为掌握权力的人品行端正,作出表率,率先垂范,就能感召和影响到更多的人,这是传统典型政治的思想基础。

典型政治是经济和社会等特定条件下的产物,是国家基于特定的目的和需要而建构起来的。在大部分历史时期,中国都是一个人口众多且疆域辽阔的国家。在一个超大规模的人口和疆域的社会中,国家承担着繁难而艰巨的管理任务,如意识形态的整合、权力的合理配置以及民众的臣服等。其中要实现对数量庞大的社会民众的有效治理,国家不可避免地面临信息、资源和技术短缺问题。"政府要对社会生活各领域的一切事物实行全面管理,从效率和效果来看,都是非常困难的,实际上也不可能。在操作中,政府只有通过抓重点、抓典型、抓两头来实行管理。"①

综观古今中外,在常规化国家治理过程中,国家除了推行严刑峻法外,也通过树立典型或模范的方式来实现治理目标,维护统治秩序,改进社会管理。在国家治理常备工具箱中,依赖于暴力手段的刑罚或惩戒是"硬"的方面,是否定性或纠错性向度的治理举措,具体表现为各种严格的执法;而德育和教化是"软"的方面,是肯定性或激励性向度的方法,是通过引导或诱导方式来达成治理目标。不同的国家始终同时运用这两种手段来表达国家的意志和需要,实现调节个人行为和社会关系的目的。

传统社会生产力比较低下,社会是高度同质化的,社会分工比较简单,价值观念的分化并不显著,因此国家有可能树立典范、表彰模范,并将其渗

---

① 刘林平,万向东.论"树典型"——对一种计划经济体制下政府行为模式的社会学研究[J].
中山大学学报(社会科学版),2000(03):110-115.

入到社会生活各个角落。但现代社会高度多元化，社会分工越来越精细，不同领域的生产方式、劳动成果、从业要求和绩效标准都千差万别，对于个人而言，作为一种职业的劳动方式本身的意义标准也各不一样，那么就很难以简单或单一的标准来衡量所有人。正如成功的标准是不一样的，幸福的含义也各有千秋，国家很难再用一元化的价值标准来激励民众的行为、贯彻国家的意志。

林德布罗姆指出，"说服"或"教育"至少"从逻辑上讲是组织劳动力的一种特别方式"。中国追求过作为对传统权威的一个补充的这种过程，它"用道德代替了市场刺激"。[①] 用道德和教育来代替市场刺激，实现对社会成员个人和社会组织的动员，这正是国家激励机制的特点。"通过树立典型，总结经验，推动全局，在全社会对先进典型（劳动模范和先进生产单位）进行广泛的宣传和推崇，是党在经济运动中的动员和组织机制之一，也是党在长期经济工作尤其是制度变革中形成的重要经验之一。"[②]

二、简化成本策略

由于治理资源的短缺，国家实施典型政治是必要的。"树典型"可以发挥英模人物的引领和标杆作用，实现社会民众的自我规训，减少对于权威性强制的需求。就许多党和政府及其职能部门都广泛采用评比、表彰来推动工作而言，"树典型"是一种门槛很低的治理技术，没有复杂的技术要求，很容易组织实施，也不需要很多的经济和制度资源。国家需要成立庞大的监

---

① 林德布罗姆.政治与市场——世界的政治经济制度[M].王逸舟等译，上海：上海人民出版社，1992：420.

② 臧爱绒.试论经济建设中的"树立典型"——一种动员和组织机制的分析[J].延安大学学报（社会科学版），2014（06）：27 - 30.

督和制裁机构来实施法律,惩戒违反法律的行为,但却越来越难通过建立庞大的机构、投入巨大的资源来"树典型",给民众颁授荣誉,这是策略选择的问题。

就此而言,典型政治具有两面性:一方面,典型政治意味着国家权力渗透到个人品行的评价领域,在伦理道德上打上国家意志的印迹,这反映在荣誉评选的政治条件中,比如"政治立场坚定"或"坚持四项基本原则"等,国家权力由此向社会领域延伸,体现出强烈的能动性和进取意识;另一方面,由于治理资源和治理能力的有限性,尤其是激励机制不健全,国家运用"树典型"的方法来引导和规范社会民众的行为,提高国家实现其意志的能力,是国家适应复杂治理任务的简化行动策略,这体现出国家的被动性和策略性。

三、激励引导方式

在特定的历史情境中,典型政治可以发挥巨大的激励作用。以中国共产党为例,早从苏维埃政权和陕甘宁边区政府开始,中国共产党就开始学会并掌握了"树典型"的工作,并根据不同历史时期的现实任务而将其发扬光大。它是"中国共产党延伸政治权力和政治文化的一种重要方式"[1],也切实地推动了经济和社会发展各项工作的开展。比如 1940 年之后,中国共产党在陕甘宁边区面临着严峻的生存挑战和生活压力,中国共产党开展劳动竞赛,树立和表彰劳动英雄,成为"面临现实难题时的一种脱危解困手段",起到了巨大的社会动员和激励作用,帮助中国共产党渡过了难关。[2] 在国家建设的各个时期,通过树立各个领域的英模人物,典型政治不仅促进了经济和

---

① 冯仕政. 典型:一个政治社会学的研究[J]. 学海,2003(03):124 - 128.
② 孙云. 延安时期劳模表彰运动的实际功效——以吴满有形象的建构及影响为例[J]. 党史研究与教学,2013(02):11 - 22..

社会的发展,也在引导价值观念、调整社会秩序等方面发挥了重要作用。

英模人物是国家偏好的表达,但在不同的历史时期,这种表达会有所侧重,有所差别。英模人物的塑造有赖于政府倡导、新闻报道、文学创作、仪式展演等。国家不断地塑造英模人物,也不断地对英模人物进行新的诠释和表达。"每个历史时期都存在如何叙述和培养当时所需典范人物的问题,典范人物的地位与形象也会随不同的时代氛围和人群的需求,被不断评论、想象和塑造。"①如在不同的时局和语境中,国家或者强调岳飞精忠、忠孝的一面,或者强调其抵御外敌的一面,借助岳飞"民族英雄"的符号来凝聚各方力量,鼓舞全民族同仇敌忾的抗日精神。②而在不同的社会时期,雷锋精神被赋予不同的内涵,先后强调了爱憎分明的阶级立场中爱的一面、憎的一面、阶级立场与维护社会公德并重、"钉子"精神、"傻子"精神、"螺丝钉"精神、奉献精神和牺牲精神等,发挥不同的政治和社会功能。③

第六节 价值权威性分配的基本机制

从我国政治运行过程来看,"树立政策实践的榜样和典型,通过党主导的典型宣传和教育,倡导向先进地区和部门学习,是我国执政党治国理政的有效方式和手段"④。典型人物的所作所为,隐含着有利于维护政治统治的价值和规范。"树典型"的核心技术是抓取群众在平时生活中非常熟悉的个人、组织、行为或话语,对这些事物予以重新定义和诠释,将其升华为契合政

---

①② 何玉红.岳飞崇祀与抗战宣传[N].光明日报,2015 – 03 – 25(014).

③ 吴海刚.雷锋的媒体宣传与时代变革[J].二十一世纪,2001(04).

④ 王浦劬,赖先进.中国公共政策扩散的模式与机制分析[J].北京大学学报(哲学社会科学版),2013(06):14 – 23.

治权威意愿的意识形态符号,用以表达各项政策的内涵和期望。这样,精英的价值不仅得到了表达,而且获得了更高的能见度。通过和民众日常生活的互动,精英的价值得以灌输到日常生活当中,潜移默化地改变群众的价值取向和认知框架。

放眼中国社会,存在各种各样的典型,从政治领域到经济领域再到文化领域,从党政机关到企事业单位,都或多或少地存在典型人物。这些由党和政府正式认可的典型人物,具有强烈的政治色彩。这些政治典型是"建构公共生活不可或缺的重要元素和镶嵌在政治景观中的连续不断的亮点,进而衍化为中国共产党治理国家与社会的得心应手的工具,在当代中国政治生活中占据着重要的地位"①。各种评比、表彰项目构成了党和政府工作的重要组成部分,也发挥着引领和规范社会价值观和民众行为的作用。

塑造英模人物是政治社会化的重要方式,包括两个基本环节:一个是塑造和宣传英雄人物,包括表征英模身份、党政领导题词和授予荣誉称号;一个是号召社会成员学习英模人物,举行先进事迹报告会或座谈会、政府报告中号召全国人民向英模学习、发表英模人物日记并大力宣扬其经典话语、将英模人物的事迹编入中小学课本等。② 这些实际上是塑造和宣传英模人物的途径和方法。

需进一步考虑的是,这些途径和方法是通过什么机制来影响广大社会民众的? 是如何作用于人们的观念和行为,进而发挥英模人物的榜样和示范作用的? 笔者将国家通过英模人物进行治理的一般性机制归纳如下(参见下表):

---

① 董颖鑫. 从理想性到工具性:当代中国政治典型产生原因的多维分析[J]. 浙江社会科学,2009(05):24 – 29.

② 赖静萍. 英模塑造的运作机制与效果分析[J]. 当代中国研究,2007(04):123 – 137.

表13-2　树典型的四种机制及其比较

	基本原理	特点和内容	问题陷阱
对比机制	优劣对比	清晰性/激励/压力	敷衍应付、矛盾反转
重复机制	简单重复	突出/仪式感/形式感	审美疲劳、效果衰减
选择机制	需求导向	价值排序/双向选择	权力专断、弄虚作假
学习机制	集体强化	拒绝遗忘/强化/改善	阳奉阴违、表面化

一、优劣对比机制

"典型政治"假定,人是有差别的,社会中普遍存在着贤与不肖、先进与落后、精英与大众、优秀与拙劣、杰出与平凡等差别。作为某方面或某领域的优秀、模范、英雄或典型,英模人物是社会的精英,为国家和社会做出了更多更大的贡献,应该受到国家公开的认可和表彰。国家应该发挥英模人物的榜样和示范作用,使其引领后进和落后。

"树典型"是通过积极分子或先进分子与落后分子的比较来完成的。典型政治是一套特殊化措施,即将英模人物评选出来,对其进行密集而热烈地宣传,用英模人物来比照普通人,尤其是给予其各种政治的、经济的和社会的待遇,形成积极分子与落后分子的强烈对比,不仅能够推动英模人物去迎合国家所设定的激励,同时也能给落后分子带来强大的示范、压迫和引导作用。把英模人物遴选出来,使其符号化和标签化,将其置于芸芸众生之中,建立起人们自我评价和社会评价的坐标,可以起到强烈的刺激、促逼和挤压作用,形成向他们学习的压力。

对比机制的原理是在对个人划分差等的基础上进行对比,通过英模人物的功能及其影响来提升整体的道德品质、行为选择或技能水平等。这具体包括两种性质的对比:一是正面典型和负面典型之间的对比,二是典型与非典型之间的对比。其中,典型包括两种:一种是正面的典型,即所谓的英模人物;另一种是反面的典型,如腐败官员典型。无论是正面典型还是反面典型,都要求人们将自身与他人进行对比,然后决定自己的行为和选择。当然,树立反面典型的目的是要求人们不要向其学习,不要成为反面典型那样的人。

所以颁发和授予荣誉的活动,说到底是一种权力运作的机制。值得指出的是,对比机制背后主要是一套根深蒂固的斗争哲学,即社会普遍存在先进与后进的矛盾,矛盾之间只有通过对立面之间的斗争才能得到解决。树立先进典型,目的就是用先进"战胜"后进,最终推动全体的发展和进步。

二、简单重复机制

由于信息传播存在巨大成本,要树立众所周知的典型,使不同地区的人们间接了解英模人物的品行和事迹,就必须重复宣传。尤其是在信息爆炸的时代,有效的宣传必须要对简单的事实进行反复陈述。若无持续宣传,也就不可能产生广泛的知晓度,更谈不上良好的美誉度。对于大多数英模人物,使其成为典型的品行事实本身是非常有限的,如因为特殊品行而获得表彰的英模人物(见义勇为英雄或孝亲爱老模范等),其行为的条件或环境都具有极端性和偶然性。因此,要想让人们了解、关注英模人物,就必须要对其简单的品行事实进行重复宣传。

简单重复不仅是对英模人物的公开认可和确认,也是立足国家意志和着眼于国家需要的公开诠释。主要有三种途径:一是英模人物通过正式途径(如英模事迹宣讲会或接受媒体采访等)反复叙述他们的故事,请他们自己来说,请熟悉和了解他们的人来讲;二是不同组织机构或新闻媒体对英模人物的事迹或成就反复宣传,对其贡献或成就及其背后感人的故事进行充分的演绎、加工和传播；三是国家部门集体上阵，通过各种方式来宣传英模人物，包括举行学习座谈会、进行文艺创作、建造纪念物、发行邮票等。

重复产生了连续性、形式感和仪式感，建构出社会的集体记忆，比如对CCTV"感动中国"节目的研究表明，"与 CCTV 的其他纯新闻节目相比，'感动中国'的信息含量不大，但非常注重形式的仪式感，比如这一活动的高潮便在于评选次年三月的那一场盛大的颁奖典礼。而且，此间的任务及其故事不强调'新'和'异'这两个突出的新闻价值，但重视过程的重复性，体现在整个评选过程中，候选人物的事迹会不断重播，这在普通新闻产品中，除非特别重要，是基本不可能的"[①]。宣传就是利用有限的、局部的、片面的和碎片化的信息来建构英模人物的形象。不过，在强化英模人物的品行及其背后的价值意蕴的同时，简单重复的做法也可能会落入审美疲劳的陷阱，甚至造成某种程度的逆反心理。

三、双向选择机制

国家荣誉现象是一种社会主体互动的过程，是社会行动者的利益和需求及其相互作用的产物，包含了复杂的动态过程。正如有研究发现，英模人物"身上汇聚着国家上层意志与民间社会的互动力量"[②]。一方面，典型是国家理性选择的结果，政治权威根据国家需要确定荣誉项目，确定评选标准，选择合适的对象；另一方面，个人也可以选择是否参与"树典型"活动，参选或竞争荣誉称号等，比如饶毅 2011 年在评选中国科学院院士落选之后，向社会公开表态以后再也不参选院士。

---

① 雷崔捷.浅议"感动中国"中的正面宣传与新闻价值[J].中国报业,2012(20):65-66.
② 姚力.新中国成立初期的劳模表彰及其社会效应[J].党的文献,2013(04):84-88.

"伦理价值各有其社会功能,彼此之间也没有竞争性",不存在厚此薄彼问题,但国家将伦理价值区分为三六九等,从而强制性地重塑并定格了社会的价值序列。同时,科层体制的运作也造成英模人物的等级差别,比如全国劳模、省部级劳模和市级劳模。国家的理性选择体现在:在特定阶段,国家需要什么样的人和事,就会大张旗鼓地鼓励什么样的价值,比如在战争年代国家奖励勇敢的军人,和平年代表彰为经济发展做出贡献的人。一般来说,伦理价值是正态分布的,国家荣誉评选以基层或一线普通民众为重点的评选标准,体现了国家对于结果的选择和要求。这在产生某种集中化趋势的同时,也具有潜在的疏远或排斥未被选择的社会群体和阶层的深意。

特别值得注意的是,大多评选出来的英模人物都不是主动参与评选的,尤其是道德类型的荣誉,英模人物通常不能主动去争取,否则就面临沽名钓誉的质疑,而是需要通过组织或单位来推动参与。因此,能否获得评选的资格或机会,很多时候取决于各层级机构或组织的领导人,而不完全是个人自己能够决定的。但从英模人物的角度来说,他们虽然没有主动参选,但也没有坚决放弃,至少个人需要配合填写相关的表格,提供证明资料等,因此他们是理性参与的。

四、宣传学习机制

作为治理技术,"树典型"是对于英模人物的权威性认可和表彰,更重要的是,典型是政治教化的工具。"树典型"是为了激励人们向英模人物学习,用英模人物的标准来要求自己,发挥所谓"点亮一盏灯,照亮一大片"的目的。典型政治在对全体国民进行教育或再教育过程中发挥着关键作用。国家"通过好典型和坏典型来说明如何贯彻政策——应当模仿哪些经验,禁止哪些经验"①。比如,在生产建设领域,围绕英模人物开展的学习和竞赛等活动,促进了先进生产技术的普及,也推动了集体主义和奉献精神的扩散。②

在典型政治中,宣传与学习实际上是同时进行的,学习的过程是宣传的过程,宣传的过程也是学习的过程。对英模人物的宣传和学习具有强烈的动员政治或运动式治理的特征,这集中体现在诸如"(某某先进事迹)宣讲团"或"(某某模范)宣传(教育)月"等活动上。学习主要包括把普通民众集中起来开展学习活动,或者组织英模人物个人或集体来现身说法。在基层单位中,主要是通过开展征文比赛、召开专题座谈会、提交学习材料、召开学习总结大会等方式来进行动员,并以此来呈现学习效果。即便是已经评选出来的英模人物也是需要学习的,尤其是要进行政治学习。具体做法是将劳模集中起来进行考察或学习,以更好地适应政治权威对他们提出的要求。

长期以来,对于当前国家荣誉实践中的问题,研究者已经从不同方面作出了分析,比如缺乏统一的法制规范、荣誉称号泛滥成灾、评选程序比较混乱、监督渠道不畅通、缺乏严格的退出机制等。各级党委和政府及其职能部门都开展评比表彰达标活动,国家荣誉评选主体混乱,荣誉称号满天飞,受到广泛的质疑和批评。近年来,从中央到地方,通过清理规范评比达标表彰活动,极大地规范了国家荣誉的评选工作。特别是随着党内、国家和军队3个功勋荣誉表彰条例的出台和实施,党和国家功勋荣誉表彰体系更加完善、成熟和稳定,构成了国家治理体系的重要组成部分。

综上,作为国家治理的重要技术,国家荣誉是对于英模人物品行的权威性认证。向英模人物颁授国家荣誉对于实现国家意志、规范社会行为和传播主流价值等都具有重要意义。国家荣誉的运作过程是多元社会主体互动

---

① 詹姆斯·R.汤森,布兰特利·沃马克.中国政治[M].顾速译,南京:江苏人民出版社,2004:200.

② 徐大慰.上海女劳模研究[M].合肥:安徽师范大学出版社,2012:53—66.

的治理过程,其中,党和政府为了认定的目的而确立荣誉称号,进行价值的权威性分配;社会主体是国家荣誉的参与者和消费者,利用荣誉来实现自身的利益;新闻媒体是荣誉传播的舞台,也是荣誉生产的重要环节,由此而获取社会资源。

在国家荣誉的运作过程中,党和政府不仅是在进行权威性的价值分配,还必须要考虑相关社会主体的意愿、利益和激励等问题。运转良好的国家荣誉体系不仅能够满足社会民众的需要和想象,也可以增强国家的合法性、权威性和治理能力。虽然国家荣誉是在党和政府等权威性主体的主导下产生的,但颁授荣誉的效果并不是由政府单方面的意志所决定的。人们对于国家荣誉以及英模人物的认可和接受还受到其他方方面面因素的影响。

树立各种各样的典型,评选各种各样的英模人物,颁授国家认可的荣誉,对于国家治理具有重要意义。国家荣誉主要是褒扬和鼓励那些在市场或其他领域中无法获得应有回报的行为,由于这些行为有利于提升国家实力、增强社会凝聚力、促进社会发展,因此需要国家给予他们公开的认可和表彰,以彰显这些行为的社会价值。面对复杂而艰巨的社会治理任务,"树典型"既可以更好地表达和传播国家意志,也可以发挥引导和规范社会的作用。

传统社会具有静态性、同质性和一致性的特点,国家分配价值的操作比较容易,因此为典型政治提供了良好的土壤。随着社会日益多元化,人们的价值观以及评判标准都趋于多样化和复杂化,简单的"树典型"活动已经很难满足人们多样化的价值追求。在当今网络化的时代,随着世俗生活的意义日益得到正常而活跃的表达,着眼于英模人物塑造的价值传播正面临巨大挑战。在新的社会历史条件下,认定或评选什么样的英模人物,怎样才能更好地发挥英模人物的榜样作用,如何提高国家荣誉的治理效能,都是需要进一步探索和研究的问题。

第十四章 | 从粗放式管理到精细化治理

改革开放以来,经济和社会的高速发展,取得了举世瞩目的巨大成就,社会生活各个方面都发生了翻天覆地的变化。2010 年,中国超过日本,成为仅次于美国的世界第二大经济体。2017 年底,中国的城镇化率达到 58.53%,其中城镇常住人口超过 8 亿人,中国已经步入中等收入国家行列。①社会分工更加细化,利益关系更加复杂,社会流动性更强,风险程度更高,各种棘手的社会问题纷至沓来,使得传统的治理模式日益捉襟见肘,也倒逼国家治理的改革。精细化治理是城市治理技术升级发展的必然要求。在日益复杂的国家治理形势下,治理现代化是推动治理转型和实现治理优化的必然要求,而精细化治理是实现治理现代化的重要抓手和必经之路,也是国家治理实践发展的重要目标和方向。

---

① 人社部专家:我国已进入中等收入经济体国家[EB/OL]. http://politics.people.com.cn/n/2013/0614/c1001-21835560.html.

第一节 复杂性社会的形成及其治理需求

从遥远的蛮荒时代到发达的现代社会,人类社会的发展经历了漫长而曲折的过程。综观人类社会演进的历史,从农业社会发展到工业社会,再进入到后工业社会,从刀耕火种到蒸汽机时代,再到今天信息化和网络化的时代,社会的生产力不断提高,文明的发展水平也逐步提升。伴随着社会分工的发展、科学技术的革新和生产力水平的提升,社会也实现了从简单社会到复杂社会的迈进。

一、从简单向复杂发展的不可逆性

总体上说,农业社会是一个较为简单的社会,其中劳动分工比较简单,社会分化程度也比较低,生产力水平不高,经济和社会网络比较简单,由于交通和信息技术不发达,社会的流动性程度很低,社会事实及其相互关系也较为简单。尤其是以家庭为单位的农业经济,日出而作,日落而息,靠天吃饭,自给自足,无论是技术上,还是理念上,都具有很大的封闭性和保守性。相应的,社会问题也较为简单,牵涉面比较窄,国家的管理职能也较为有限,治理方式和手段大多比较简单,而且熟人社会也可以更多通过以宗族等为依托的社会机制来协调社会关系,解决矛盾冲突。

回到中国的历史场景,从隋唐朝到清朝结束,一千多年的漫长历史,虽然经济和社会情况也有许多变化,人口和领土规模变动不居,但"在13个世纪的大部分时间内,中国民政由著名的吏、户、礼、兵、刑、工六部分掌"①。自实行三省六部制以来,唐朝以来的中央行政机关基本保持了六部的核心职能结构。② "国家机构没有,也不可能有更多的兴趣描述整个社会现实。他们的抽象和简单化都被锁定在很少的几个目标上,到 19 世纪,最突出的目标一般还是征税、政治控制和征兵。他们只需要能满足这些任务的技术和理解就够了。"③因此,除非经过复杂的抽象和简化过程,否则官僚管理系统没有任何能力描述和干预现实。

伴随着科学技术的革命,工业革命的发展,社会分工不断发展,交通和信息技术更加进步,社会的开放性和流动性增强,社会的变化和发展令人眼花缭乱,社会事实及其关系越来越复杂,人类社会开始由较为简单的社会迈向更为复杂的社会。复杂性是长期演进的结果,不同社会形态的复杂性程度是不同的,其中农业社会是"简单社会",工业社会是"低度复杂性社会",后工业社会就是"高度复杂性社会",④过去习以为常的具有可预测性和可靠性的秩序,将被具有复杂性和不确定性的秩序所取代。社会的复杂性是无法消除的,也是不可逆的。复杂性和不确定性的压力,已经成为普遍性的社会现象,未来不再像过去一样还是一个确定性的王国。

伴随着社会的持续发展,社会的复杂性也不断加深,最终由量变走向质变,迈入复杂性的时代。⑤ "复杂性"是全球化时代社会的重要特征。⑥ 20 世

---

① 费正清.美国与中国[M].张理京译,北京:世界知识出版社,1999:102.

② 曹锦清,刘炳辉.郡县国家:中国国家治理体系的传统及其当代挑战[J].东南学术,2016(06):1-16.

③ 詹姆斯·C.斯科特.国家的视角:那些试图改善人类的状况的项目是如何失败的[M].王晓毅译,北京:社会科学文献出版社,2004.

④ 张康之.论高度复杂性条件下的社会治理变革[J].国家行政学院学报,2014(04):52-58.

⑤ 柳亦博.由"化繁为简"到"与繁共生":复杂性社会治理的逻辑转向[J].北京行政学院学报,2016(06):76-83.

⑥ 张康之.论风险社会中的治理变革[J].天津行政学院学报,2010,12(01):49-56.

纪80年代以来,随着信息化、全球化和网络化的发展,社会的分化和发展进一步提速,各种棘手的社会问题联袂而至,社会的不确定性、不可预知性和高风险性逐渐凸显。适应传统简单社会的治理模式愈益捉襟见肘,越来越难以适应复杂多变的社会需求,更遭遇到广泛的政府失灵和治理失灵,公共治理面临前所未有的挑战。其中,技术的发展既提供了解决问题的希望,但曾经用于解决问题的各种技术,同时也在制造大量需要解决的问题。

二、独特的复杂性社会及其治理形态

社会情景是实现社会目标所面临的各种环境要素,以及与目标实现相关的条件和手段等,不同的社会情景需要不同的治理形态。[①] 要想更好地实施国家治理,就必须深入分析和理解社会情景及其特性。"复杂性"最早应用在自然科学领域,后期不断扩展到社会科学领域,被广泛用之于解释社会现象及其演进的规律。与简单性概念相对应,复杂性是关于社会情景的定义,是关于社会事实及其关系的量度,也是国家可治理程度的指标。相较于前现代的简单化社会,复杂性社会是对于现代社会及其运行的重要判断。复杂性社会拥有自己独特的运行机制、社会过程以及治理形态,这些主要体现在如下四个方面:

首先是多元性。现代社会的事实是多样性的,是高度分化的,不同性质和类型的社会主体发展起来,形成了独特的诉求和意志,从价值观到社会行为,都充满了差异性,不同主体或要素之间不是单一的线性关系,而是复杂的非线性关系,很难用简单的标准来辨别和处理社会事实,也不可能用单一

---

① 景天魁,高和荣. 探索复杂社会的治理之道——中国社会治理的情境、逻辑与策略[J]. 人民论坛·学术前沿,2016(01):75-82.

的方法来应对所有问题。

其次是不确定性。复杂性社会是一切皆有可能的社会,时刻都会产生大量需要应对和处理的新情况新现象新问题,给社会生活尤其是国家治理带来了难以预料的后果,这些问题的数量及其处理难度,很多超过了政府的权限能力,现有的人力、物力以及智识等资源都严重不足,以至于动辄应对失措,陷入失灵。

再次是联动性。相对于静态的和封闭的社会,复杂性社会是高度开放的和密切联动的社会,伴随着信息和交通技术的巨大发展,人财物等资源在不同场域中快速流动,社会事实之间的互动建构出多层互嵌的社会网络,社会事实相互联动,牵一发而动全身,充满了可变性和创新性,也具有敏感性和脆弱性。

最后是不平衡性。复杂性社会意味着社会事实之间无所不在的不平衡性,以及由此而形成的差异化空间以及对立化状态,这既加剧了社会的分化程度,从贫富差距到地区差距以及个体或制度等方面的问题,也不可避免形成了摩擦和矛盾,从而加剧政府治理能力的紧张。

面对复杂社会带来的巨大挑战,亟须转变治理思维,探索和应用新的治理技术,形成更具有适应性和有效性的治理模式。首先,要承认复杂社会的现实,承认政府治理的有限性以及治理失灵,政府应该由"控制"角色转向"引导"角色,积极主动地谋求和多元主体的合作,促成社会治理的多元格局的形成;[①]其次,要摆脱追求同一性或一致性的惯性思维,承认复杂社会的动态性和偶然性,关注具体的人和事及其行动策略,掌握所有的环节和细节的情况,积极预防和应对可能的风险;最后,积极主动适应社会环境的变化,既

---

① 郑家昊. 政府引导社会管理:复杂性条件下的社会治理[J]. 中国人民大学学报,2014(02):14-21.

要强化整体性思维、战略性思考和前瞻性意识，又要密切关注个体化的社会单元，探索和运用多样化的治理工具和手段，发展具有科学性、弹性化和灵敏性的治理机制，切实提高治理的有效性。

第二节　粗放式管理的形态及其基本特性

自秦汉以来，在漫长的农业社会中，社会生产力水平不高，社会结构高度稳定，社会要素的流动性程度较低，社会生活是高度静态化的。传统国家的治理，官僚机构的规模及其职权比较有限，规则体系较为简单，充满了大量的模糊地带。虽然国家建立起较为完善的法律制度，但伦理道德是国家治理的重要工具，国家治理是典型的伦理治国，伦理道德规范是评判社会行为的重要标尺，甚至高于法律制度的规定。治理实践是所谓的人治模式，高度依赖个人能力和经验及其判断，对于做什么、为什么做以及怎么去做等，都缺乏明确的规则约束，治理过程缺乏稳定性、持续性和严谨性，最后的结果具有随意性和不确定性。

一、粗放式管理形成的历史渊源

从春秋的《诗经》到汉魏的乐府，再到唐宋元明清的诗词曲小说等，古代中国是一个"诗的国度"，相应的，中国文化是一种典型的诗性文化，文学艺术上追求的是"意境"，强调的是"运用之妙，存乎一心"，远离逻辑思考和理性判断。社会生活注重的是个人的体验和感悟，不太注意形成客观或量化的标准，也很难培养起比较明确的规则意识。由于科学技术不发达，农业生产看的是老天爷的"脸色"，很难形成精耕细作的思维。生活中，大多数国人也缺少"较真"的习惯。

　　严格来说,粗放和精细都是对于特定行动方式及其特点的概括,而且还是非常模糊的概括,主要差异体现在对个体、细节或局部的关注和处理上。作为一个抽象概念,粗放式管理并不构成一种具体化的管理制度,而是指对于各种管理行为及其特征的抽象和归纳,其中最为主要的特性包括:规则松散、约束软弱、过程混乱、标准不一、形式主义、表面文章、粗枝大叶、大而化之等;最为关键的特征就是:管理的理性化程度低,可预测和可控性程度低,随意性、弹性化和形式化程度高,高投入,低产出,管理的成本和效益不成正比,管理的效益不高。

二、粗放式管理的特征维度

　　长期以来,由于与管理相关的科学技术还不发达,无论是私营部门的管理,还是公共部门的管理,都具有显著的粗放式管理的特性。从公共部门角度而言,公共管理主要依赖于政府的力量,政府是单一的公共管理的中心,管理体系较为松散,管理过程较为封闭,管理实践通常诉诸个人经验,管理手段比较单一,管理策略具有随意性和个人化,管理结果充满了不确定性。特别是在成本控制、人员管理、资源投入、质量监控等各个方面,虽然也不乏具体而明确的机制,但终归是一种"未经充分打磨"的粗放式管理,其特征具体体现在以下方面:

　　在结构上,粗放式管理结构松散,缺乏明确的分工及责任体系,管理职权较为模糊,管理制度规则较为混乱,权力运用的自由裁量性较大,对于做什么和怎么做都没有明确的规范,多数情况下取决于个人的偏好和抉择,难以将其固化为具有确定性的操作性知识。政府管理过程中经常出现"多头管理""政出多门""九龙治水"等情况,管理过程的组织协调较为缭乱,经常出现各种摩擦和冲突性情况,严重影响了政府的行政效率。

在形式上,粗放式管理重结果而轻过程,缺乏明确的经济思维或成本意识,行动上往往是不拘小节,不计成本,缺乏精心设计,理性筹划。很多时候,管理过程看上去雷厉风行,大刀阔斧,效果显著,实际上却充满了漏洞和瑕疵。由于管理的专业化程度低,形式主义问题严重,存在流于形式和表面文章的问题,尤其是缺乏高效的管理控制体系,以及与制度规范配套的监督和约束机制,很容易出现浪费问题和腐败问题等。

在广度上,粗放式管理缺少必要的分权意识,也缺乏科学而合理的分工协作,常有的表现就是各级政府及其官员事无巨细,大包大揽。然而却深陷不能承受之重的泥潭,导致大量治理失败的结果。这不仅加重了政府的负担,也加剧了政府治理能力短缺的困境。

在深度上,管理的基础是信息,任何信息都是有成本的,由于缺乏足够的资源、知识和技能,政府无法充分掌握社会事实及其细节,以至于很多社会事实逃逸在国家之眼的视野之外,很多细节还是政府及其官员的未知领域。这些构成了管理所不及的空白地带。由于可获得信息的短缺性,管理者难以深入掌握社会情况及其规律性,而不得不经常依赖于个人直觉和经验来处理问题,最终形成大量"拍脑袋"的决策,而政策执行也是脚踩西瓜皮,溜到哪里算哪里。

在手段上,粗放式管理在解决问题方面缺乏科学性和专业性,解决问题的手段和方法大多是大而化之,模糊不清,文不对题。由于对问题缺乏专业分析,大多问题的解决停留在社会事实的表层,而且倾向于采取简单粗暴的解决办法。由于管理工具选择和匹配不恰当,出现了"不该干的事干太多,应该干的事没干好,干过的事治标不治本"等情况。管理评价缺乏量化的衡量指标,难以对管理过程及其结果进行科学评价,形成良好的激励。

在理念上,粗放式管理背后是整体性的哲学,长于全面归纳而不善于局部分分析,缺乏长远的或细致的操作性规划,奉行的是"差不多"和"大概其"的管理理念,管理态度上缺乏专注、专业和投入,管理过程缺乏稳定性和持续性,常常会出现朝令夕改的情况。更多的时候,管理停留在较为空洞的理念层面,不能通过切实的执行来贯彻和落实良好的理念。

在社会复杂性程度较低的环境下,由于公共管理的任务较为简单,粗放式管理也多少能够胜任其管理的职责。但粗放式管理模糊化的管理方案、碎片化的管理机制以及松散的管理姿态等,显然已经难以满足复杂社会的治理需求。这就迫切需要管理形态的转型,逐步实现高度精细化的治理。当然,对于复杂社会的治理需求而言,粗放式管理无疑看上去是千疮百孔,不合时宜,弊病丛生。但粗放式管理并非一无是处,毫无价值,也包含了大量值得肯定的元素,比如抓大放小的粗线条思维、动态和弹性的治理过程以及注重发挥人的能动性作用等。

第三节 精细化治理的兴起及其实践维度

"精细化"的概念和理论发端于西方社会,是近代西方理性化思维和科学化观念长期发展的必然结果。20 世纪 50 年代,"精细化"一词在日本的工业制造企业中盛行,后逐步运用到企业管理中去,提高了企业管理的效率。从泰勒的"科学管理"到戴明的"为质量而管理"再到今天的"精细化管理",企业对精细化的要求越来越高,"精细化"的内涵也日益丰富,其核心内容是管理过程的精确化、数据化和可见性,最终目标就是要降低企业成本,提高企业运转的效率,改进产品和服务的质量。这些都不同程度取得了显著的管理绩效。

一、任务导向需求精细化治理

20 世纪七八十年代以来，"新公共管理运动"席卷全球，掀起了"重塑政府"和"再造公共部门"的浪潮。政府将市场机制引入公共部门，广泛借鉴和吸收企业管理的成功经验，强调公共管理的经济、效率和效益，通过管理流程和手段的改进实现内部的精细化管理，努力塑造具有"企业家精神"的政府。但与企业有所不同的是，政府不仅需要保证政府机构运行的效率，还需要在复杂甚至冲突的情境中去调和利益关系，寻找解决社会问题的合理方案。这其中不但涉及理念的转变、体制机制的变革和流程的再造等，还需要妥善处理与其他多元社会主体之间的冲突与合作等。

面对高度复杂的现代社会，政府传统粗放式的管理日益窘促，无力应对和处理纷至沓来的管理需要，更暴露出严重的治理失灵问题。复杂社会不仅形成了更为复杂的治理任务，而且也提出了更高的管理要求，迫切需要发展精细化的治理形态，以提高公共治理的适应性、效益性和有效性。精细化治理是相对于粗放式管理而言的，是对于粗放式管理的升华和超越。简单地说，精细化治理就是通过科学的手段和方法，精准而高效地提供公共服务，及时而有效地解决社会问题。精细化治理以科学技术为基础，意味着一整套精心设计的结构和机制，不仅关心结果的可测量性和可计算性，而且要求运行过程的规范性和可见性。

二、精细化治理实施的基本环节

精细化治理是实现治理现代化的必然选择。党的十八届五中全会提出，加强和创新社会治理，推进社会治理精细化，构建全民共建共享的社会治理格局,明确提出了精细化治理的要求。2017年全国"两会"期间,习近平总书记在参加上海代表团审议政府工作报告时强调,城市管理应该像绣花一样精细,奏响了精细化治理发展的号角。实际上,近年来党和国家各个层面推进的许多工作,已经开启了精细化治理的旋律,具体包括网格化管理、权责清单制度(包括负面清单)和精准扶贫以及河长制等。精细化治理成为大势所趋,各级各地政府结合本地实际情况,大力推进精细化治理。对此,可以从如下方面进行归纳和总结:

一是精准定位,立足实情的差异化治理。精细化治理关注个体,重视局部,强调从实际出发,尊重差异和特色。各地党和政府通过开展深度的调研,找准各级政府及其职能部门的位置,明确目标体系和工作抓手,在事关国计民生的关键领域(如环境治理等)推行精细化治理,比如广州市荔湾区聚焦民众环保需求,以旧区改造和垃圾分类等为切入点,推进环境卫生的精细化整治,改善人居环境和地区风貌;浙江等地运用精细化思维,大力开展特色小镇建设,发掘不同地区的特色和优势,打造集约化发展的道路。

二是精确识别,优化公共服务供给。精准识别是指运用信息化技术,对社会事实进行分类和编码,基于良好的信息和数据来优化公共服务,比如在精准扶贫工作中,明确界定精准扶贫对象,建档立卡形成扶贫对象数据,摸清帮扶对象的需求,了解贫困原因,提高扶贫措施的精准度;在城市管理领域,将管理的对象分为若干类部件或事件,分别对应于城市管理的要素(如路面井盖)和行为(如暴露垃圾等),从而作出快速的应对和处理。这也包括发展协商对话等治理技术,准确识别治理对象的需求,探索资源优化配置的途径,提高公共服务的质量。

三是精准引导,形成共建共治的网络格局。党和政府通过精准引导,将更多治理主体纳入到治理体系中来,优化治理结构及其行动网络,激发其他社会主体的积极性,形成共建共治的网络格局,实现治理要素的上下左右互通,提升治理的有效性,比如上海各区通过"互联网＋党建""四治五建""8＋3"工作法等基层党建新模式,逐步搭建起基层自治的平台;广东省建立"南粤智慧党建云平台",利用大数据推动党建的精细化治理,激发基层治理活力。由此,结构良好的治理平台最终促成了共建共治的网络治理格局。

四是精细规划,加强协同治理水平。精细化治理需要打破碎片化的治理状态,根据治理目标进行系统规划,通过体制机制的创新,盘活有限的治理资源,延伸治理触角,拓宽治理覆盖面,提高协同治理的水平,比如上海徐汇区运用信息技术,吸纳社会力量尤其是志愿者,聚焦公共安全"微治理",在禁毒、食品安全和矛盾纠纷处理等方面,建立起精细的防控网络;杭州市制定《深化"平安365"社会服务管理平台建设实施方案》,以问题为导向建立"平安365"协同治理平台,打破职能部门间的隔阂,优化公共服务供给的效率和品质。[①]

五是精准对接,形成供求的有效匹配。粗放式管理粗枝大叶,资源利用成本高,效率低,损耗大,尤其容易产生资源错配的问题。精细化治理使用科学手段,深入摸清社会治理需求,精准匹配治理资源,实现供需之间的精准对接,降低成本和消耗,提高治理效率。一方面,通过信息技术监控治理状况,比如智慧城市系统,精准测量和计算治理需求,理顺相关的体制和机制,及时提供灵活而有效的服务;另一方面,应用民主参与技术,通过对民意的显示和吸纳,以公民需求为导向,动态地优化资源配置,提高民众的满意度。

六是精心搭台,推进制度化治理。"没有规矩,不成方圆",相对于粗放式管理的松散和随意,精细化治理坚持制度化和规范化的道路,尤其是注意通过标准化的方式来实现精细化治理:一方面,以制度建设推进治理的标准

---

① 孙柏瑛.突破"碎片化":构建"回应性"城市政府协同治理框架——基于杭州上城区"平安365"的案例分析[J].地方治理研究,2018(01):2－16.

化发展,比如重庆市 2017 年在全国率先制定了《重庆市城市精细化管理标准》,为城市精细化治理提供了具体的操作依据;另一方面,加强对精细化治理探索的政策支持,比如上海市 2018 年出台了《贯彻落实〈中共上海市委、上海市人民政府关于加强本市城市管理精细化工作的实施意见〉三年行动计划(2018—2020 年)》,全方位推动精细化治理的发展。

第四节　迈向精细化管理的内在逻辑

虽然各地党委和政府使用了精细化管理或精细化治理的概念,但对于究竟什么是精细化治理,目前还没有形成较为一致的定义。从各地精细化治理的实践来看,从环境治理、垃圾治理到城管执法、交通管理以及土地整治等,精细化治理的内容可谓是无所不包,但各地精细化治理实践的重点是不同的,比如有的强调环境卫生和市容市貌等,这往往与创建全国文明城市或国家卫生城市等工作捆绑在一起;有的强调垃圾治理和安全生产等,着重解决城市管理中的老大难问题。具体除了法律法规上有明确标准的,许多要求及其标准也充满地方差异性。

总的来说,精细化治理是超越于粗放式管理的管理形态,包含了多方面的深刻内核:首先,理念上,信奉理性,追求专业和科学,尤其是关注细节,重视个体和局部,强调精打细算、精益求精、一丝不苟和追求卓越等;其次,过程上,精细化治理不仅重视结果的品质,还强调治理过程的重塑,建立起全覆盖的制度规范,实施严格的标准化治理,具有很高的透明性和可见性;再次,精细化治理需要精明能干的管理者,对管理者的专业素质和能力提出了更高的要求,要求形成匹配精细化治理的价值和行为;最后,精细化治理倡导多元化的立场,强调社会主体的广泛参与,整合多种社会资源和社会力量,实现多元协同的共治。

就粗放式管理所对应的社会而言,国家与社会的关系是相对疏离的,政府的职权范围比较狭窄,权力的边界及其实现机制都非常有限,权力行使和运用的过程充满了缝隙,因此对社会的渗透和控制是有限的,国家权力对社会整合的范围及其程度也是有限的。在简单社会的应用场景中,这种管理形态是可行的,也可以是有效的。粗放式管理的权力运用及其干预的有限性,可能会影响国家的自主性,削弱政府主导经济和社会发展的能力,但也可以避免国家对社会的过度干预及其导致的社会恶果,比如对社会资源的过度攫取,对个人生活的过度宰制,权力扩张所产生的权力滥用等。

相对于粗放式管理下政府常有的被动式角色及其无所作为——有的时候也是无能为力,复杂社会艰巨的治理任务不仅需要政府及时响应社会民众的需要,而且还需要政府发挥能动性作用,积极作为,实现有效治理,去创造公共价值。对于现代国家而言,政府不仅需要积极作为,回应社会民众的要求,而且还要实现有效治理,切实解决各种棘手问题。就此而言,精细化治理实质上就是国家承担起更为广泛的治理责任,相应的也是国家权力边界不断拓展的过程,国家权力覆盖面更为宽广,权力渗透也更为深入。精细化治理意味着不断推进国家权力的边界,实现对更为宽广的社会事实的深度干预,从而与社会进行更高效率地互动。

正是复杂的社会呼唤更加理性、专业和科学的治理,推动了国家权力的膨胀,也加剧了社会的复杂性。具体而言,迈向精细化治理的转型包含了政治、经济、技术和专业等多方面的内在逻辑。

一、政治逻辑

社会发展程度越高,社会的流动性越大,复杂性程度越高,社会的矛盾纠纷也会相应增加,这就往往需要一个更为强大的政府,来应对和处理复杂的社会问题。与此同时,国家权力的扩张及其渗透,固然也可以解决某些问题,但也加剧了社会的复杂性,增加了权力滥用和腐败等方面的问题。尤其是随着权利观念的兴起,公民权利逐渐倒逼国家权力,向政府施加了广泛的责任,这不仅要求政府做得更多,也要求政府做得更好。几乎成为悖论的是,复杂社会不可避免是高风险社会,但社会民众却期望是低风险甚至是零风险社会,其结果就是向政府施加了更加强大的治理压力,其结果也就是政府权力的持续膨胀以及政府干预的不断拓张,精细化治理伴随着权力的精致扩张而深入到社会生活的毛细血管之中。

二、经济逻辑

现代市场经济的发展带来了理性思维的成长,推动了社会各个层面的理性化,其核心就是精打细算,节约成本,提高效率,获得最多和最大的收益。相对而言,粗放式管理往往是大手大脚的,也是不计代价的,投入与收益往往是不成比例的。而现代社会则日益迈向效率至上的节奏,致力于追求更小的成本,最大的收益。无论是进行公共管理,还是提供公共服务,政府无不是以真金白银为基础的,离不开充裕且可持续的财政资源。长期以来,伴随着政府权力的膨胀,各级政府的管理事务不断拓展,财政开支直线上升,行政成本居高不下,其中包含了大量不该有的浪费和低效率,以至于政府日益背负着浪费和挥霍的骂名。正是面对这些方面的压力,政府管理开始从精细化管理中寻找走出困境的答案。

三、技术逻辑

在从简单社会迈向复杂社会的过程中,利益关系更加错综复杂,社会要素相互关联,相互嵌入,牵一发而动全身,很容易引发矛盾冲突,导致社会失序的后果。由此,局部和细节获得了系统性的意义,要求给予充分的重视和响应。粗放式管理具有模糊性和随意性等特性,增加了公共治理的不确定性,也导致了更高的社会交易成本。复杂社会需要公共治理具有更大程度的可控性、可见性和可操作性,从而能够更准确和有效地实现国家的意志,提高治理的稳定性、可预期性和有效性。信息技术的发展提供了精细化治理的可能性,具体包括更广泛地搜集社会事实的信息、更加强大的信息处理能力和更加方便快捷的信息传播等,这就使得治理过程能更好地关注个体,处理细节,能更为主动和及时地响应社会需要,也能更好地协调多元社会主体的关系,更好地根据实际需求来配置资源,提高治理效率。

四、专业逻辑

低度复杂性的社会试图通过政府职能的分化和扩张来降低或消除不确定性,最终导致了政府规模的急剧增长,加剧了治理的复杂性。复杂社会的发展呼唤更加专业化的治理,让专业的人来做专业的事,也需要更为理性化和科学化的国家治理,需要更加有能力的政府,从而为社会提供更多高品质的公共服务。根据专业主义的精神,精细化治理要充分利用人财物等要素,提高资源使用的效率,依照一整套科学的制度、流程和标准,来协调盘根错节的社会关系,发挥专业人士及其知识的作用。这尤其体现在广泛应用的各种法律法规、规章制度和操作标准等上面,其中包含了大量跨学科的专业知识。相关知识的发展提供了优化治理的工具，也要求从粗放式管理到精细化治理的转型。说到底，只有发展了更加细致的专业分工，形成了更为专业化的科学知识，然后才有了精细化的治理。

第五节 精细化管理实践的难题及其挑战

当代中国城镇化的快速发展提出了提升和优化城市管理的要求。精细化管理成为城市治理技术转型升级的重要抓手，许多城市政府都掀起了精细化管理的热潮。精细化管理集中包含了细节、精简、准确、精致和卓越等基本元素。但精细化管理究竟应该怎么做？从操作的角度来思考，精细化管理主要涉及信息、制度和能力三个方面的命题，其中信息是精细化管理的基础，制度是精细化管理的工具，能力是精细化管理的支撑。三者相互补充，共同构成精细化管理的实践维度。

一、信息基础的转换及其缺陷

细节决定成败。无论是要做到精准，还是要进入细节，首先必须要形成充分而准确的信息，聚焦于具体而细微的社会事实上。因此，精细化管理就意味着社会事实特定的信息形态，以及相应的处理信息的特殊方法。无论是粗放还是精细，说到底是信息化的量度，是信息处理和运用的结果。只有充分掌握社会事实的信息，深入识别社会事实，才能做到精准和细致，比如推进精准扶贫工作，必须要搞清楚究竟谁是贫困人口，贫困到什么程度，因什么而导致贫困等。

粗放式的管理以类或群为基本单位，主要是解决特定类或群的人事物问题,比如下岗工人或低收入群体等,最后形成一种概括性、归纳性或笼统性的知识,而并不去触及分散的和个别的社会事实,因此是基于多数量的类型化的管理。但同样是下岗工人、社会弱势群体以及低收入群体,每个人的实际情况又是千差万别的。因而,精细化管理就是尽可能拆解社会事实,确立尽可能最小化的管理单元,实施多样化和差异性的管理,由此形成的可以说是着眼于"个体化的管理",更多是着眼于实现个别的正义。

精准和细节都提出了信息的要求,正是信息的多少及其质量定义了精准与细节,而获取信息的过程也就是逐步接近和靠拢细节的过程。但这样也必然意味着国家权力的进入和扩张,即深入识别和界定社会事实,对社会事实进行详尽的分类和编码,建立起新的理性计算体系,根据具体情况予以多样化和差异性地处理,比如现代城市的数字化城管将城市部件(比如井盖等)和事件(比如噪音污染等)等社会事实全部数字化,将具体部件和事件与高度细化的网格单元进行对接,最终建立起全覆盖、无死角和无盲区的城市管理体系。

精细化治理对信息的依赖,也是专业化逻辑发展的必然结果。专业是社会分工的产物,专业必然就意味着差异,包含着一整套处理社会事实的特殊技能和方法,以及由此而形成的处理社会事实的独特的知识系统。具体的专业让人们注意到社会事实的特殊面相,处理高度简化的社会事实及其信息,从而实施具有特殊性和差异化的管理,提高管理的精细度和精准度。但也不能不遗憾地看到,专业化本身也必然意味着局限性和片面性,也很容易导致专业主义的狭隘、傲慢和自负,甚至是对社会事实的误读和扭曲。所以更多的信息固然是必要的,但如何利用信息来进行科学和合理的计算,也同样重要。

精细化管理必须要以信息为基点,发展和改进信息处理的方法,以获取全面而准确的信息,提高国家计算的能力。全面而准确的信息最终涉及对社会事实的精密测量,说到底则是对个人的特性、意愿及其需求的认可。但信息也是行动的结果,因此只有精细化的管理才能获得更加充分而准确的信息,才能形成更加清晰的社会地图,才能实施有效的管理。精细化管理与信息是相互匹配的,也是相互促进的。

二、制度化的重要性及其无能为力

制度是治理的工具,也是行动的依据。精细化管理要求简化社会事实,抹杀事物之间的细微差异(制度化和规范化),要求将社会事实尽可能纳入制度体系,针对多样化和差异性的社会事实,建立起一套处理社会事实的规则体系,形成明确而清晰的操作标准,从而不仅方便政策执行者照章办事,展开客观的和理性的国家计算,包括对相同的情况给予相同的对待,不同的情况给予不同的对待,也有利于社会主体对号入座,明确各自的定位,明晰行为的要求、规范及其限度,分散而灵活地协调各自关系。这样才有可能顺利实现精细化管理的目标和任务。

精细化管理离不开精细化的制度,顺理成章的结果就是,精细化管理必然意味着制度的巨大增长。落实精细化管理的目标和任务,必须要理顺社会主体之间的关系,细致地梳理管理过程中的职责权利,形成明确清晰的管理流程和管理链条,建立简洁而高效的管理体制,提高管理的专业化和智能化程度。只有形成高度精细化的管理制度,才能创造精细化管理。相应的,精细化管理必须要为社会事实强加符号和规范,以准确地识别和锁定社会事实,提供什么事情应该怎么去做的明确规程,进而对社会事实进行精准操作。

制度并不是完美无缺的,也不是无所不能的。法愈繁而弊愈多,制度规则越是繁密,漏洞也就越多。无论多么强大的政府,都不可能为所有社会事实立法,更不可能为单个的社会事实设定规则。而且要建立良好的制度规范,必须要发展出国家干预的系统性知识,从而形成权力干预的依据和方法。制度要得到有效执行,就必须要找到可观察且可证实的信息,以标准化的语言写入制度。但由于社会事实具有多样性和复杂性,大量的社会事实(尤其是其中关于个人行为和偏好的情况)很难进行标准化测量,因而具体的社会事实也就不可能被恰当地写入制度,成为制度调控的适当对象。

在实践中,精细化管理必须要使用大量标准化的指标和标准等。许多社会事实,从个人收入、流动人口到大气排放等,通过科学的技术和统计调查等方法,大多是可以测量的。只有可以测量的东西,才能进行合理计算,对其进行加减乘除的操作。但诸如个人的偏好、意愿和满意度等,却是很难精确测量的。精细化的治理既需要大量应用可以建立标准化的或者量化的操作性知识的制度工具,比如统计或调查等,也需要应用可以获取难以标准化的知识的制度工具,比如大数据和协商民主等。不同的工具各有优劣,都应该得到合理应用。

三、意识能力的转型及其结构限制

作为应对现代复杂社会的管理形态,精细化管理是一种超越粗放式管理的现代管理模式,同时也是一种态度、理念和文化。良好的制度安排是必不可少的,但精细化管理的生根发芽却离不开相应文化精神的滋养,更需要努力培育和形成精细化的思维和文化,让精细化管理形之于行动,内化于心灵。这绝不应当仅仅是外在制度的要求,更应该是源自于个人内在的向往和追求。否则,如果单纯依靠严格的制度来实现精细化管理的要求,不仅增加管理过程的成本,让精细化管理过程本身变得不精细,甚至会导致精细化管理的不可能。

管理离不开相应的权能。粗放式管理对应的是中央集权的权力结构,即权能的分布是向上的,中央或上级拥有更多的权力和知识,相应的管理逻辑就是"上有政策下有对策",只要粗略的和大致的应对就可以,政策过程充满了大量的变通性。但精细化管理绝对不可能依靠简单的制定规则就能实现,不管多么精明的上级或者中央政府,也只能根据一般化和普遍性的知识,形成高度简约的或概括性的规则,然后由下级或基层去操作落实。这就意味着一种分权化的要求以及相应的技能匹配,即让地方以及基层及其执行者拥有更多灵活机动的权力,提高下级或基层执行者的素质和能力,因人因时因地解决具体而微的现实问题。

因此,实现精细化管理的过程既要充分意识到良好制度的重要性,又要抛弃简单的制度决定论思维,去探求精细化治理的深层次支持,其中一方面是要通过落实精细化的管理,培育精细化管理的社会文化,形成追求精确、注意细节和精益求精的意志品质;另一方面就是要深入推进行政体制和机制改革,实现权力和资源以及责任的双下沉,提高基层公务员的素质和能力,充分发挥其积极性和主动性,在处理日益复杂化社会事实的过程中微妙地落实精细化管理的要求,真正的精细化管理不是冰冷的和刚性的,而是充满弹性的和有温度的。

第六节　迈向城市精细化治理

2007 年,全球城市化率超过 50%,人类开始进入城市时代。经过改革开放四十多年的持续发展,中国的城市化率不断攀升,2011 年首次突破 50%,2019 年底已经超过 60%,中国一半以上的人口在城市工作、生活和学习,中国也逐步迈入全面城市化的时代,逐步从城市管理迈向城市治理。越来越多的人成为城市人,享受到现代城市文明的红利,城市发展由原来的外延式扩张向内涵式发展转型。但城市的拓张及其发展,尤其是各种城市病泛滥成灾,迫切需要高效而有为的城市治理,提高城市治理的水平。

一、城市化的发展需要精细化治理

如上所述,不同的时代和社会发展出不同的治理形态,需要不同的治理技术。在农业社会中,生产力及其技术水平都非常落后,管理主要是模糊的、笼统的和粗糙的粗放式管理:奉行的是"差不多"和"大概其"的模糊理念,缺乏专注、认真和投入;无从进行理性规划,组织协调较为混乱,可预测性和可控性程度很低;管理结构松散,制度和规则比较粗糙,权力及其运用的任意性很大;重结果而轻过程,缺乏经济思维或成本意识,管理成本和效益不成正比;行动上往往是粗枝大叶,马马虎虎,大而化之。

区别于分散和割裂的乡村社会,城市是各种要素高度聚集和快速流动的空间。从农业社会迈向工业社会甚至后工业社会,人类社会也由简单社会迈向复杂社会甚至风险社会。城市社会的各个要素互联互通,紧密连接,由此也带来了城市的脆弱性问题,即任何要素、环节和部位出现病变或遭受破坏,都有可能导致整体性或全局性的后果,引发巨大的危机或灾难。因此,城市发展越快,规模越大,有机性程度越高,连接性程度越高,其脆弱性以及风险水平也就越高,就越是需要专业而精细的治理。

作为特殊的生态系统,城市包含了多元化和多层次的社会子系统,其产生、发展、变异和衰亡都有复杂而玄奥的运行机理。特别是随着信息化、全球化和网络化的发展,社会的开放性、流动性、多元化、异质性、不确定性、不平衡性、不可预知性以及不可控性等都更为明显,各种棘手的社会问题纷至沓来,比如交通拥堵、环境污染以及公共安全等,带来了不可治理性和治理无效性等问题。这些问题遍布城市社会的各个角落,迫切需要细致、精确、有效、差异化和有弹性的治理。

当前,中国社会发展进入到新的时代,国家和社会发展都呈现出了新的特性,以至于传统粗放式的管理已经越来越难以应对和处理复杂而繁重的城市管理任务。特别是城市化的快速发展不断衍生出繁杂的治理任务,而社会民众也不断提出更多和更高的服务要求,这些都倒逼城市治理的转型。精细化治理应运而生,致力于提高公共治理的适应性、精准性、有效性和效益性,成为应对现代城市治理挑战的重要战略,也推动了国家治理的现代化转型。

二、精细化治理的基本内涵和要求

不同于简单而粗糙的粗放式管理形态,精细化治理是以理性精神为基础,通过专业的、科学的手段和方法,精准高效地提供公共服务,及时有效地解决社会问题,其中既有科学的取向,即精益求精的专业精神,也包含了艺术的追求,即追求卓越的进取精神。

具体而言,在理念上,信奉理性、专业和科学,核心是关注细节,重视个体和局部,强调精打细算、精益求精、一丝不苟和追求卓越等;在过程上,坚持多元化的立场,强调社会主体的广泛参与,整合多种社会资源和社会力量,运用多元化手段,调和差异、分歧以及冲突,实现多元协同的共治;在结果上,不仅追求运行过程的规范性和可见性,也关心结果的可测量性和可计算性,通过治理过程的重塑来实现全覆盖的和无缝隙的卓越管理。

个体和局部——对个体和局部的关注,是精细化治理的逻辑原点。这既包含了对于个体或局部系统性地位的充分认可和接纳,同时也意味着高度警惕个体或局部的败坏可能带来的整体性不良后果。精细化治理强调从实际出发,关注个体局部及其需要,尊重个性和差异性,包容他者和异质性。

只有深入聚焦个人或局部,搞清楚凌乱而复杂的社会事实,才能实施细微和精准的管理。就此而言,精细化治理内在地蕴含着人本的精神,体现了对于个人及其价值的尊重。

专业和科学——理性是精细化治理的内核,专业和科学是理性的实现形态。专业意味着要让专业的人来做专业的事情,充分应用专业的知识和技能;科学则要求广泛利用科学技术,通过技术的力量来改进城市治理。精细化治理必须要尊重城市建设和发展的规律,重视专业人才及其知识的价值,合理运用科学技术,努力改进城市治理。特别是城市治理也要充分应用人文科学等方面的知识,使城市更加包容、公平和有温度,更好地满足人们多样化的需求。

精致和卓越——城市管理应该像绣花一样精细,绣花所应该具备的精心和细致及其审美倾向,正暗合了城市精细化治理的内在要求。精细化治理不仅标榜精益求精的卓越追求,也衍生出优美而精致的审美诉求,其中安全、秩序、整洁和美观等目标,都带有鲜明的中产阶级气质。这意味着必须要用一套更高更严更可取的标准来引领和改进城市治理实践。就此而言,精细化治理是积极的、乐观的和向上的,体现了改革和发展的自主性、自觉性和能动性。

总之,城市是特殊的,更是复杂的,传统的粗放式管理已经无法适应现代城市发展的趋势、特性及其治理需求。在高度信息化的现代社会中,良好的城市治理必须是精细化的治理,应该是理性规划的、注重细节的和精打细算的,也应该是淡定从容的以及优雅而美好的。

三、推进精细化治理的路径及其悖论

近年来,全国各地许多城市都出现了推进精细化治理的热潮,都出台了精细化治理的规范性文件,精细化治理的内容几乎涵盖了城市治理的所有重要领域。

要实现精细化治理,必须要扭转过去"差不多"和"马马虎虎"的思维,深入培育专业的思维、科学的意识和认真的态度,形塑精细化治理的文化精神;统筹协调展开顶层设计,推进各个层面的制度化建设,建立和完善规范化、标准化的管理体系,提高可操作性和执行力;大力应用互联网、物联网、大数据以及云计算等现代信息技术,对社会事实进行科学的分类和编码,提供精细化治理的信息系统和数据库;广泛应用民意调查和协商对话等治理技术,提高公共服务的差异性、个性化和民主性,提高社会民众的满意度。

但精细化治理究竟精细到什么地步,如何才能实现精细化治理的目标,无论是理念上还是实践中,都包含了诸多方面的挑战以及悖论。首先,社会事实具有多样性和复杂性,具体的管理单元具有无限可分的性质,因此究竟锁定和聚焦到什么层面的细节,往往充满了争议和挑战。尤其是注重细节,从小处着眼,重视个人和局部,很有可能会导致对个别事实的迷恋,而被局部的情况蒙住了眼睛,忽略了城市治理的战略方向和长远目标。

精细化治理是与科学技术的应用紧密联系在一起的,信息技术的应用及其发展往往需要投入巨大的财力和物力资源。但精细化治理应该是精打细算的,追求效益的。因此,精细化治理绝不能简单等同于信息技术的应用,也不能简单等同于砸人砸钱砸资源。必须要考虑的是,资源投入是不是值得的,有没有意义。否则,以精细化治理的名义进行过度的资源投入,就会导致严重的浪费、低效甚至腐败。

面对高度细分的社会单元行使权力,精细化治理往往需要更多的人性化和柔性化以及灵活性,根据实际情况选择治理策略以及方法,提供细微而周到的服务。但与此同时,城市治理也越来越强调法治化、制度化和规范化,要求给予管理和服务对象以公平的待遇,防止权力的滥用。由此,人性化的服务诉求与执行普遍性规则就构成难以消除的紧张性,经常导致执行者无所适从。

社会事实充满了多样性和差异性,社会事物之间的因果关系更是高度模糊的。城市治理绝不是实验室里的操作,不能用化学试剂来获得答案。精细化治理不是简单追求工作的加量加码,如加快工作节奏,拓宽工作范围,提高工作额度,增加考核指标等,更不应该是简单粗暴的一刀切,强求一致,损害城市的多样性及其活力。精细化治理不仅是量的提升,更应该是质的优化,应该给渐进性试错留下空间。

城市的发展需要与之相适应的治理形态,精细化治理是城市治理现代化的必经之路,也是重建国家治理体系和提升国家治理能力的重要路径。当今和未来的城市治理必须是专业的、科学的、精准的、关注细节的、注意效益以及精益求精的,必须对各个城市要素都给予充分而适度的关切,以防止城市生态系统的功能失调,全面提高城市治理的效率和效益。

总之,伴随着从简单社会到复杂社会的发展,从粗放式管理到精细化治理的转型,构成了现代国家治理转型的重要内容。精细化治理是复杂社会的必然要求,是治理现代化的应有之义,是现代国家治理转型的必然结果。多年来,面对复杂而艰巨的治理任务,各地各级政府的精细化治理探索已经取得了初步成果,但受到传统粗放式管理形态的制约,精细化治理才开始起步,还任重道远,还需要在更大范围和更深层面予以全面推进。

精细化治理是系统化的管理形态,包括了价值、制度和技术等多个层面的内涵。价值、制度和技术等方面是相辅相成、相互支撑的,其中也包含了诸多内在的局限性,比如精细化治理的关键在于细节,管理上的细节就是有关细节的信息,但准确掌握全部细节的所有信息是难以完成的任务;精细化治理离不开精准的制度建设,形成明晰的操作准则,但很难将所有的规范都写入制度,而且过度的制度化会导致僵化、敷衍以及提高制度运作的成本。

要形成精细化的理念,不仅需要跳脱传统文化的束缚,还需要长期的培育和熏陶,这些都很难快速看到成效。①

从粗放式管理到精细化治理的转型,必须要转变思维观念,培养和树立精细化的理念和思维,形成精细化治理的文化氛围;统筹顶层设计和实践操作,推进各个层面的制度化建设,大力推行规范化和标准化的管理,提高治理过程的科学化和专业化水平;充分应用先进的科学技术,为精细化治理提供信息、知识和智慧支持;广泛应用协商对话等民意处理技术,提高公共服务的民主性,提高社会民众的满意度。但与此同时,良好的治理也要注意遏制国家权力的过度扩张,防止政府对社会以及市场的过度干预,更要充分释放社会和个人的自主性,实现张弛有度和多元参与的精细化治理。

---

① 韩志明.从三方面推进精细化治理[N].学习时报,2018 - 09 - 17(006).

第十五章 国家治理技术的演进逻辑

社会是流动的,任何社会都存在人口的流动。人口的流动是经济社会发展的需要,也是经济社会发展程度的标尺。人口的适度流动促进了社会要素的优化配置、经济的活力和文化的交融等,但也带来了劳动就业、社会治安、公共服务和政治稳定等方面的现实问题。自古以来,对流动人口的管理,都是国家治理面对的重要问题。在古代社会,对于社会中由于灾荒、瘟疫、战乱或商业贸易等导致的人口流动,"官方是不愿接受的,并要进行程度不同的行政干预"①,历朝历代的政府都采取了大量措施对流动人口进行管控。

人口是国家治理的基本对象。在漫长的农业社会中,作为社会治乱兴衰的晴雨表,流动人口不是孤立的社会现象,而是经济、政治和社会的结构性问题,直接关系到社会的秩序、经济的活力和政治的稳定等。因此,对于流动人口的管控是考察国家治理的重要窗口。对于人口流动及其所带来的积极或消极的社会后果,历史上的政府采用了哪些方面的管控措施? 不同

---

① 曹文柱.关于两晋之际流民的几个问题[A]//赵清.社会问题的历史考察[M].成都:成都出版社,1992:332.

的管控措施分别属于什么样的治理技术类型？随着经济和社会的演变，流动人口的治理技术出现了什么样的变化？其背后包含了什么样的逻辑性？

第一节　人口管控是国家治理的基本任务

根据国家要素说的定义，人口与土地等要素一起，构成了国家的基本要素。人口管控是国家治理的基本任务。《商君书·画策》中写道："能制天下者，必先制其民者也。能胜强敌者，必先胜其民者也。故胜民之本在制民，若冶于金、陶于土也。"人口管控的意义重大。自古以来，中国就是一个人口大国，自然也是一个流动人口众多的国度。在王朝兴衰更替的历史中，面对长期积淀的"流民作乱"的阴影，古代的治国者和有识之士都对流动人口保持高度警醒，各朝各代的政府也都想方设法强化或改进对流动人口的管控，以维持国家稳定，保证社会秩序。

一、流动人口问题的历史变化

对于人口流动，历史上有着一些不同的称谓，比如流民、游民、移民或流氓（"氓"就是逃亡或流亡的"民"）等，先秦时代指游离在行政管辖范围之外的人。古代人口流动的原因很多，主要包括：为了躲避繁赋重役、土地兼并、自然灾害或战乱等而被迫四处流动；因为开发边疆和加强边防等需要而进行的大规模人口迁徙；周边落后的少数民族向内地迁徙而形成的流动；因为商品经济的发展而产生的人口的自然流动。对于流动人口，我国早从西周时代开始就有了相应的管理制度。当然，各个朝代以及在不同的政治和社会形势下，国家对流动人口的态度以及管理措施都不一样。

　　新中国成立后,随着城乡二分的户籍制度逐步建立起来,社会的流动人口非常有限,国家应对的主要问题也就是控制农民盲目流入城市等。改革开放之后,经济和社会的发展带来了流动人口的激增,流动人口的兴起也带来了就业、教育和犯罪等经济和社会问题,流动人口逐渐成为不同学科关注的热点问题。随着各门学科的发展,研究队伍日益壮大,相关的研究议题非常庞杂,具体包括人口的再生产、计划生育政策、收入差距、户籍制度、劳动就业、子女教育、经济发展、犯罪问题、社区融合以及留守儿童等重要议题。这些问题既是国家治理的重要问题,也是社会关注的热点问题。

二、古今流动人口的研究主题

　　对于流动人口的研究,大多是着眼于流动人口管控的手段和方法。其中,对古代社会流动人口的研究,主要是归纳和总结古代社会管控流动人口的经验,比如池子华区分了流民控制的三部曲,具体包括抑制兼并、积谷备荒、减少赋税和以工代赈等十个方面;郭琳探讨了五代十国时期流动人口的救济措施,比如开仓放粮、废除暴敛法令和减轻租赋等;张文总结了宋朝安置与救济流民的举措,指出宋朝对流民的救济与安置实现了良好的社会控制;戴卫东研究明代安辑流民的政策实践,比如提供生存条件、编籍管理、鼓励垦荒、免租税等;王林研究了清代对灾后流民的预防,包括未赈之前和已赈之后两种情形,具体包括清查户口、资送和留养等。

　　一些学者对古代流动人口管控的具体措施进行了研究,比如在户籍制度方面,闫德民、李太淼认为户籍制度对管理流动人口发挥着重要的作用;王跃生则系统归纳了古代流动人口的入籍问题,包括流民聚集时期的"让步"入籍制度等;何平分析了唐代的赋税减免问题,对唐代初期、中期和后期的赋税政策与人口、土地的关系进行了深入论述;张维迎、邓峰探讨了中国古代连坐、保甲制度的机制及其对人口控制的作用,认为连带责任有效地利用了分散化的信息,对维护国家的大一统以及社会稳定起到了重要作用等。其他的研究已关注到社会救助和社会参与等问题。

对当代中国人口流动的研究除了集中探讨流动人口与社会治安、政治稳定、经济发展等之间的关系等宏观问题,更多的研究则集中在对流动人口管控的手段和方法上。大量的研究分别从户籍管理、计生管理、证照办理、子女入学、出租屋管理、社区管理和治安犯罪等具体问题入手,探讨改进流动人口管控的手段和方法,提出相应的对策建议,比如要逐步推进和深化户籍制度改革,创新流动人口服务与管理制度;[1]建立跨部门、跨系统、跨地区的服务管理协作机制,实现管理责任化;[2]加大流动人口服务经费与人员的投入;[3]逐步实现从粗放型管理转向精细型服务。[4] 随着公民权利和公共服务观念的确立,研究者日益重视和强调提供公共服务,保障和维护流动人口的应有权益。

古往今来的国家治理都必须要面对流动人口这个敏感而重大的问题,也不可避免受到流动人口所带来的各种负面问题的困扰。既有的研究已经从总体上或分时期地归纳了流动人口管控的手段和办法,但这些大多是就事论事的研究,既没有从具体的措施中归纳出流动人口管控中一般性和普遍性的技术问题,也没有能够从国家治理的高度来考察流动人口管控的政治和社会蕴含。为此,这里主要立足中国大国治理的特殊情境,以流动人口管控的国家实践为研究对象,纵览中国流动人口管控的手段和方法,提炼国家流动人口管控的基本治理技术,从而把握国家治理的技术逻辑及其演进

---

① 郑杭生,陆益龙. 开放、改革与包容性发展——大转型大流动时期的城市流动人口管理[J]. 学海,2011(06):76–80.

② 肖飞. 城市化加速期流动人口管理探略[J]. 理论导刊,2011(12):11–13.

③ 勾清明. 关于当前流动人口服务管理的几个问题[J]. 中国党政干部论坛,2011(08):23–24.

④ 殷京生. 城市、城市发展与城市流动人口[J]. 天府新论,2003(01):76–79.

的规律性。

第二节　大国流动人口管控的国家实践

人口是国家的战略性资源,但庞大的流动人口也给国家治理提出了难题和挑战。"历代王朝的治乱兴衰往往取决于对流民的控制程度。"①历史上的社会动荡乃至王朝的更替,很多都是由流民起义所引发的。"各个朝代的统治者——上至皇帝,下至地方官吏——为了维护自己的统治和利益,也总是非常关注流民的发生、发展情况,采取各种措施,实行各种政策安抚,赈济流民。"②虽然不同历史时期的社会情况有所不同,流动人口的性质及其规模也大不一样,但国家的管控措施大致不外乎严格限制、申报登记和赈济安置等基本做法。这些措施既有一定的延续性,又有一定的差异性。

一、严格限制

要想杜绝人口流动及其负面后果,根本性的举措就是不让人口流动,防患于未然。这是传统农业社会国家的基本政策。早在战国时期管子就提出"禁迁徙,止流民"的政策主张,即严禁民众出境,禁止流民入境。人口按士农工商划分居住区,不允许随便迁移。后晋规定禁止民众流动,"如有逃移,令所属州县追回"。元朝更是推行"铁腕政策",规定"擅徙者斩"。③ 明朝规定,"若有不务耕种,专事末作者,是为游民,则逮捕之"。清朝颁布《严禁出境逃

---

① 池子华. 流民问题与社会控制[M]. 南宁:广西人民出版社,2001:2 - 3.
② 陆德阳. 流民史[M]. 上海:上海文艺出版社,1997:前言9.
③ 池子华. 流民问题与社会控制[M]. 南宁:广西人民出版社,2001:154.

荒文》,禁止流民出境,①"每于接壤交接之处委人防范,令其不得出境"②。

古代国家主要通过户籍制度将土地、财产和福利与人口等捆绑在一起,限制人口的随意流动。先秦时期实行"井田制",将人口与土地捆绑在一起,即通过土地的分配与再分配来掌握人口的状况,"生死,出入,往来者可知也"。清朝雍正年间通过土地来对人口进行约束,即"发与管理井田之人,严行约束,令其耕种,不许出入京城",将人口牢牢地绑定在土地上,减少人口流动。为此,还制定了与之配套的奖励制度,比如清朝规定,各个管辖区自行清查户口,如果全年一直没有外流之人,将会得到奖赏。

传统社会还通过建立保甲制度,推行严厉的惩罚措施,把民众"捆绑"在一起,让民众相互监督,举报人口流动的情况。如汉代的"首匿法"不仅打击流动者本人,还打击流动人口的藏匿者。魏晋南北朝时期人口迁徙和户籍散失比较严重,"什伍连坐"得到了广泛应用。唐代的连带惩罚发展至亲属连坐,更加精确、成熟和有效。明朝的"黄册制度"规定,任何人不得擅自流动,知情不报者,要受到连坐处罚。直到国民党政府时期,还通过互相监督和告发来查获闲杂人等,增强对市民的监控和管理。

对于已经流动的人口,政府的基本做法就是遣送回籍。如宋朝按照自愿原则遣返外来人口,除了官府承担返程路费,途中还有一系列优惠措施。明代若有流民"情愿回家",则政府"补给赈银",帮助其返回原籍。为了防止外来人口流入,清朝设置重重关卡,严格盘查,如果发现外来人口,一律"概行阻回",即对于即将进入本地的流动人口,政府将分发粮食与盘缠,并全部资遣回籍。民国时期,由于战乱频繁,对流入的饥民和难民,政府首先从生活上给予救助,待事态或灾情平息后,再资助其返乡。

---

① 池子华.流民问题与社会控制[M].南宁:广西人民出版社,2001:152.
② 中国第一历史档案馆.乾隆朝上谕档:第1册[M].北京:档案出版社,1991:400.

新中国成立初期，国家为了维持城市社会秩序，从最初对游民进行收容发展到对外流灾民、流浪乞讨人员展开救助、教育、安置和遣返。1982 年，国务院发布《城市流浪乞讨人员收容遣送办法》，以救济、教育和安置城市中的流浪者以及涌入城市的灾民或无业人员等。1992 年，收容对象扩大到"三无人员"（无合法证件、无固定住所、无稳定收入），即无身份证、暂住证和务工证的流动人员。收容遣送制度限制外来人口，也容易侵犯流动人口的权利。2003 年，"孙志刚事件"爆发之后，在社会各方的推动下，国家废止了收容遣送制度，改为收容救助制度。

二、申报登记

人口信息是国家治理的基础信息。中国很早就开始了人口登记。早在商朝即有"登人"或"登众"之说，周宣王时期有"料民"的记载。[1] 北魏政治家李冲创建"三长制"（邻长、里长和党长），主要职责是检查户口（《魏书·李冲传》）。汉朝开始推行编户齐民，登记全国人口。隋文帝推行"大索貌阅"，把浮游民等流动人口搜括出来。元朝设立缉查流民的机构，[2]以随时掌握流动人口的信息。清代把流动人口视同游手地痞和无赖，打入另册，进行严格控制。[3] 现代户籍制度下也有大量"黑户"[4]，享受不到公民应有的权利。

自秦朝开始，国家就开始采用统一的人口登记制度，按不同情况（比如

---

① 陆益龙. 超越户口——解读中国户籍制度[M]. 北京：中国社会科学出版社，2004：5.

② 沈益民，童乘珠. 中国人口迁移[M]. 北京：中国统计出版社，1992：127.

③ 王学泰. 游民文化与中国社会[M]. 北京：学苑出版社，1999：15.

④ 2010 年国务院第六次人口普查发现，全国至少有 1300 余万人没有户口，占全国人口总数的 1%。其中为逃避罚款而没有到派出所办理户口的比例最高，占到 50% 左右。全国至少有 650 万这样的黑户。

职业或财产标准)区分各种户籍,分门别类地掌握人口状况,还制定了详细的程序。东汉时期,就有"汉法常因八月算人"的说法,即八月登记人口。①东晋时期,政府除了正式户籍"黄籍"之外,还设置了临时户籍"白籍",登记北来的流民。② 宋代的户籍分为主户和客户两类,主户为占有土地、有常产和承担赋役的人户,居住农村、不占有土地、租种地主土地的则被称为客户(浮客)。元初进行过几次全国性的"括户",将户口登于版籍。明代对流动人口实行编籍管理,以抚治流民,安定地方等。

国家掌握流动人口情况的重要手段是申报,以不迁徙和不流动为原则,要想迁徙或流动必须经过政府正式的认可。流动人口申报制度始于西周,乡、遂居民若迁徙至外地,需要向比长或邻长进行汇报,待出具证明后才可以迁徙,不符合条件或没有证明的,被视为违法并处以监禁。秦汉之后,国家要求百姓主动申报土地、财产、人口和年龄等信息。③ 唐朝以来,人们离开居所去往外地(明朝规定是"百里之外"),都需向户籍所在地的官方申请"公验"(唐朝)或"路引"(明朝),类似于今天的介绍信或通行证。清初沿用明代的黄册制度,每户发给一印牌,登记人口及姓名,外出时必须注明目的地,对迁入者必须检查其原籍,不符即遣送,对流民人数需要"五日具报一次"④。

20世纪以来,中国的人口管理经历了一个重要的转向,即从过去的乡村式管理逐步转向由警察主管户籍和人口的管理制度,形成了近代户籍管理的雏形。民国政府规定,商铺和工厂等较大单位中,如果有亲友借宿或者暂时寄居,则必须按照规定报告当地的政府管理部门,并且凡有不受调查及填

① 宋昌斌.编户齐民——户籍与赋役[M].长春:长春出版社,2004:12.
② 冉绵惠,李慧宇.民国时期保甲制度研究[M].成都:四川大学出版社,2005:12.
③ 宋昌斌.编户齐民——户籍与赋役[M].长春:长春出版社,2004:13.
④ 中国第一历史档案馆.嘉庆道光两朝上谕档(第1册)[M].桂林:广西师范大学出版社,2000:113.

报不实,或逾期不报者,将处罚金。在城市辖区中,管理部门需要掌握经常性的人口登记数据,主持人口调查工作。所有归属于辖区人口的往来、婚嫁、迁移、失踪、收养等信息,都要向政府专设的管理机关报告。在商铺或者旅馆有旅客住宿的情况下,店主要对往来旅客进行登记并上报等。

现代流动人口登记更加技术化了,比如深圳市推广门禁卡、视频监视器与居住证相结合,即租户须主动到出租房管理站登记,填写流动人口登记卡,才能拿到门禁卡。一些城市建立多层次网格巡查制度,对流动人口实行分类化申报登记管理,对有违法犯罪前科的人进行重点检查和监管,确保能够随时掌握信息,而对主动申报的、有正常职业的则会简化程序。在大数据技术的支撑下,目前越来越多的地方政府通过手机扫描二维码来进行流动人口登记,可以在线登记房屋出租人和流动人口信息,既方便又快捷。

随着信息技术的发展,实名制越来越成为流动人口监管的重要工具,具体如火车票、飞机票、网吧、旅客住宿、手机号码、储蓄和快递等实行实名制,都有助于相关部门及时掌握流动人口的信息,以便国家采取精准和有效的应对措施。

三、安置赈济

在古代社会,对于因灾荒战乱等天灾人祸、逃避艰难的生存条件和繁重的赋役压力而流动的民众,国家还通过减免赋税、开发使用、经济救济等做法来进行安置。在多政权并立的历史时期,各政权为了争取人口资源,通常用减免赋税或轻徭薄赋的办法来招抚民众,比如秦国商鞅变法对外来人口减免赋税,"诱三晋愿耕之民以实秦地",最终"秦得之以为粟";后唐对"户口流亡者"采取"宽徭薄赋"的方式使之得以安置;南唐对外来的流民"授之土田,仍给复三岁"。

各朝代都推行安置赈济流动人口的政策。比如春秋战国时期,政治家管仲提出"相地而衰征,则民不移",通过建立合理的赋税制度使民众不得流动;东汉时期,准许无籍流民于流入地入籍,并有优待措施;唐朝初期对逃亡的流民采取免除九年赋役的招抚政策,不再向他们追征以往拖欠的赋役,还帮助他们返回家乡,重建家园;宋朝初期也通过减免赋税的办法来帮助外来人口恢复生产生活;明代规定三年免征的优惠政策;清代流动人口可获得所在地的田地,永久为业,且其后代可参加科举等。

安置流动人口主要是三种做法。首先是以工代赈,即将人多地少地方的人口迁移到人疏地广的地方,消纳过剩人口,还能起到开垦荒地、开发边疆、固边御敌等作用。比如五代十国时期各政权普遍利用垦荒的方式安置流民,后唐"只许耕无主荒田及召浮客";宋朝通过无偿给予流民土地对其就地安置;明代鼓励流民开荒以达到国家建设和节约开支的目的;民国时期通过修筑河道、掘井、移民垦荒等兴工之处使外来人口免遭流离之苦;[①]20世纪50年代初期国家采取就地安置就业或支援外地建设等方法来安置流动人口。

其次是赋予流入人口正式的社会角色,将其纳入到正常的管理体制中来。东汉时期采取赐民爵等措施,将流落外乡的人纳入到当地户籍体制之内进行管理;宋代悉收"天下失职犷悍之徒",把灾民和流民招募入军队;明朝万历年间规定,"各该州县如有流民在彼寄住年久,置有田产家业,不愿还乡者,查照流民事例,行文原籍查勘明白,许令收造该州县册内,填入格眼,照例当差纳粮",即允许符合条件的流民入籍并承担赋役之责。民国政府则在立法与机构建制等方面侧重通过教育来进行流民控制。[②]

---

① 池子华.历史上流民问题的控制模式[J].中国党政干部论坛,2002(06):26-29.

② 戴鸿映.旧中国治安法规选编[M].北京:群众出版社,1985:103.

最后是对由于战乱或灾荒而形成的流动人口进行救济。具体来说，一是食宿赈济，政府提供食物与栖身之所安置流民，各朝代都有对流民的食宿赈济，比如清朝设置粥厂暖厂（如普济堂和资善堂等），"搭盖席棚窝舍"①来对流民进行安置。二是开展社会收容，即通过常设性质的慈善机构来提供社会救助，如传统社会中的福田院、安济坊、慈幼局等，民国时期的华洋义赈会、世界红万字会等社会救助机构。② 三是出台救助法规，如汉武帝制定《流民法》，③禁吏重赋，安抚流民，宋朝制定专门的救助法规"灾伤流移法"，要求流民所过州县地方政府负责筹措宿泊，就地赈济，资助遣返等。④

第三节　流动人口治理的目标和技术

在大国治理的历史中，国家管控流动人口的实践非常丰富。从国家的立场来说，流动人口的治理主要有四个目标：①不流动，消除人口流动的可能性，避免人口流动带来的弊病；②清晰化，清楚掌握流动人口的状况，为国家治理提供精准可靠的信息；③有序化，将流动人口纳入常规的管理渠道，实现常态化和制度化的管理；④无害化，妥善安置流动人口，把流动人口的破坏性潜力转化为建设性能量。国家治理目标需要相应的治理技术去落实。治理技术是指国家治理的方法、技巧、经验和手段，是内含于治理实践中的本质性或一般性的东西。根据目标与技术之间的对应性，可以从如下四个方面来探讨两者的匹配关系，进而分析不同治理技术的内在特性、运行

---

① 王洪兵.清代京师流民问题与社会控制[J].北方论丛,2013(02):97-101.

② 范立君,谭玉秀.民国时期东北流民问题的整治——以20世纪20年代为中心[J].中国农史,2008(02):133-140.

③ 查明辉,刘华.汉武帝时的流民问题与社会控制[J].湖北社会科学,2004(12):114-115.

④ 张文.宋朝社会保障的成就与历史地位[J].中国人民大学学报,2014(01):21-27.

逻辑及其效用等。

一、不流动——捆绑技术

首先,人是可以移动的社会元素,人口流动是社会生活的常态。经济和社会的发展需要包括人口在内的各种资源要素的自由流动。人口流动也是经济和社会发展的必然结果,较高的经济发展水平必然意味着较高的人口流动规模。在传统社会中,人口流动除了是由经济因素诱发的,更多是由战争和灾荒等导致的。因此,人口流动是不可避免的,不让人口流动是难以做到的。

传统社会生产力水平比较低,社会几乎是静态的,农业是社会的主导产业,土地是最基本的生产资料。把人口束缚于土地之上,限制人口的自由流动,是农业经济的内在要求,也符合"无闲民"的盛世想象,因此国家都千方百计把人口牢牢地钉在土地上。① 比如历史上的"编户齐民",国家根据户籍实行授田,人们只能在户籍所在地拥有田地,取消人们的迁徙自由。人可以流动,土地不能流动。将人与土地捆绑在一起,也就限制了人口流动,防止了人口流失。

中国古代的保甲制度以户为单位进行编组,实行联保连坐,将个人与个人捆绑起来,将零散的个人整合到保甲制度的结构网络中,实现社会个体的自我监督和相互监控。保甲制度的连坐机制使人们互相牵制,个人有过错,集体受到惩罚,比如如果农户逃亡,所抛弃的土地由邻保代为耕种,拖欠的租税由邻保代纳。② 这些措施增加了保甲制度的吸附力和执行力,也提高了

---

① 郝在今.八千万流民部落[M].北京:中国社会出版社,1996:35.

② 张维迎,邓峰.信息、激励与连带责任——对中国古代连坐、保甲制度的法和经济学解释[J].中国社会科学,2003(03):99–112.

人口流动的成本。

　　同样,户籍制度历史悠久,也是通过资源或福利捆绑来限制人口流动的。古代的户籍制度,捆绑着地权与赋役。当前,中国的户籍也不是简单的身份符号,而是与大量的福利待遇挂钩的。[①] 权利、资源和福利的捆绑强化了现实的利益格局,也使人口的流动变得举步维艰。

　　为了限制人口流动及其后果,国家常用的做法就是将人们固定在居住地,限制可能的流入和流出。比如灾荒之年,政府想方设法禁止灾民外流。这些捆绑技术通过权益捆绑,提高了人口流动的成本和代价,直接限制住"用脚投票"的可能性。纵观历史,捆绑技术延续数千年而依然存在,这也说明它们是有效的。

二、清晰化——测算技术

　　人口流动通常没有组织,没有方向,没有目标,是无规律的社会运动。当流动人口达到一定的规模,包含了动辄数千万数亿人的社会活动,由此产生的复杂的社会效应,将是出人意料的。如果国家不能掌握相关的信息,就会陷入盲人摸象的处境,导致各种各样的社会隐患。国家治理必须要全面掌握流动人口的信息,摸清流动人口的真实情况。

　　测算技术主要是指进行人口登记或统计的管理方法,具体包括登人、计民数、输籍法或"大索貌阅"等。其目标都是要摸清人口底数,获得人口数量和状况的真实信息,以方便国家的征兵征税和徭役等,而掌控人口流动的情

[①] 公安部副部长黄明接受中央电视台记者采访,就户籍制度改革发表意见,其中就说道,"许多的福利待遇与户籍制度长期挂钩,难以剥离。如果仅仅户籍制度本身来说,是一件很容易的事,但是和各种福利待遇捆绑在一起,就很难改了"。黄明. 福利待遇与聚集制度长期挂钩致改革难. http://politics. people. com. cn /n/2014/0730/c70731－25371109. html. 2014－07－30.

况是其中内容之一。通常在人口流动比较频繁的时期,除了定期开展人口与土地的普查,国家还会增加人口普查与核对的频率,以保证数据的准确和可靠。国家也会根据社会人口构成的复杂性而增减人口的统计项目,如宋代设立临时户籍档案,加强人口登记工作,以获得准确的信息。

"中国古人很早就认识到'人口普查'对于富国强民的好处。"①根据《史记》记载,"禹平水土,定九州,计民数",中国就已出现了某种形式的人口普查,开始通过人口数据来管理社会。在国家演进的历史中,各个国家都发展出人口管理的测算技术,其中的核心就是统计人口数量和年龄等基本信息。真实而准确的人口信息为国家治理奠定了信息基础,但测算技术是一项技术活,需要良好的制度机制和信息技术,也意味着高昂的成本。历朝历代都投入大量资源进行人口统计,包括掌握流动人口的信息。

测算技术致力于获得清晰的人口地图。但就流动人口来说,测算技术具有内在的限制。因为流动人口本身是不容易测算的,测算的结果质量也不高。即便是在现代社会的技术条件下,流动人口登记都是非常困难的问题。② 目前,我国大部分城市都还采取严格的外来人口登记制度,可是对诸如北上广等超大城市来说,每年的流动人口都达数百万之多。③ 对于如此体量的流动人口规模,要想做到全部和即时性登记,需要巨大成本不说,实际上也是难以做到的。④

---

① 丁锐. 中国——人口普查的典范[J]. 文史月刊,2010(12):37.

② 李晓萍. 中国第六次人口普查开始,流动人口调查是难点[EB/OL]. http://news.163.com/10/1101/16/6KDUFKGJ00014JB5.html. 2010 – 11 – 01.

③ 比如,2013 年北京的流动人口达 758 万,上海的流动人口是 581 万,广州的流动人口高达 837 万人。2019 年北京的流动人口达到 794 万,上海的流动人口超过 972 万人,广州的流动人口高达 967 万,深圳的流动人口达 818 万。

④ 媒体评外来人口登记报告制:人口管理不能开倒车[EB/OL]. http://news.youth.cn/sh/201411/t20141125_6123771.htm. 2014 – 11 – 25.

三、有序化——吸纳技术

流动人口成分复杂,隐蔽性强,流动性大。如果缺乏必要的羁縻和约束,很容易产生各种越轨行为。人口流动产生的直接后果就是无序。人口外流脱离了流出地政府的权力范围,又无法进入流向地政府的监管范围,国家权力对他们鞭长莫及,必然导致权力盲区和监管真空。在古代社会,由于城市经济不发达,无法吸纳大量的剩余劳动力,大规模的人口流动脱离农业生产,脱离正常的秩序体系,很容易形成各种治安或秩序问题,带来一副混乱不堪的社会局面。

治理流动人口的吸纳技术是指将流动人口重新纳入国家权力版图的手段和方法。这包括了多种形式的管控实践,主要包括两种途径:一种是将流动人口纳入流向地政府管理体系,包括进行登记、就地安置、招募从军和给予户籍(有条件入籍)等,"允许在流入地置有产业者入籍,并承担纳粮当差义务,成为近代之前政府对待流动人口的一项基本制度";一种就是将流动人口遣送回籍,包括收容遣送制度等,对于传统国家来说,流动人口"最理想的归宿是返回家乡,重新著籍,成为国家赋役承担者"。①

吸纳技术的任务是将已经脱序的流动人口重新整合进国家管理体系中来,使之成为国家治理看得见、够得着的对象,能够实施管理,可以提供服务,这很大程度上也可以说是一个使流动人口清晰化的过程。通常在重大的动乱或灾荒之后,尤其是在新政权建立初期,面对已经形成规模的大量流动人口,国家会采取这种办法来承认既定事实。通过将国家权力重新嵌入散乱无序的流动人口,国家重建对流动人口的支配和管理关系,就为实现有

---

① 王跃生. 近代之前流动人口入籍制度考察[J]. 山东社会科学,2013(12):20-30.

序化的管控和维系社会秩序奠定了基础。

　　吸纳实质上是制度性地位的重新认定以及相应的资源配置过程,因此吸纳技术也可以说是利用权利或福利来规划和组织流动人口,比如古代将流民遣送回籍都会资助路费,并有适度的照顾政策;比如深圳外来人口在深圳办理居住证,即可享受免费就业服务、申请保障以及子女上学等 18 项权益。① 吸纳技术的效率取决于制度体系的弹性、开放性和吸引力,尤其是资源储备等。其中吸纳的策略可以是一步到位的,比如立即兑现相关福利,解决子女教育问题等,也可以是渐进的,比如实行积分落户政策。

四、无害化——控制技术

　　传统国家的基础是农业经济,国家治理是建立在稳定的"人-地"关系之上,治理结构和治理技术都比较简单,治理能力也不高。对于国家治理来说,无论从哪个方面看,流动人口四处流动,都是充满挑战和威胁的。从历史上治乱循环的规律来看,流动人口在历朝历代的政权更迭中都扮演着重要的角色,是改朝换代过程中农民起义的生力军,因而成为国家长治久安必须要严阵以待的问题,最重要的是防止可能的危害,对政治和社会稳定的冲击,避免最坏的结果。

　　就无害化的目标来说,国家治理就是要削弱流动人口带来的冲击及其有害性,相关的措施主要都是控制性技术,其中主要包括:第一,就地安置,特别是对于因灾荒而导致的人口流动,国家通常会提供食物住所和生产资料等生产生活条件,以防止流民聚众造反;第二,隔离措施,将流动人口限制

---

　　① 深圳居住证享18项权益,可全程在网上办理[EB/OL]. http://sz. bendibao. com/news/201658/767415. htm. 2016 - 05 - 08.

在特定区域范围,包括将流动人口遣送回籍,将流动人口与常住人口隔离开来,避免流动人口从乡村进入城市,减少其对现有秩序的破坏和干扰等;第三,对于大规模的流动人口,通过集中安置或以工代赈等方式推行公共工程,比如开边屯田、垦种荒地或修筑城池等,将破坏性潜能转换为积极的生产力。

在生产力水平落后的农业社会,大多数社会民众都有安土重迁的心理,除非被逼无奈,走投无路,否则都不愿意背井离乡,漂泊四方,甚至揭竿而起,去做亡命之徒。因此,无害化技术的底线目标是非常简单的,即给流动人口提供基本的生存条件,让人能活得下去,甚至仅仅是让人有活得下去的希望,就不至于滑向罪恶之路,成为社会的破坏性力量。但为了操作上的方便,无害化技术通常需要将流动人口集中起来进行处理,这也很容易导致不恰当的强制和歧视,激发矛盾和问题,导致啸聚山林、流民暴动和对抗政府等结果。

由于国家利益与个人利益之间的差异,很多时候基于国家利益而实施的无害化技术,往往会限制和剥夺某些个人权益,以至于形成某种"零和博弈"的死结,比如古代国家为了确保其赋税徭役等核心利益,往往采取"摊逃(摊配)"政策,将流亡农民的赋役负担转嫁到尚未逃亡者身上。地方官员为了保证完成赋役总额,不遗余力执行"摊逃"政策,其结果必然是加重普通民众的负担,进而造成新的更多的逃户,产生更大的政治风险。

第四节　流动人口治理的技术演进

在不同的历史时期,由于人口流动的性质和规模及其后果不一样,国家采取的治理措施也各有不同。解决流动人口问题的治理技术复杂多样,随着时代发展而逐渐演变,体现出国家治理的现实需求和价值关怀,是理解国家治理的一面镜子。下面主要从资源、成本、信息和能力等维度来理解治理技术演进的逻辑。

一、治理技术的存废和扬弃

一些流动人口的治理技术有强大的惯性,在应对现实挑战的过程中不断演化,具有很强的继承性和延续性。在中国大国治理的历史中,从古代的编户齐民到现在的暂住证和居住证等,户籍制度是人口管理的根本大法,也是管控流动人口的制度基础。通过人口统计来掌握人口的状况,加强对流动人口的监测和管控,是各个时代人口管理的基本做法。这些治理技术延续至今,也不断修正和完善。就此而言,中国社会很早就掌握了大国人口治理的技术,体现出非常高的技术理性。这也意味着人口治理具有一般性,治理技术具有中立性和普适性,户籍制度和人口统计等技术可以应用于不同的政治和社会环境中,在管控流动人口的过程中发挥重要作用。

保甲制度和连坐法等曾经是古代社会人口治理的重要方法。保甲制度和连坐法都是在信息不对称条件下有效的激励方式。"以保甲和连坐为重要内容的连带责任,是小政府在有限的信息约束下控制大国家的有效手段。"① 由于国家难以完全掌握社会民众的信息,因此通过保甲制度和连坐机制来实现民众相互之间的监控,是可行而且有用的,也在很大程度上节约了国家治理的成本。实际上,传统单位制度下对个体的管控,也可以看作是保甲制度逻辑的延续。现代社会是高度流动的社会,是以个人权利和责任为

---

① 张维迎,邓峰. 信息、激励与连带责任——对中国古代连坐、保甲制度的法和经济学解释[J]. 中国社会科学,2003(03):99–112.

基础的,保甲制度和连坐法不仅无法获得价值上的支持,也没有操作上的必要性和可行性。但保甲制度和连坐法包含的解决信息、激励与责任问题的机制,仍然具有启发价值。

遣返原籍等是历史上管控流动人口的常用手段。传统社会的人口流动主要是由赋役、战乱和灾荒等问题引起的。由于经济和社会的容纳能力非常有限,流动人口很难在流入地获得生存资源。等这些暂时性的问题过去了,人们通常要返回原籍继续谋生,政府也会提供适当的资助。对于无故流出的流民,政府更是想方设法将其遣返。但现代社会的人口流动主要是经济性的,是人们理性选择的结果,遣返流动人口就会破坏经济和社会发展。如果说古代对于临时性的数万数十万的流动人口还有遣返的可能性的话,那么现代对于动辄数亿的流动人口①进行遣返无疑是痴人说梦。此外,随着迁徙自由已经成为得到普遍认可的公民权利,遣返的合法性也已经不复存在,遣返原籍也就成为"历史陈迹"。

二、治理技术的精密化

流动人口管控的基础是信息。古代国家为了摸清人口状况,建立了完善的制度,投入了大量的资源。比如为了严防脱漏户口和逃避赋役等,隋朝推行"大索貌阅",核点全国户口;实行输籍定样,规定每年正月五日,由县令集合里正、乡长和党长输籍定样,决定每户的征课;如果出现户口不实的问题,里正、保长和党长都要被处以流刑。隋文帝开皇五年的"大索貌阅"就搜括出164万多新增户口。仅就貌阅来说,在缺乏影像技术的条件下,户籍档

---

① 根据2010年第六次全国人口普查的数据,我国流动人口的数量已经达到了2.2亿人,比2000年增长了82.89%。截至2013年末,全国流动人口的总量为2.45亿人,超过我国总人口的六分之一。

案中已经记录到人户的肤色、身高和面部特点等体貌特征,可以说是非常精细和严密了。①

古代的户籍管理分类很细,管理水平也很高,与当时国家的能力和需要是相匹配的。但这种管理过程是手工操作的,受到信息技术的限制,比如没有现代的图像技术、指纹技术和标准化体系等,因此管理系统很难实现高度的精确化和清晰化。流动人口的数量通常只能是一些概数,而很难有精确的数字。现代社会智能化的人口信息管理系统以及相关的信息技术的发展,为国家掌控流动人口提供了更好的条件,比如在酒店、海关、飞机场、火车站、网吧等实行实名制管理,可以即时掌握流动人口的状况。特别是随着大数据技术的发展,国家可以通过手机信令等技术手段来准确掌握流动人口的情况,极大地提高国家人口治理的效率。这样形成的监测数据很大程度上可以实现清晰透明的数目字管理。这是传统社会所根本无法想象的。

户籍信息是流动人口管理的基础。比如现代依靠"户籍＋办证"的公安人口管理模式,信息是管理的关键。但流动人口数量庞大,流动频繁,依靠户籍基本找不到人,也管不到人。因此,对于流动人口的登记,通常以实有房屋等为载体,实行以房控人、以业管人和以证管人,建立实有人口的信息管理系统。在信息采集上也形成了标准化的格式,比如公安部门登记流动人口的地址标准,按照"行政区划＋街(路)巷＋门牌号＋楼(栋)号＋单元号＋楼(层)号＋户号"七段式地址,包括应用指纹识别技术,以便于计算机内部编码、统计和查询。治理技术及其数据的精细化程度和可靠性程度都越来越高。

精密化说到底是信息问题,主要取决于信息技术的进步。流动人口治

---

① 户口册上的中国:唐代良民与贱民并立[EB/OL]. http://history. sina. com. cn/bk/gds/2014 – 07 –31/163596573. shtml.

理的精密化意味着,对流动人口进行更加精准的识别和认证,分门别类进行更加精准和有效的治理。虽然国家不断追求更精准化的治理,也有实现精准化的动力,比如古代社会以纳税人为课征对象的人头税是政府财政收入的重要来源,百姓还需承担政府下派的各种徭役,因此国家有充足的激励去核查流动人口的状况。但老百姓也有隐瞒信息的激励,以逃避国家的赋役和惩罚,规避国家的监控。因此,个人与国家之间的博弈将会限制人口治理精密化的程度。

三、治理技术的福利化

土地是农业生产最重要的生产资料,传统国家将人口与土地捆绑在一起,利用土地来限制人的流动,同时也通过株连和连坐等惩戒措施来防治人口流动。农业社会是静态稳定的社会,"把稳定理解为现状的静止不动,并通过抑制的手段维持现存的秩序"①。农业社会需要的是稳定和秩序,而不是自由和活力。社会都把人口流动视为威胁和挑战,对流动人口抱有强烈的排斥感甚至敌视心理。国家对流动人口的管控就是要通过对民众的牢牢控制,保障农业生产和社会生活的稳定秩序,进而实现国家赋税征收、徭役摊派和政治稳定等目标。治理过程充满了强制色彩,民众权利基本上无从谈起。

现代社会是工业社会,人口与作为生产资料的土地的关系间接而疏远。迁徙自由是公民的基本权利。在市场经济体制下,劳动力的自由流动是资源优化组合的重要机制。国家既没有将人口束缚在户籍所在地的正当理

---

① 杨雪冬.走向社会权利导向的社会管理体制[J].华中师范大学学报(人文社会科学版),2010(01):1-10.

由,也没有有效手段能够限制人口的流动。无论是经济上还是政治上,限制流动人口显然都是得不偿失的事情。尤其是现代社会的人口流动主要是谋生性或逐利性的,传统国家所担心的流民作乱以及影响政治稳定的问题已经不复存在。如此一来,虽然国家仍然需要保持对流动人口的管控,但结果就是国家必须要更多利用福利性技术来调控流动人口的行为和选择,比如为了获得人力资源优势,政府利用教育、医疗和住房等方面的福利来吸引外来人口,引进技术型人才或高素质人才等。

传统社会把人钉在土地上,弄清楚了土地就搞清楚了人口,也就能够落实国家的赋役任务。现代社会到处都是流动人口,国家表现出来的是一副上门服务和派发福利的亲善姿态。不过,服务并不意味着放弃了管控。正如研究者所指出的,政府救济穷人的措施同时也有控制他们的企图,把穷人"放在一个不能带来危害的位置"①。由于公共服务都是国家单方面决定的,服务的项目、内容和标准都是定制的,流动人口接受国家提供的服务,实质上也就被纳入到国家权力体系中来,服务的话语将管控的维度掩藏起来了。

从这个方面说,对流动人口的有效治理存在两种逻辑。在传统社会中,如果流动人口越多,国家从社会中可汲取的资源就越少,国家的治理能力就越低,就越发难以管控流动人口,最终形成恶性循环。在现代社会中,流动人口越多,社会越有活力,生产力越发达,国家就有更多的资源和能力来服务于流动人口,从而形成良性的治理循环。

四、治理技术的复杂化

从传统社会到现代社会,在现代交通运输工具的支持下,人口流动的范

---

① 史瑞杰. 从古代分配正义到现代分配正义——西方分配正义思想的演进理路及其启示[J]. 新视野,2016(03):5-12.

围不断扩大,流动的频度不断提高,社会的复杂性程度也与日俱增。在大多数时候,传统社会都可以说是简单社会。流动人口的治理主要是一些天灾人祸所带来的临时性任务,而且管理体系和治理任务也都比较简单,治理的焦点主要是流动人口的生存和生活问题,比如就地安置、遣返原籍或大规模迁移等,而不大涉及处理更为复杂的经济和社会问题。其原因在于,社会结构比较简单,社会经济关系并不复杂,国家的职能范围是非常有限的,更不需要承担民众的公共服务和社会福利,因而主要是从民众生计和政权稳定的角度去解决问题。

现代社会是高度复杂的社会,流动人口管理的复杂性指数非常高。首先,流动人口的数量和规模更加庞大,而且人口流动的诱因和诉求也更加多样了,其中有经济性原因,也有权利性诉求,比如公共服务均等化等;其次,由于政府职能的专业化,流动人口的管理过程更加复杂,牵涉到公安、海关、劳动、计生、房管、城管执法、乡镇街道以及社区等多层次多部门;最后,流动人口的管控与计划生育工作、暂住人口登记、警务责任制、出租房管理、住宅物业管理、工商注册登记、劳动用工管理等错综复杂地关联在一起,比如居住证就牵涉到大量的福利要素,如社保、教育、就业、计生、技能培训、申领驾照等十数项福利。这些都要求更加精确、规范而复杂的管理。

特别值得指出的是,传统社会的国家治理固然也要面对流动人口所造成的复杂性局面,尤其是由此产生的威胁政权稳定的问题,但却基本上不需要面对复杂的经济和社会权利等问题。现代社会的流动人口主要是经济性的,因此国家治理已经基本上不需要面对可能威胁政权稳定的问题,但却必须要面对庞大数量的流动人口带来的复杂的社会治安问题、人口管理制度所涉及的公民权利问题及其所包含的公平和正义问题,比如虽然国家已经建立城乡统一的户口登记制度,但户籍制度所形成的权利不均衡仍然严重困扰着两亿多漂泊在城市中的人。这些无疑对现代国家提出了复杂的要求和巨大的挑战。

自古以来,中国都是一个人口大国。巨大的人口规模构成了国家治理的现实基础,也带来了方方面面的难题和挑战。流动人口的治理是国家治理的重要任务。流动人口的治理技术是国家治理技术的重要组成部分,在国家治理中发挥着重要作用。在国家治理现代化的进程中,流动人口的管控技术及其政策选择是考察国家治理水平、能力的重要窗口,体现了国家治理的价值规范、技术水准和操作规程。

随着社会的发展,流动人口的性质已经有了巨大的变化,国家治理的理念和举措也都有了重要的转向。传统社会的流动人口通常被看作影响政权稳定的破坏性因素,受到国家的严密警惕和提防,现代社会的流动人口则被视为经济和社会发展不可或缺的要素,需要国家提供相应的服务。传统社会推行的主要是以限制流动为主的管控措施,而现代社会则主要是围绕秩序、安全和权利等来提供管理和服务。

流动人口的治理技术既有很大的延续性,也有显著的转变和升级。现代社会生产力的发展把人口从土地上解放出来,给予流动人口广泛的生存空间,民主和法治制度赋予人口流动以合法性和正当性,公民权利观念的确立要求国家承担起更多的服务职责。这些因素共同推动了治理技术的转型升级。其中最重要的是,压制个人权利的做法逐渐被取消了,而更多将福利和服务融入治理技术中去。治理技术的转向也呼应并体现了社会价值观念的嬗变。

当然,国家治理所面对的情境和问题都是不一样的,治理技术有其各自的逻辑,也有各不相同的效用。在社会关系和利益格局比较简单的传统社会中,保甲制度和连坐制及其运行机制是有效的,而且已经发挥了国家治理的巨大作用,其积极作用是不容否认的。虽然保甲制度和连坐制已经不复存在,但其管控流动人口的分权策略、权力下沉和社会自我管理等机制却是有适应性和普适性的,事实上现代社会的网格化管理就不同程度地包含了这些元素。

国家治理是一盘很大的棋,也是一局很复杂的棋。治理技术多种多样,五花八门,涉及国家治理的各个领域,各个环节。本书主要立足古代社会流动人口管控的措施来管窥国家治理技术的演进,从而更好地理解现代国家治理的情景、问题、方法和策略。这只是一个理论上的尝试,存在很多不足,很多问题还需要继续深入探讨。

参考文献

著作类

[1] Jacques Ellul. *The Technological Society* [M]. New York：Alfred A. knopf,1964.

[2] James Bohman,William Rehg. *Deliberative Democracy：Essays on Reason and Politics* [M]. London：The MIT Press,1997.

[3] 安东尼·吉登斯. 现代性的后果[M]. 田禾译,南京:译林出版社, 2000.

[4] 安东尼·唐斯. 官僚制内幕[M]. 郭小聪译,北京:中国人民大学出版社,2006.

[5] 埃冈·纽伯格等. 比较经济体制——从决策角度进行的比较[M]. 吴敬琏等译,北京:商务印书馆,1984.

[6] 埃哈尔·费埃德伯格. 权力与规则:组织行动的动力[M]. 张月译,上海:上海人民出版社,2005.

[7] 查尔斯·J. 福克斯等. 后现代公共行政——话语指向[M]. 楚艳红译,北京:中国人民大学出版社,2002.

[8] 戴维·毕瑟姆. 官僚制[M]. 韩志明译,长春:吉林人民出版社, 2005.

[9] 德博拉·斯通. 政策悖论——政治决策中的艺术[M]. 顾建光译,北京:中国人民大学出版社,2006.

[10]哈耶克.个人主义与经济秩序[M].邓正来译,北京:对外经贸大学出版社,1989.

[11]黑格等.比较政府与政治导论[M].张小劲译,北京:中国人民大学出版社,2007.

[12]赫伯特·A.西蒙.管理决策新科学[M].李柱流等译,北京:中国社会科学出版社,1982.

[13]孔飞力.叫魂:1768年中国妖术大恐慌[M].陈兼等译,上海:上海三联书店,2012.

[14]拉雷·N.格斯顿.公共政策的制定——程序和原理[M].朱子文译,重庆:重庆出版社,2001.

[15]林德布罗姆.政治与市场——世界的政治经济制度[M].王逸舟等译,上海:上海人民出版社,1992.

[16]马克思恩格斯选集(第一卷)[M].北京:人民出版社,1996.

[17]马丁·海德格尔.林中路(修订版)[M].孙周兴译,上海:上海译文出版社,2008.

[18]迈克尔·罗斯金等.政治科学[M].林震等译,北京:华夏出版社,2000.

[19]米切尔·黑尧.现代国家的政策过程[M].赵成根译,北京:中国青年出版社,2004.

[20]皮埃尔·卡蓝默.破碎的民主——试论治理的革命[M].高凌瀚译,北京:生活·读书·新知三联书店,2005.

[21]齐格蒙特·鲍曼.被围困的社会[M].郇建立译,南京:江苏人民出版社,2006.

[22]热若比·罗兰.转型与经济学[M].张帆译,北京:北京大学出版社,2002.

[23]莎伦·R. 克劳斯. 自由主义与荣誉[M]. 林垚译, 南京:译林出版社,2015.

[24]托克维尔. 论美国的民主[M]. 董果良译, 北京:商务印书馆,1988.

[25]詹姆斯·博曼. 公共协商:多元主义、复杂性与民主[M]. 黄相怀译,北京:中央编译出版社,2006.

[26]詹姆斯·E. 安德森. 公共政策制定[M]. 谢明译,北京:中国人民大学出版社,2009.

[27]詹姆斯·C. 斯科特. 国家的视角:那些试图改善人类的状况的项目是如何失败的[M]. 王晓毅译,北京:社会科学文献出版社,2004.

[28]詹姆斯·R. 汤森,布兰特利·沃马克. 中国政治[M]. 顾速译,南京:江苏人民出版社,2004.

[29]猪口孝等. 变动中的民主[M]. 林猛等译,长春:吉林人民出版社,1999.

[30]池子华. 流民问题与社会控制[M]. 南宁:广西人民出版社,2001.

[31]全国政协办公厅,中共中央文献研究室. 人民政协重要文献选编(中)[M]. 北京:中央文献出版社,中国文史出版社,2009.

[32]沈向洋,施博德. 计算未来——人工智能及其社会角色[M]. 北京:北京大学出版社,2018.

[33]宋昌斌. 编户齐民——户籍与赋役[M]. 长春:长春出版社,2004.

[34]魏娜. 社区管理原理与案例[M]. 北京:中国人民大学出版社,2013.

[35]姚东旻. 荣誉、地位的最优分配:组织中的非物质激励[M]. 北京:中国人民大学出版社,2015.

[36]俞可平. 治理与善治[M]. 北京:社会科学文献出版社,2000.

[37]张树华,潘晨光等. 中外功勋荣誉制度[M]. 北京:中国社会科学出

版社,2011.

[38]郑永年.技术赋权:中国的互联网、国家与社会[M].北京:东方出版社,2014.

[39]周雪光.中国国家治理的制度逻辑:一个组织学视角[M].上海:上海三联书店,2017.

期刊类

[1]Bruce Gilley. Technocracy and Democracy as Spheres of Justice in Public Policy[J]. *Policy Sciences*,2017(01).

[2]Hargittai E. Is Bigger always Better? Potential Biases of Big Data Derived from Social Network Sites[J]. *The Annals of the American Academy of Political and Social Science*, 2015(01).

[3]Michael D. Barr. Singapore:The Limits of a Technocratic Approach to Health Care[J]. *Journal of Contemporary Asia*,2008(03).

[4]Mcneill D. Global Firms and Smart Technologies:IBM and the Reduction of Cities[J]. *Transactions of the Institute of British Geographers*, 2015(04).

[5]曹锦清,刘炳辉.郡县国家:中国国家治理体系的传统及其当代挑战[J].东南学术,2016(06).

[6]池子华.历史上流民问题的控制模式[J].中国党政干部论坛,2002(06).

[7]陈玲,赵静,薛澜.择优还是折衷?——转型期中国政策过程的一个解释框架和共识决策模型[J].管理世界,2010(08).

[8]陈剩勇,卢志朋.信息技术革命、公共治理转型与治道变革[J].公共管理与政策评论,2019(01).

[9]董颖鑫.从理想性到工具性:当代中国政治典型产生原因的多维分析[J].浙江社会科学,2009(05).

[10]范立君,谭玉秀.民国时期东北流民问题的整治——以20世纪20年代为中心[J].中国农史,2008(02).

[11]冯仕政,陆美贺.社会计算如何可能?[J].贵州师范大学学报(社会科学版),2016(06).

[12]顾盼,韩志明.基层协商民主的比较优势及其发展路径[J].行政论坛,2016(06).

[13]韩志明.在模糊与清晰之间——国家治理的信息逻辑[J].中国行政管理,2017(03).

[14]何哲.国家数字治理的宏观架构[J].电子政务,2019(01).

[15]蒋德海.转变社会风气关键在"讲理"[J].探索与争鸣,2012(01).

[16]蓝志勇,魏明.现代国家治理体系:顶层设计、实践经验与复杂性[J].公共管理学报,2014(01).

[17]林雪霏.政府间组织学习与政策再生产:政策扩散的微观机制——以"城市网格化管理"政策为例[J].公共管理学报,2015(01).

[18]刘林平,万向东.论"树典型"——对一种计划经济体制下政府行为模式的社会学研究[J].中山大学学报(社会科学版),2000(03).

[19]刘玲斐,张长东.协商民主理论及其局限——对话马克·沃伦教授[J].国外理论动态,2016(01).

[20]柳亦博.由"化繁为简"到"与繁共生":复杂性社会治理的逻辑转向[J].北京行政学院学报,2016(06).

[21]马宝成.如何认识选举民主与协商民主的关系[J].中国党政干部论坛,2013(07).

[22]苗春凤."树典型"活动的历史演进及其引申[J].重庆社会科学,

2012(03).

[23]莫岳云,唐丕跃.十八大以来中国共产党对社会主义协商民主的理论创新[J].南京社会科学,2015(07).

[24]欧树军.基础的基础:认证与国家基本制度建设[J].开放时代,2011(11).

[25]彭勃,张振洋.公共政策失败问题研究——基于利益平衡和政策支持度的分析[J].国家行政学院学报,2015(01).

[26]齐国生,李立明,曹杰峰,朱光宇.城市管理的"网格化"——从政务网格到行业网格再到公务网格[J].中国行政管理,2008(S1).

[27]渠敬东,周飞舟,应星.从总体支配到技术治理——基于中国30年改革经验的社会学分析[J].中国社会科学,2009(06).

[28]申建林,蒋田鹏.中国民主政治发展的"协商"与"选举"之辩——兼评"协商民主优先论"[J].武汉大学学报(哲学社会科学版),2014(01).

[29]孙柏瑛.突破"碎片化":构建"回应性"城市政府协同治理框架——基于杭州上城区"平安365"的案例分析[J].地方治理研究,2018(01).

[30]孙轩,孙涛.基于大数据的城市可视化治理:辅助决策模型与应用[J].公共管理学报,2018(02).

[31]孙肖远.国家治理现代化的中国逻辑[J].江海学刊,2019(04).

[32]唐皇凤.大国治理:中国国家治理的现实基础与主要困境[J].中共浙江省委党校学报,2005(06).

[33]谈火生,于晓虹.中国协商民主的制度化:议题与挑战[J].华中师范大学学报(人文社会科学版),2017(06).

[34]陶振.社区网格化管理的运行架构及其内生冲突——以上海X区Y街道为例[J].社会主义研究,2015(04).

[35]陶鹏.灾害批示与公共组织学习演进机制:以安全生产管理制度为

例[J].公共行政评论,2016(01).

[36]图木尔.聚合主流民意是中国民主的重大课题——胡伟教授访谈录[J].探索与争鸣,2014(12).

[37]王雄军.政策议程设置与群体性事件的治理机制[J].中共浙江省委党校学报,2009(01).

[38]王浦劬,赖先进.中国公共政策扩散的模式与机制分析[J].北京大学学报(哲学社会科学版),2013(06).

[39]王绍光.国家治理与基础性国家能力[J].华中科技大学学报(社会科学版),2014(03).

[40]王匡夫,殷冬水.何为现代国家——基于与传统国家对比的规范政治分析[J].江汉论坛,2018(05).

[41]吴锦良.构建基层党建与基层治理良性互动的新格局——舟山市基层党建工作的实践创新[J].中共浙江省委党校学报,2010(01).

[42]熊炎.北京市网格化社会服务管理体系的推广与完善[J].北京行政学院学报,2013(03).

[43]杨华.“政府兜底”:当前农村社会冲突管理中的现象与逻辑[J].公共管理学报,2014(02).

[44]杨嵘均.“技术索权”视角下信息弱势体公共服务供给的偏狭性及其治理[J].中国地质大学学报(社会科学版),2018(06).

[45]叶麒麟.国家治理现代化与中国现代国家的成长[J].教学与研究,2016(05).

[46]俞可平.治理和善治引论[J].马克思主义与现实,1999(05).

[47]袁刚.“大索貌阅”新解[J].江西社会科学,1996(09).

[48]张维迎,邓峰.信息、激励与连带责任——对中国古代连坐、保甲制度的法和经济学解释[J].中国社会科学,2003(03).

[49]张康之.论高度复杂性条件下的社会治理变革[J].国家行政学院学报,2014(04).

[50]张文.宋朝社会保障的成就与历史地位[J].中国人民大学学报,2014(01).

[51]张月卓.双周协商座谈会:人民政协协商民主的创新发展[J].中国政协理论研究,2017(03).

[52]张敏,韩志明.基层协商民主的扩散瓶颈分析——基于政策执行结构的视角[J].探索,2017(03).

[53]张丙宣.政府的技术治理逻辑[J].自然辩证法通讯,2018(05).

[54]郑杭生,陆益龙.开放、改革与包容性发展——大转型大流动时期的城市流动人口管理[J].学海,2011(06).

[55]周黎安.中国地方官员的晋升锦标赛模式研究[J].经济研究,2007(07).

[56]周雪光.中国国家治理及其模式:一个整体性视角[J].学术月刊,2014(10).

[57]朱光磊,于丹.论对政治行为的"社会化处理"[J].天津社会科学,2015(01).

[58]朱德米,杨四海.领导批示:个体权力与体制运行[J].中共福建省委党校学报,2017(04).

[59]竺乾威.公共服务的流程再造:从"无缝隙政府"到"网格化管理"[J].公共行政评论,2012(02).

[60]卓成霞,郭彩琴.国家治理中的极端现代主义:流弊与矫治[J].河南社会科学,2015(06).